y-knot

活かす
ゲーム理論

浅古泰史・図斎 大・森谷文利　著

Musubu

有斐閣

デザイン　高野美緒子

はしがき

　本書の著者3名はいずれもゲーム理論を大学院まで学び，そして日々の研究に活かしています。とはいえ，政治現象への応用を専門とする浅古，経営現象への応用を専門とする森谷，そして均衡概念の動学的基礎を専門とする図斎まで，関心領域や分析視点に関しては，ゲーム理論の入門書の著者としてはかなりの幅広さです。それゆえ，計画から出版までの2年余りにわたって，週末や深夜，子どもの習い事を待つ合間でさえも，検討に検討を重ね，時には激しく意見を闘わせて，この本が生まれました。

　まさに，本書の特徴はここにあります。すなわち，ゲーム理論を「活かす」ことと，ゲーム理論の「理論」としての深みを理解することを，しっかりとブレンドすることを目指しています。まず，ゲーム理論を「活かす」ために本書の各章では，事例から理論を展開し，それをどのようにしてゲーム理論の「モデル」にし，そしてどのような手順で分析をしていくのか，その「攻略法」を示しています。さらに終章では，ゲーム理論を応用して分析する際のコツに焦点をあてています。そう，本書で紹介する「事例」とは，ゲーム理論をわかりやすくするたんなるお話というだけではなく，事例を分析する方法を読者とともに議論する大切な素材なのです。こうした手順を踏むことで，ゲーム理論で現実問題を理解する方法を学習できるようにしています。

　他方で「理論」の面では，本書はゲーム理論の標準的な入門書として，ナッシュ均衡や部分ゲーム完全均衡を議論するだけではなく，

応用に用いられることの多いベイジアン・ナッシュ均衡，完全ベイジアン均衡もしっかりとカバーしています。また，たんに数理的な解の導き方を教えるだけではなく，その均衡の背景にある考え方も議論しています。つまり，相手の選択に対する予想の形成と実際の意思決定の間の循環を軸として解説をしています。それは社会の分析に理論を「活かす」うえで，使い方だけではなく考え方を理解することこそが重要なカギになると確信しているからです。このような試みの結果，本書では，さまざまな均衡概念，複数均衡からの予測の選択，そして情報の理論や動学の理論をスムーズにつなぎ合わせることができたと自負しています。

　この本自体では「活かす」ための必要最小限の概念，そしてそれを納得して使うための理論的基礎に焦点をあてています。本書の各章末にある練習問題では，習ったことの反復練習から概念自体の理解，そしてより難易度の高い問題まで取り揃えています。その解答例はオンライン・コンテンツとして提供していますので，理解の確認に活用してください。加えて，この本を足掛かりにして一歩先の深みへと進んでもらうことも可能です。本書では議論しきれなかった新たな事例への応用や，より深く踏み込んだ理論に関する解説なども，オンライン・コンテンツとして提供しています。さらに，本書の末尾にはブックガイドをつけてあります。さらなるゲーム理論の深みと広がりへと踏み込む決意をしたときに参照してください。同時に，本書を教科書・参考書として採択していただいた先生方には，スライドなどの補助教材も提供しています。

　われわれもかつては，初めてゲーム理論を学ぼうという皆さんと同じところにいました。さまざまな教科書を読み四苦八苦するとともに，指導していただいた先生方に導かれて，本書を書くところまできたわけです。そもそも，浅古・森谷がゲーム理論の応用で薫陶を受けた伊藤秀史先生の「ゲーム理論を実際に応用で使えるように

なることを目的にした教科書があるべき」という言葉が，本書の計画へ駆り立てることになりました。また，浅古・図斎が理論の深みを教わった Bill Sandholm 先生は，理論を深い基礎から常に掘り起こし，そして人間行動の理論として確固たるものにする態度を貫いてきました。この応用へのニーズと理論家としての態度をつなげるために，本書は書かれることになったわけです。また，この 2 人の恩師だけではなく，多くの先生方からご指導いただいた内容が本書には反映されています。原稿を書きながら，先生方のお顔とアドバイスを思い出すこともしばしばありました。先生方に感謝申し上げるとともに，われわれ 3 人を導いてくれたすべての方に本書を捧げます。われわれの恩師たちから授かった知恵を読者の皆さんに引き継げれば，望外の幸せです。

　本書の原稿や企画に関して，石椛義和，小俵将之，五月女律子，佐藤嘉倫，澤亮治，関口格，多湖淳，中丸麻由子，藤原グレーヴァ香子，結城武延の各氏から寄せていただいた関心やコメントが，われわれの大いなる励みと指針になりました。もちろん，本書に残された誤りは著者の責任であることは言うまでもありません。また，神戸市外国語大学で開講された「ゲーム理論」の講義において本書の草稿を用いた際に，受講生にも多くのコメントをいただきました。そして，有斐閣の岡山義信氏，渡部一樹氏には，本書を改善するための数多くのアイデア，そしてこの 3 人のデコボコトリオの長旅を辛抱強く見守り，叱咤激励していただきました。皆さまに，心より感謝申し上げます。

　そして，この本を手に取ってくれたあなたにも，ありがとう。早速，始めることにしましょう！

2022 年 12 月

著 者 一 同

著 者 紹 介

浅古 泰史（あさこ　やすし）

早稲田大学政治経済学術院准教授

2001 年，慶應義塾大学経済学部卒業。2003 年，一橋大学大学院経済学研究科修士課程修了。2009 年，ウィスコンシン大学マディソン校経済学部博士課程修了，Ph.D.（経済学）。日本銀行金融研究所エコノミストなどを経て現職。専門は数理政治学，応用ゲーム理論。

主な著書に，『政治の数理分析入門』（2016 年，木鐸社），『ゲーム理論で考える政治学』（2018 年，有斐閣），*Analyzing Electoral Promises with Game Theory*（2021 年，Routledge）があり，*Journal of Theoretical Politics* などで論文を公刊している。

✐ 読者へのメッセージ ✐

　私は大学生のときに，さまざまなトピックに応用され，論理的に厳密に，直感に反する結論を導き出すゲーム理論の魅力に，あっと言う間に引き込まれました。何より楽しいことは，自分で「あーでもない，こーでもない」とモデルをいろいろといじくりながら考えていく時間です。一緒に，至福の時間を過ごしませんか？

図斎 大（ずさい　だい）

東北大学大学院経済学研究科准教授

2003 年，東京大学経済学部卒業。2005 年，東京大学大学院経済学研究科修士課程修了。2011 年，ウィスコンシン大学マディソン校経済学部博士課程修了，Ph.D.（経済学）。テンプル大学本校経済学部准教授などを経て現職。適応動学を軸にしたオンライン研究会を主宰。専門は，進化動学。

主な著作に，"A potential game approach to modelling evolution in a connected society," *Nature Human Behaviour* 3 (6), pp. 604–610, 2019 年（共著），"Evolutionary dynamics in multitasking environments," *Journal of Economic Behavior and Organization* 166, pp. 288–308, 2019 年（共著），"Evolutionary imitative dynamics with population-varying aspiration levels," *Journal of*

Economic Theory 154 (1), pp. 562-577, 2014 年（共著），などがある。

/// **読者へのメッセージ** *///*

　ゲーム理論は，利害関係だけでなく，他者への予見 – 観察 – 自らの意思決定の連関を描く，豊かな社会理論です。本書では数学を高校程度に抑えつつ，この理論の核をごまかしなく，さまざまな事例で「活かす」ために深めます。さあ，この『いかゲーム』からゲーム理論の「沼」にどっぷりハマってください。

森谷 文利（もりや　ふみとし）

神戸市外国語大学外国語学部准教授

2001 年，大阪大学経済学部経営学科卒業。2004 年，一橋大学大学院商学研究科修士課程修了。2008 年，一橋大学大学院商学研究科博士後期課程修了，博士（商学）。日本学術振興会特別研究員，一橋大学大学院商学研究科特任講師などを経て現職。専門は，組織の経済学，契約理論，応用ゲーム理論。

主な著作に，"Preventing bottlenecks in organizations," *AEA Papers and Proceedings* 112, pp. 444-451, 2022 年（共著），"Asymmetric-information allocation to avoid coordination failure," *Journal of Economics & Management Strategy* 29 (1), pp. 173-186, 2020 年（共著），「中間管理職の経済理論──モニタリング機能，情報伝達機能とミドルのジレンマ」『日本労働研究雑誌』第 592 号，47〜59 頁，2009 年（共著），などがある。

/// **読者へのメッセージ** *///*

　ゲーム理論を初めて学んだときを振り返ると，理論の緻密さに「カッコよさ」を感じる一方で，「わかる」ことの難しさを思い出します。本書の内容は授業／ゼミで実際に使ってみて，つまずきやすい点をより丁寧な説明に書き直しました。しっかりとした理解を基礎に，理論を「活かす」楽しさを体感してもらえると嬉しいです。

目　次

本文イラスト：浅古泰史，滝上英

序章　*Chapter*

ゲーム理論という
武器を持って

「本書はゲーム理論の入門書である」などという，ありきたりな始め方をしてもよいのですが，「入門書」という言葉は実に曖昧です。まったく知識がない人でもわかるようにイメージだけを簡単に説明した入門書もありますし，学問的体系を重視してその分野で学ぶべきことをすべて盛り込んだ入門書もあります。なんらかの誤解から，「入門と言うから読んだのに，なんでこんな内容なんだ！」と思ったこともあるかもしれません。そこでまずは，本書がどのような「入門書」であるかを，明確にしていきます。

- 本書は，読者の皆さんがゲーム理論を応用して実際に使えるようになる，つまり活かせるようになることを大きな目的としている「入門書」です。

- ゲーム理論が活かされている分野は，経済学，経営学，政治学，社会学から生物学まで広がっています。本書は，ゲーム理論を分析手法の１つとして用いるさまざまな分野を専攻する読者の皆さんを対象とした「入門書」です。

- 数学の知識に関しては，四則演算や，グラフでの表現，平均の計算などの基本的知識以外は前提としない「入門書」です。必要な公式などに関しては，本書の中で解説をしていきます。

つまり，本書の最大の特徴は，ゲーム理論を活かすことを強く意識していることです。それでは，そもそもなぜゲーム理論を「活かす」ようにならないといけないのでしょうか。ゲーム理論は，私たちが生きる社会を分析する１つの手法です。少し格好をつけて言えば，複雑怪奇で，なんだかよくわからない私たちの世界を理解するための武器の１つと言ってよいでしょう。この武器は経済，経営，

政治などに関する社会問題の分析に用いることができる武器です。ただ，その武器で社会問題を斬るためには，その使い方を知らないといけません。武器を置物としてその美しさを理解できても，実際に使うことができなければ宝の持ち腐れです。本書を読もうとしている読者の皆さんの多くは，ゲーム理論を初めて学ぶ方々でしょうから，もちろん理論の基礎はみっちり説明します。ただ，それと同時に，本書では皆さんがゲーム理論をさまざまな事象に応用していけるように，つまり武器としてしっかりと使っていけるように，手助けをしていきたいと考えています。

「いやいや私は研究者にはならないのだから，応用できなくてもいい」と考える方もいるでしょう。しかし，ちょっと待ってください。「活かせるようになる」というのは「学術論文を書けるようになる」ということだけではありません。私たちは生きている中で，多くの社会問題に直面します。社会問題とまではいかなくても，学校や会社，あるいは家庭など，日常の中で解決が難しい問題に直面することも少なくないでしょう。「なんでこんなことになるんだ」などと戸惑うこともあると思います。そのとき，ゲーム理論という手法をあてはめて考えることで，考えを整理し，その原因を解明していけるかもしれません。そのためにも，ただゲーム理論を知るだけではなく，活かすことが重要になってくるのです。この本を読み終えた後，自分が直面したり，新聞やネットで見たりした問題を，ゲーム理論的に考え直して，違った視点から捉えることができるようになっている，ということがわれわれの目的です。

さぁ，これから一緒にゲーム理論という武器を持って，難解極まりない社会に立ち向かっていく準備を始めましょう。その前に，そ

もそもゲーム理論って何，というところから始めないといけません
ね。

2 ゲーム理論とは何か

　ゲームとは言っても，カードやアプリでゲームをするわけではあ
りません。ゲーム理論は，私たちが日々行う決断，つまり意思決定
を分析する手法です。スーパーマーケットで何をどのくらい購入す
るか，工場でどのくらいの商品を生産するか，選挙で誰に投票する
か，企業でプロジェクトにどの程度の人員と資金を配分するかなど
など，社会には多くの意思決定があふれています。その意思決定を
分析対象としているのがゲーム理論です。ゲーム理論は個々の主体
の意思決定の分析から積み上げていく形で，社会を分析し理解して
いこうとします。経済問題なら消費者や企業，経営については経営
者や従業員，選挙の分析なら政治家や有権者，そして国際政治なら
各国や国際機関といった，それぞれの主体の意思決定から分析をし
ていきます。

　さらにゲーム理論では，主体間の相互依存関係を考えています。
私たちの社会では多くの人の意思決定が集まることで，1 つの結果
が導かれます。例えば，チェスや将棋を考えた場合，自分が勝利で
きるか否かは，自身の選択だけではなく，対戦相手の選択にも依存
します。このように自分の行動だけではなく，ほかの人の行動も結
果に影響を与える相互依存関係が存在しています。ゲーム理論では，
それを**戦略的相互依存**（strategically interdependence）と言います。
世の中の意思決定のほとんどは戦略的相互依存であると言えるので，
ゲーム理論が分析できる範囲は，日常の生活から大きな社会問題ま
で広がっています。

最後の大きな特徴は，ゲーム理論は数学を用いて分析をするということです。この点に関して，皆さんが経済学を専攻していたならば，「あえて特徴として取り上げる必要はないのではないか」と感じるかもしれません。経済学では，数学を用いて理論的仮説を提示し，その仮説を，データ分析を通して検証していく手法が一般的です。ですので，「理論」と言えば数理的なものであると思うでしょう。しかし，政治学など他分野では必ずしも理論は数理的なものとは限りません。そのため，数理的な手法を用いて理論を構築していくという点を特徴の１つとしてあげました。

　つまりゲーム理論とは，「戦略的相互依存にある意思決定を数理的に分析する手法」ということになります。それでは，私たちが住む複雑怪奇な社会をどのように数学を用いて描いていくのでしょうか。

3　モデル化するということ

　現実を数理的に表現するということは，数学で解くことができるように描くということです。よって，分析したい事象に関し，その本質的な部分だけを残し，ほかの部分をそぎ落としたうえで議論をしていきます。例えば，飛行機や車の模型は，実際の飛行機や車の完全な縮小版ではありません。飛行機や車の特徴を残しつつ，ほかの部分は単純化して模型にします。模型は英語で**モデル**（model）と言います。同様に，現実を簡略化して数学で描いたものも，モデルと呼びます。そして，そのモデルを作ることを**モデル化**と言います。

　それでは，数学を用いて現実の事象をモデル化する際には，何をすべきでしょうか。まずは当然のことですが，分析の対象を定める

必要があります。斬る相手が定まらないまま武器を振り回しても意味がありません。ゲーム理論を使うときにも，それで分析する対象や何のための分析をするのかという問題意識をはっきりさせることから始めます。以降の章では，経済，経営，政治など多岐にわたる分野における現実の事象に着目していきます。とはいえまだ序章ですから，複雑な社会問題には踏み込まずに，日常の風景にありそうな事象から始めてみましょう。

> 【事例 0.1】餃子を賭けたじゃんけん勝負
> 　権太と権助という2人の兄弟がいる。今日の夕飯は2人の大好きな肉汁たっぷり餃子だ。2人はこれで何杯もご飯が食べられる。しかし，餃子も遂に最後の1つになってしまった。2人は最後の餃子を取り合って，大喧嘩を始めた。事態の収拾を図るため，2人の両親はじゃんけんで決着をつけることを提案した。じゃんけんは1回限り。あいこであった場合には，餃子は半分にして分けることになる。最後の餃子を賭けた，負けられない戦いが今始まる。さぁ，この勝負の結末やいかに。

　この本では「事例」というボックスの中で，これから分析する事象を紹介し，対象として定めます。この事例をモデル化していきましょう。ここでは，権太と権助が選ぶ手を知りたい，という問題意識があります。モデル化する際には，この問題意識にとって大切ではない部分は切り捨てて，簡略化していったうえで，以下のように対象となる事象を明確にしていきます。

(1) ゲームの参加者：誰が意思決定をしているのか。

(2) ゲームのルール：選択肢は何か，いつ意思決定を行うか，何を知らないのか。

(3) ゲームの結果の評価：個々の参加者がどのようにゲームの結果を評価するのか。

　1つ1つ見ていきましょう。第1に決めないといけないことは，意思決定を行うのは誰か，という点です。ゲーム理論は個々の意思

決定から分析するので，誰が意思決定を行うのかを明確にする必要があります。ゲーム理論では，意思決定者を**プレーヤー**（player）と呼びます。プレーヤーは権太や権助のような個人でも，企業のような集団を1人のプレーヤーと考えてもかまいません。そのようなプレーヤーが何人いるのかを明確にする必要があります。兄弟のじゃんけんゲームでは，権太と権助という2人のプレーヤーがいることになります。

　第2に，そのプレーヤーそれぞれが何について，どのように意思決定するのかを明確にしなければなりません。意思決定というのは，たんに「頑張るぞ」などの意志を決意することではなく，何かを選び取ることを意味しています。つまり，意思決定のやり方を明確にするということは，何をどのように選んでいくかを明らかにするということです。ゲーム理論ではゲームのルールとして，以下の3点に重きを置き各プレーヤーの意思決定を記述します。

ⅰ．各プレーヤーに何ができるのか

　　まず，各プレーヤーが選びうる選択肢を明確にする必要があります。ゲーム理論では，プレーヤーがなんらかの行動を起こすときに，どのような行動をとるかという計画を選ぶと考えます。この行動計画を**戦略**（strategy）と呼びます。じゃんけんの事例では，権太と権助は，それぞれ「グー」「チョキ」「パー」という3つの戦略を有しています。もちろん，これに加えて「後出し」などの姑息な（？）選択肢があるかもしれません。もし分析者から見て，後出しの可能性が分析において大切なことならば，「後出し」も戦略としてモデルに含めるべきでしょう。ただし，今は含めません。後出しをしてもバレたうえでやり直しになるという理由から，「後出し」という選択肢は無視をして簡略化するということです。このように，本質的ではない側面を省略していく作業が，モデル化では重要になります。

ii. 各プレーヤーはいつ意思決定を行うのか

　プレーヤーの意思決定を行う順番を明確にします。すべての
プレーヤーが同時に意思決定を行うかもしれません。あるいは，
特定のプレーヤーが意思決定を行い，その選択を知った後で別
のプレーヤーが意思決定を行うなど，意思決定のタイミングに
ズレがあるかもしれません。その場合，意思決定をする順番も
決める必要があります。じゃんけんの事例では後出しは認めら
れないと考えたため，同時に意思決定をしていると考えましょ
う。

iii. 各プレーヤーは何を知っていて，何を知らないのか

　意思決定にあたって，そもそも何を知っているかというのは
大事な要素です。世の中には餃子と言っても，肉汁滴るジュー
シー餃子もあれば，安物のパサパサ餃子，そして激辛のハバネ
ロ餃子もあるわけです。そもそも食べたことのない料理だった
ら，本当に好きかどうかもわからないでしょう。ほかのプレー
ヤーがいたずらでこっそりハバネロ餃子を入れていて，それを
知らないということもあるかもしれません。ゲーム理論ではこ
うしたわからないものがある状況を分析する方法もあります。
よって，分析するにあたっては，それぞれのプレーヤーがどこ
までわかっているか，あるいはわかっていないかをきちんとモ
デルで明確にすることが大切なのです。もちろん，この事例で
は，兄弟2人とも最後の餃子が肉汁たっぷりでおいしい，と考
えているためぜひとも食べたいということを「知っている」と
いうわけです。そして，お互いにそう思っていることも「知っ
ている」ことになります。

　最後に，プレーヤーが最終的に得られる**利得** (payoff) を決める
必要があります。各プレーヤーは与えられた戦略の中から，自分の
行動を選択します。その戦略の組み合わせによって，生じる結果が

異なってきます。じゃんけんの事例では，兄弟の選んだ選択肢によって「権太の勝ち」「権助の勝ち」「あいこ」の３つの結果が考えられます。勝者は確実に餃子を得ることができ，敗者は得ることができません。あいこの場合は，２人とも半分だけ得ます。しかし，勝者の得るものを「餃子」というモノにしたままでは，数理的分析は難しいですね。そこで，それぞれのプレーヤーは自分にとって望ましい結果を得られるように意思決定をすると考えます。そして，その「望ましさ」を数字で表すわけです。例えば，勝って餃子１つまるまる食べられたら８点，あいこで半分なら４点，負けたなら０点をとるなど，望ましさをゲームのスコアのような点数に置き換えて分析します。この点数が利得です。このように数字に置き換えることで，意思決定の問題を，利得という数字を最大にする問題として数学的に表せるわけです。

　この利得は，お金やモノから得る金銭的・物質的利益だけを意味するものではないことに注意してください。現実の社会でも，非金銭的・非物質的利益は多々あります。例えば，昇進したり選挙に当選することで，力を得たり，あるいは名誉欲が満たされるという意味で，利益を得たと感じることがあるでしょう。また，非金銭的・非物質的費用もあります。例えば，企業におけるプロジェクトを成功させるためには，時間と労力という「費用」を払う必要がある，と考えることができます。このように多種多様な利益と費用が，利得には含まれています。

　また，利得を考える際に，プレーヤーの目的を設定することが一般的です。企業の従業員を考えた場合，たんに報酬を高めることだけを目的としているのか，あるいは昇進や「やりがい」を重視しているのか，などです。政治家であれば，選挙に勝つことだけを目的としているのか，あるいは自分好みの政策を実行したい，有権者のために尽くしたいなどのほかの目的があるのか，などですね。この

場合，目的の達成度によって，各結果における利得が決まると考えるべきでしょう。

　プレーヤーの目的を考え，ゲームのルールを与えたうえで，「プレーヤーが与えられたルールの中で目的を達成するためにどのように行動をするのか」を分析することになります。それは，プレーヤーの**インセンティブ**（incentive）を考えることにもなります。インセンティブは日本語では「誘因」と訳されることが多いですが，「ある目標を達成しようとする意欲を与えるもの」を意味する言葉です。例えば，金銭的利益を高めていきたいと思っている従業員に，プロジェクトを任せたとしましょう。従業員の給与がプロジェクトの成否にまったく影響を受けなかった場合，従業員はわざわざ時間と労力を使ってプロジェクトを成功に導こうとはしないかもしれません。つまり，従業員はプロジェクトを成功させるために努力をするインセンティブを有さないことになります。一方で，プロジェクトの成否に給与や報酬を紐づければ，プロジェクトを成功させようと，やる気を出すかもしれません。つまり，プロジェクトを成功させるために努力をするインセンティブを有することになります。

4　じゃんけん勝負のモデル

　これでモデル化が終わりました。まとめてみましょう。今後，モデルを紹介する際には，以下のような「モデル」というボックスで示していきます。

［モデル 0.1］じゃんけん勝負のモデル
　2人のプレーヤー権太と権助がじゃんけんを行う。2人は同時に「グー」「チョキ」「パー」のうち1つを選ぶ。グーはチョキに勝ち，チョキはパーに勝ち，パーはグーに勝つ。2人が同じ選択をした場合は引き分

けとする。勝者は8の利得を得て，敗者の利得は0である。引き分けの
場合は，2人とも4の利得を得る。2人が取る選択肢は何か。

より一般的なじゃんけんの話に変わっていますね。プレーヤーが
勝ちたいと思っている状況下でのじゃんけんであるならば，このモ
デルを応用できるようになっています。餃子の取り合いをするだけ
ではなく，スポーツの先攻後攻を決めるじゃんけんなど，ほかのじ
ゃんけん勝負にも応用できるということです。モデル化の過程で，
些末な事象は捨て，本質的な部分だけを残しました。その結果，よ
り幅広い事象にあてはまるものにしていくことができたわけです。
これが，モデル化の1つの大きな特徴であり，利点でもあります。
　それでは，何を省略し，何を省略すべきではないのでしょうか。
それはモデルを作って分析をする人自身の考えや視点，あるいは研
究の目的に大きく依存します。上記の例では，「後出しは行われな
い」と考えたうえでモデル化を行いました。しかし，実際には親の
監視体制が不十分で，後出しが行われるかもしれません。その場合
には，後出しをするか否かの選択を分析する必要がありますし，相
手の様子を見ながら行われるため意思決定も同時ではなく，時間軸
を考える必要があるでしょう。後出しを考慮に入れるか，省略する
かの判断は，じゃんけんのどの側面を分析したいのか，によって異
なってきます。何を省略して，何を残すのかに関しては，モデル化
をしていく人たちが慎重に決めていく必要があるわけです。
　以上では，ゲーム理論を用いて分析するためのモデル化のやり方
を議論してきました。しかし，現実の事象を単純化して議論すると
いう点は，数理的分析だけに特有のものではありません。そもそも，
複雑怪奇な現実を（数理的ではない）言葉として書き下した時点で，
そこに書かれていないことを省略して単純化しているわけですから，
言葉によるモデル化を行っていると言えます。よって，数理的手法

でも，言葉による叙述でも，同じような作業をしていることになるかもしれません。

5 モデル化の目的

　モデル化をした後は，ゲームの結果を予測することになります。何が起きるかわからない複雑な事例であっても，簡略化をして本物の「ゲーム」のようにモデル化をしていくことで，プレーヤーのインセンティブを知ることができ，結果を簡単に予測できるようになってきます。その予測をする際に用いる1つの重要な概念が**均衡**（equilibrium）です。均衡の意味に関しては第3章で詳しく議論しますが，ざっくりと言えば，誰も選択を変更するインセンティブを持たない状態のことです。ゲーム理論では普通，このような均衡の状態にゲームの結果が落ち着くと考えて分析をします。これらの分析を通して，原因（ゲームの設定）から結果（均衡）までのストーリーを，論理的に数学を用いて描いていくことで，「生物資源の乱獲が行われるのはなぜか」や「軍拡競争が生じるのはなぜか」などという問題に対する答えを示していくことになります。乱獲や戦争を避けるためには，どのような制度変更が必要かを示していくこともあります。また，じゃんけんやスポーツ，ゲームなどにおける戦略を分析することもできます。

　しかし，モデルを構築して結果を予測すれば終わり，というわけではありません。モデル化の最大の目的は，現実の事象を分析することです。よって，モデルを現実にあてはめ，モデルによる説明は妥当なものであるかどうか検証をしていく必要があります。モデルが示した含意を，データを用いて検証していく作業などです。もしモデルと現実が合わないのであるならば，もう一度，モデルの設定

図 0-1 現実の事象とモデル化

から見直し，モデルの再構築をしていくことになります。以上の作業を通して初めて，ゲーム理論を現実に応用できた，と言えるわけです。

まとめましょう。図 0-1 が示すように，ゲーム理論の応用分析では，以下の作業を行います。

(1) 現実の事象を知る。

(2) 何を描いて何を省略するかを決めたうえでモデル化を行う。

(3) ゲームの結果を予測する。

(4) 現実にあてはめて解釈する。

(5) 必要であれば，モデルの修正を行う（(1) に戻る）。

これらの作業に加えて，多くの分析では，**比較静学**（comparative statics）を行います。比較静学とは，ゲームのさまざまな要素のうち 1 つだけを変化させた場合に生じる，プレーヤーの選択やゲームの結果の変化を分析することです。じゃんけんの例では，勝者の利得は 8 であり，敗者の利得は 0 であるとしました。その勝者の利得だけ 8 ではなく，10 に高めたり，5 に低めたりして，何が生じるの

かを検証するわけです。その結果,「勝者の利得が変化した場合,含意はどのように変わるのか」を検証することができるようになります。このとき,敗者の利得など,ほかの要素はあえて変えないことで,「勝者の利得の変化の影響」だけを見ることができます。これが比較静学というもので,ゲーム理論を応用する際には盛んに使われる手法です。本書でも随所で使っていくことになります。

また分析によっては,この後さらに進んで,よりよい制度を考える場合があります。ゲームのルールを変えていけば,人々の行動も変わってきます。裏を返せば,どのようなルールにすれば人々の行動を変えることができるのか,ということも議論できることになります。企業内の賃金体系や,選挙や議会の仕組み,契約に関する法律といった**制度**(institution)が企業内の労使関係,政治活動,市場経済といった社会経済の「ゲーム」の「ルール」を形作っています。こうした制度を変えていくことを通して,どのように人々の行動を変え,(社会や企業などにとって)よりよい結果へと導けるのか,ということを考えるのも,ゲーム理論を応用した際の重要な論点になります。

ただ,このように説明しただけではイメージしにくい部分も多々あると思います。実際にモデルを構築し,その解釈をする過程は,本書の中で随時見せていきます。ちなみに,少しだけ言及した生物資源の乱獲に関しては第1章で,軍拡競争に関しては第2章で改めて分析をしていきます。

6 ゲームの種類と本書の特徴

ゲーム理論には,大きく分けて**非協力ゲーム理論**(non-cooperative game theory)と**協力ゲーム理論**(cooperative game theory)の

2種類があります。協力ゲーム理論では，プレーヤーが協力をして行動すると仮定したうえで，集団としてどのような決定をするのかを主に分析する理論です。一方で，非協力ゲーム理論では，プレーヤー間での協力関係を前提とはせずに分析を行います。ただし，「非協力ゲームではプレーヤーは協力をしない」という意味ではありません。協力を前提とはしなくても，プレーヤーがほかのプレーヤーと協力することを結果として自主的に選択することはあります（第6章参照）。一方で，協力ゲーム理論では協力をすることが前提です。ゲーム理論の応用の多くは，非協力ゲーム理論に基づいています。本書でも，非協力ゲーム理論に関して議論をしていきます。

また，モデル化のやり方によって，ゲームにはいくつかの種類があります。まず，意思決定のタイミングの違いがあります。特に，ゲームの分析のうえで，すべてのプレーヤーが同時に意思決定を行うか，順番に意思決定を行うか，の違いは大きく，適した分析手法が異なってきます。ゲーム理論では，同時に意思決定を行うことを**同時手番**（simultaneous move）と呼び，順番に意思決定を行うことを**逐次手番**（sequential move）と呼びます。本書では，まず同時手番のゲームから議論を始めます。そして，第5章以降で逐次手番のゲームを議論していくことになります。

次に，プレーヤーがゲームに関する情報を知っているか否かの違いです。すべてのプレーヤーが，ゲームに関する情報をすべて知っていることを**完備情報**（complete information）と言います。ここで言う「ゲームの情報」とは，ゲームのモデルとして記述したことに関する情報のことです。一方で，利得がわからないなど，すべての情報をプレーヤーが保有しているわけではない状況を**不完備情報**（incomplete information）と言います。不完備情報の中でも，保有している情報がプレーヤー間で異なる状況を**情報の非対称性**（asymmetric information）と言います。例えば，売り手は買い手よりも商

品の質に関する情報を正確に知っているでしょう。また，政治家は有権者よりも政策に関する情報を多く知っているでしょうし，経営者は投資家よりも会社のことをわかっているでしょう。このように情報の非対称性は，私たちの社会の至る所に存在しています。

不完備情報が伴うゲームの分析は，完備情報のゲームの分析よりも格段に難易度が上がります。そのため，入門書では深くは扱わない場合もあります。しかし，ゲーム理論が今日さまざまな分野で応用されるようになったのは，不完備情報のゲームを分析する手法が発展し，不確実なことの多い現実の問題にゲーム理論を用いることが有益であることが示されたことも大きな要因の1つです。それゆえ，本書では第7章と第8章を使って，不完備情報が伴うゲームを議論していきます。表0-1は，各章における意思決定のタイミングと情報の扱いの違いに関してまとめています。

結果を予測する手段の1つであった均衡概念にはいくつかの種類があります。ゲームの設定が異なれば，そこで用いるべき均衡概念も異なってきます。本書でも，各章で異なるゲームの設定を議論するとともに，それに合わせて新たな均衡概念を導入していきます。表0-1には，主要なトピックとして導入する均衡概念も紹介しています。他方で，均衡に落ち着くまでの過程自体もゲーム理論の分析対象です。そのような戦略が「進化」していく過程の理論というのは高度な数学を伴うものですが，ゲーム理論の初学者でも，その感覚がつかめるように第4章で解説します。

再度言いますが，本書の最大の特徴は，ゲーム理論を活かすことを強く意識していることです。そこで各章の導入部分では，さまざまな分野に関わる事例から議論を始めます。そして，その章で新たに紹介する分析手法を用いて，その事例を分析していきます。導入部分の事例に関しても，主要なトピックと合わせて表0-1に示してあります。また，導入事例以外にもできるだけ多くの事例を紹介し

表 0-1　本書の構成 ————————————————————————————

章	決定	情報	主要なトピック	導入事例
1	同時	完備	支配戦略	サクラエビ漁におけるプール制
2	同時	完備	ナッシュ均衡	コンソール・ウォーズ（ゲーム機戦争）
3	同時	完備	混合戦略	サッカーの PK 戦
4	同時	完備	進化動学	PayPay の販促キャンペーン
5	逐次	完備	部分ゲーム完全均衡	アメリカ大統領による「脅し」（日米貿易摩擦とオバマのレッド・ライン）
6	逐次	完備	繰り返しゲーム	企業間談合
7	同時	不完備	ベイジアン・ナッシュ均衡	ポーランド・ソビエト戦争
8	逐次	不完備	完全ベイジアン均衡	ネーミングライツ

——

ています。特に，経済学や経営学と関わる事例に偏らないように，それ以外（政治学，法学，社会学など）の事例とバランスをとって紹介していきます。

　実際にゲーム理論を大学で教えていて感じることは，学生の皆さんがゲーム理論をそれなりに高い難易度まで理解しているにもかかわらず，いざ応用してみようという段階になった際に，ごくごく簡単なモデルを，あまり深く考えずに応用してしまうことが多いということです。本来，ゲーム理論を応用で用いる場合には，モデル化の適切さを徹底して突き詰めることになります。しかし，そのノウハウに関しては，あまり共有されることはありません。本書では，随所でゲーム理論を応用に用いる場合の注意点や，ノウハウに関してもできるかぎり議論していくようにします。そして終章では，1つの事例の具体的な分析を見ながら，実際にゲーム理論を応用して

いくためのヒント（Tips）を示していきます。

　ゲーム理論の基礎を自分のものにするためには，練習問題を多く解くことが重要です。本書でも，各章の終わりに練習問題を用意しています。それに加え，本書に関するオンライン・コンテンツも提供します。そこでは，本書掲載の練習問題の解答に加え，本書では収まりきらなかった応用例や一歩踏み込んだ分析に関しても紹介していきます。その扉を開く場合には，本章の最後にある QR コードを読み込んでください。

　次章では，収穫されたサクラエビからの収益をすべての漁船で均等に分け合うという独特な制度のお話からスタートします。さぁ，日本一深い湾と言われる駿河湾から，ゲーム理論を学ぶ旅に出発するとしましょう！

https://www.yuhikaku.co.jp/yuhikaku_pr/y-knot/list/20005p/

誰がためにサクラエビを分けるのか

支 配 戦 略

Quiz クイズ

駿河湾のサクラエビ漁業では，1977 年から「プール制」が導入されている。プール制とは，すべての漁船で同時に漁に出たうえで，その収益を全魚船でプールして，利益を分け合う制度である。この制度が導入された主な目的が，次のうちどれか?

サクラエビ漁
(©Yuji. Shiroyama / イメージナビ)

- **a.** 各漁船の漁獲高をいちいち量ることが面倒なため
- **b.** サクラエビの乱獲を防ぐため
- **c.** 相互扶助のため
- **d.** 平等な社会の実現のため

Chapter structure　本章の構成

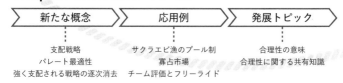

新たな概念	応用例	発展トピック
支配戦略 パレート最適性 強く支配される戦略の逐次消去	サクラエビ漁のプール制 寡占市場 チーム評価とフリーライド	合理性の意味 合理性に関する共有知識

1　サクラエビ漁におけるプール制

　日本一の高さを誇る富士山に見下ろされる駿河湾は，最も深いところで水深2500メートルまでになる日本一深い湾です。その深さから多種多様な海洋生物に恵まれ，漁も盛んに行われています。特にサクラエビは，日本では駿河湾だけで商業的漁業が行われている名産の1つです。サクラエビは日中水深200〜350メートルあたりに生息し，暗くなるとプランクトンなどの餌を求めて水深20〜50メートルのところに上昇してきます。そこを狙って，夜間に「夜曳き」と呼ばれる網を用いた漁が行われます。その駿河湾のサクラエビ漁では，ほかではあまり見ない「プール制」という制度が採用されています。

【事例1.1】サクラエビ漁のプール制

　サクラエビ漁は駿河湾の中でも，由比・蒲原・大井川地区だけに限り，しかも夜間にだけ行われているため，漁場が限られている。そのため，狭い漁場で多くの漁船がひしめき合うことにより，激しい漁獲競争が長年にわたり行われてきた。その結果，大幅な値下がりや，サクラエビの大量廃棄にまで至ることも少なくなかった。このままでは，やがて駿河湾のサクラエビ漁業は衰退するという危機感を抱いた漁業組合は，1977年から3地区合同で「プール制」を導入する。プール制のもとでは，すべての漁船が一緒に漁に出たうえで，水揚げ金額（および市場手数料）を全船で（ほぼ）均等に分配する。同時に，協定のもとで漁獲量調整も行っている（露木，2014；大森，2015）。

　プール制導入の主な目的は乱獲の防止でした。乱獲の問題は，サクラエビだけではなく，マグロやウナギなどのなじみのある生物資源には必ずつきまとう問題です。石油や鉱石などの鉱産資源は，使った分だけ減少していき最後には枯渇します。一方で，サクラエビ

などの生物は，子どもを産むことで再生産し，増えていくことができます。ですので，再生産のスピードを超えないように漁獲・消費していけば，永続的に消費していくことができます。生物資源を捕獲することで生計を立てている水産業者たちにとってみれば，近い将来に生物資源が枯渇することはなんとしても避けたいはずです。しかし，現実には，再生産スピードを超える過剰な漁獲が行われてしまうことが多くあります。このように，生物資源が乱獲によって枯渇し，結果として，乱獲をした業者自身を含む多くの人々が不利益を被る問題のことを**共有地の悲劇**（tragedy of commons）と言います。誰でも利用できる共有資源で生じる問題であるため，このような名称になっています。

　サクラエビ漁では，漁獲量調整だけではなく，プール制を導入して共有地の悲劇を解決してきました。この制度はほぼ半世紀にわたり維持され，サクラエビ漁を持続可能なものにしています。しかし，なぜこの両方を導入する必要があったのでしょうか。本章では，共有地の悲劇の問題とその解決策を，ゲーム理論を用いて考えていきます。その中で，現実の事象をモデル化し分析をしていく方法も議論していきます。それでは，ゲーム理論を理解するための最初の一歩を踏み出すことにしましょう。

2 囚人のジレンマ

▷ 2.1 モデル化

　サクラエビの問題を考える前に，1つ簡単な例を考えてみましょう。**囚人のジレンマ**（prisoners' dilemma）という例です。ゲーム理論を本格的に学んだことがない人でも聞いたことくらいはあるかもしれない，ゲーム理論で最も有名な例です。

【事例 1.2】囚人のジレンマ

　夜の繁華街で殺人事件が起きた。容疑者は 2 人。この容疑者 2 人と被害者を結びつける物的証拠は，バーで喧嘩しているところのビデオのみだ。これだけでも警察は 2 人を暴行罪で起訴できる。しかし，殺人で起訴するためには凶器を見つけないといけない。凶器の場所の見当もつかない警察は，2 人からなんとか自白を引き出そうとする。そこで，警察は 2 人に司法取引を持ち掛けた。「凶器の場所を教えたら，刑期を減らしてやる」という取引である。暴行罪だけならば 3 年の懲役であるが，殺人の罪が加われば 10 年の懲役になる。しかし，2 人とも凶器の場所を自白した場合には刑期は 6 年と短くなり，さらには 1 人だけ自白した場合には自由の身になれる（懲役刑なし）。ただし，1 人でも凶器の場所を自白すれば殺人罪は立証できるが，2 人とも黙秘をした場合には立証できない。2 人は別室で取り調べられているため，相手の選択を知ることができない。また，2 人の容疑者は自身の刑期をできるだけ短くしたいと考えているとしよう。彼らは司法取引に応じ，自白するだろうか。

　この 2 人の容疑者の話を，ゲーム理論のモデルにしてみましょう。つまり，モデル化をする，ということです。モデル化を行う場合，以下の点を明確にすることを序章で議論しました。

(1) ゲームの参加者：誰が意思決定をしているのか。

(2) ゲームのルール：選択肢は何か，いつ意思決定を行うか，何を知らないのか。

(3) ゲームの結果の評価：個々の参加者がどのようにゲームの結果を評価するのか。

　まず，相手と自分の選択によって，どの程度の刑期になるのかに関して知っているため，ゲームの設定上で 2 人の囚人が知らないことはありません。次に，意思決定のタイミングを考えましょう。相手の行動を知ることができれば，それをふまえて意思決定を行うことから，時間軸を考える必要があります。しかし囚人のジレンマゲームにおいて，2 人の容疑者は別室で意思決定を行い，相手の行動

を見ることはできません。そのため、「いつ意思決定を行うか」は「同時に行う」と考えてよいでしょう。実際には「いっせいのせ」で決めるわけではありませんが、お互いに相手の行動がわからないまま意思決定をする場合には、同時決定と考えてかまいません。このような意思決定を同時に行うゲームを表現する方法として、**標準形**（normal form）、あるいは**戦略形**（strategic form）があります。ただし標準形は、意思決定のタイミングがプレーヤーによって異なる逐次手番ゲームでも用いられることもあります。それは第5章で議論しましょう。

　具体的には、標準形でモデル化する場合、以下の事柄を定義する必要があります。

1. プレーヤーをすべて定める。
2. 各プレーヤーが選択しうる「戦略」をすべて定める。
3. プレーヤーたちの選びうる「戦略の組」それぞれに対して、各プレーヤーの得る「利得」を数字で定める。

　1つ1つ見ていきましょう。第1に、プレーヤーを定めます。囚人のジレンマの例では2人の容疑者がプレーヤーでした。ここでは容疑者Xと容疑者Yと名付けましょう。ちなみに本章では、2人のプレーヤーがいるゲームのみを考えますが、次章以降では3人以上のプレーヤーが登場するゲームも考えます。

　第2に、各プレーヤーが選択しうる「戦略」を定めます。「各プレーヤーは何ができるのか」ですね。囚人のジレンマの例では、各容疑者は「自白する」と「黙秘する」の2つの戦略を持っていると考えられます。もちろん、有する戦略の数は、序章で議論したじゃんけんのように、3つ以上でもかまいません。

最後に，それぞれの「戦略の組」に対する利得を定める必要があります。囚人のジレンマにおいて生じうる戦略の組は，「両人とも自白する」「両人とも黙秘する」「容疑者 X のみ自白する」，そして「容疑者 Y のみ自白する」の 4 つです。そのそれぞれの結果における利得を決めるわけです。ここでは，自身の刑期をできるだけ短くしたい容疑者を考えていました。刑期の最小化をモデル化するために，利得は刑期を負の値にしたものと考えてみましょう。刑期を負の値にすると，刑期が長いほど容疑者にとっては好ましくないということを表現できます。例えば，「両人とも自白する」という結果の場合，両人とも刑期は 6 年なので，利得は 2 人とも −6 になります。「両人とも黙秘する」場合は刑期 3 年なので，利得は 2 人とも −3 です。一方で，片方だけが自白した場合，自白した人は刑期 0 年なので利得も 0 ですが，黙秘した方の刑期は 10 年なので利得は −10 になります。このように，すべての生じうる結果に対し，すべてのプレーヤーの利得を数字で与える必要があります。当然のことですが，プレーヤーはより高い利得を好んでいると考えます。

　これにて，囚人のジレンマを標準形で表すことができました。これでこの事例を数理的に分析するお膳立てができたことになります。でも，たんにモデルの要素を並べただけでは，次に何をしたらよいのかわかりませんね。そこで，より分析をやりやすくするために，**利得表**（payoff matrix）を用いて標準形の内容をまとめてみましょう。

▷ 2.2 利 得 表

　利得表は，標準形を表現する 1 つの方法です。まずは，囚人のジレンマの標準形を利得表の形で示してみましょう。それが表 1-1 です。まず，各プレーヤーの戦略は「黙秘」と「自白」の 2 つでしたね。縦に並んでいる「黙秘」と「自白」が容疑者 X の選択肢を表

しています。横に並んでいる「黙秘」と「自白」は容疑者 Y の選択肢になります。一般的に利得表を描くときには、第 1 のプレーヤーの戦略を縦に並べ、上下の行を選ぶプレーヤーと考えます。一方で、第 2 のプレーヤーの戦略は横に並べ、左右の列を選ぶプレーヤーと考えるわけです。

表 1-1 囚人のジレンマ

		容疑者 Y	
		黙秘	自白
容疑者 X	黙秘	−3, −3	−10, 0
	自白	0, −10	−6, −6

　利得表の中のそれぞれのマスは、戦略の組を示しています。囚人のジレンマでは、プレーヤーの戦略の組は、「両人とも黙秘する」「両人とも自白する」「容疑者 X のみ自白する」、そして「容疑者 Y のみ自白する」の 4 つがありました。それぞれの戦略の組は、利得表の左上、右下、左下、そして右上のマスに対応しています。それぞれのマスでは、まず行を選ぶ第 1 のプレーヤーの利得が示され、次に列を選ぶ第 2 のプレーヤーの利得が示されます。例えば、「容疑者 X のみ自白する」を意味する左下のマスでは、縦の段の容疑者 X の利得 0（自由の身）を示したうえで、横の段の容疑者 Y の利得 −10（10 年の懲役）を示しています。利得表を書く際には、行を選ぶプレーヤーの利得から書くことが通例となっています。

　文章で長々と書かなくても、この利得表をパッと見せるだけで、どのような標準形で表したゲームを分析しているのか、すぐに理解することができます。わかりやすいですね。ここでは 2×2 の利得表になっていますが、戦略数が増えた場合には、段の数を増やすだけです。戦略数が 3 つ以上の例は、このあとすぐに出てきます。一方で、プレーヤーの数が 3 人以上になった場合には、利得表を用いることが難しくなります。3 人の場合はなんとか利得表を書けますが、3 人を超えると利得表での表現はかなり難しいです。2 人を超える複数人のゲームの分析方法は、次章で考えることにしましょう。

モデル化が終わり，利得表も描ければ，いよいよゲームの結果を予測するステップに進めます。

2.3 支配戦略

では，ゲーム理論ではどのように結果を予測するのでしょうか。考えてみましょう。表 1-1 の囚人のジレンマでは，相手が「黙秘」を選んだ場合，「黙秘」を選べば利得が−3 である一方で，「自白」を選べば利得は 0 になります。よって，「自白」の方がより高い利得を容疑者に与えます。相手が「自白」を選んだ場合にも，「黙秘」を選べば利得は−10 であり，「自白」を選べば利得は−6 なので，「自白」の方がより高い利得を与えます。よって，相手の戦略によらず，「自白」は「黙秘」よりも高い利得をもたらすことになります。このとき，プレーヤーがより高い利得を好んでおり，利得の最大化をしていると考えた場合，以下のような予測をすることができます。

「自白」は，相手の戦略によらず常に高い利得を与えてくれるのだから，利得の最大化を目的としている容疑者は「自白」を選ぶはずだ。

この予測方法に，大きな違和感はないと思います。相手がどんな行動をとったとしても，常に利得が最も高い行動があるのならば，プレーヤーはその行動を選ぶと考えるべきでしょう。もちろん，このような選択をするためには，相手がどんな行動をとったとしても，常に利得が最も高い選択肢が唯一存在するという前提があります。囚人のジレンマにおける「自白」がそうですね。このように，相手のどんな行動に対しても，最も高い利得を保証してくれる戦略のことを，**支配戦略**（dominant strategy）と言います。

定義 1.1　支 配 戦 略　相手のどの戦略に対しても，自身のほかのすべての戦略よりも高い利得をもたらす戦略のことを支配戦略と呼ぶ。

囚人のジレンマでは「両容疑者が自白をし，両者とも6年の懲役刑になる」という結果が生じると予測することができます。注意すべきは，支配戦略は両方のプレーヤーにとって利得が高い選択肢を意味するものではないということです。2人の刑期が短い「両人とも黙秘する」は支配戦略ではありません。そもそも，これは戦略の組であり，戦略ではありませんね。あくまで支配戦略とは，相手のどの戦略に対しても，自分の利得が，ほかのすべての自身の戦略よりも高くなる戦略のことを意味します。

▷ 2.4 パレート最適性

囚人のジレンマに対する予測では，2人の容疑者はともに「自白」を選ぶとされていました。しかし，両者とも自白してしまった場合，刑期は6年になってしまいます。一方で2人で協力をして，ともに「黙秘」を選んだ場合の刑期は3年です。「2人とも黙秘」という結果は，「2人とも自白」よりも2人にとっては好ましいにもかかわらず，「2人とも自白」という結果になってしまうわけです。このとき，容疑者は何かとてつもない過ちを犯しているわけではありません。たんに自身の利得を最大化しようとした結果，2人にとって好ましくない結果になっているわけです。このように，それぞれは利得最大化をしているのに，結果として2人の利得は劣るものになるというところに「ジレンマ」があります。

以下では，「2人とも黙秘」という戦略の組を（黙秘, 黙秘）と表しましょう。「2人とも自白」は（自白, 自白）であり，「容疑者Xだけが黙秘」は（黙秘, 自白）ですね。さて，（黙秘, 黙秘）という状態からほかの状態に変わった場合，誰かの利得が下がってしまいます。（黙秘, 黙秘）から（自白, 自白）に変われば，2人の利得はともに減少します。「片方だけ自白」という状態に変わっても，自白した方は刑期が3年から0年に減るため利得は改善しますが，黙

秘した方の刑期は 10 年に延びるため利得は減少します。このように，あるプレーヤーの利得を高めようとすると，ほかの誰かの利得が必ず下がってしまう状態を，**パレート最適**（Pareto optimum）あるいは**パレート効率**（Pareto efficiency）と言います。パレートというのは，この概念を提唱したイタリアの経済学者の名前です。

定義 1.2　パレート最適性　ある戦略の組がパレート最適であるとは，ほかの組に変更した場合に以下のいずれかになることをいう。
(1)　利得が高まるプレーヤーがいない。
(2)　利得が高まるプレーヤーがいた場合，ほかの誰かの利得は低くなる。

ある戦略の組がパレート最適であるか否かをチェックするためには，その組とほかのあらゆる戦略の組とを比べます。利得表ではその組以外のマスをすべて見渡します。このしらみつぶしの比較の中で定義 1.2 の (1) と (2) を確かめます。

囚人のジレンマでは，(黙秘, 黙秘) はパレート最適でした。これを確認してみましょう。この組以外には，(自白, 自白)，(黙秘, 自白)，(自白, 黙秘) という 3 つの戦略の組があります。(黙秘, 黙秘) から (自白, 自白) に移った場合には，両容疑者の利得が下がってしまうため (1) があてはまります。一方で，(黙秘, 黙秘) から (自白, 黙秘) に移った場合には，容疑者 X の利得は高まるものの，容疑者 Y の利得が下がってしまうため，(2) があてはまります。(黙秘, 自白) に移った場合にも，(2) があてはまるので，定義 1.2 より (黙秘, 黙秘) がパレート最適であると結論づけられます。

パレート最適な戦略の組は 1 つとは限りません。「片方だけ自白」もパレート最適です。X のみ自白する（自白, 黙秘）という組を考えてみましょう。ここでは，自白した容疑者 X は無罪放免となり，0 というこのゲームでは最も高い利得を得ています。ですので，ほ

かの組に変わった瞬間，黙秘していた容疑者 Y の利得は改善されますが，自白した容疑者 X の利得が減少してしまいます。よって，常に (2) があてはまるため，（自白, 黙秘）もパレート最適になるわけです。（黙秘, 自白）も同じ理由でパレート最適です。最後に，（自白, 自白）はどうでしょうか。この状態から，（黙秘, 黙秘）に変わった場合，2 人の利得はともに −6 から −3 に改善します。よって，（黙秘, 黙秘）への移動には，(1) も (2) もあてはまらないため，（自白, 自白）はパレート最適ではないと結論づけることができます。囚人のジレンマで個々人の意思決定から生じることが予測されている結果である（自白, 自白）は，このゲームで唯一のパレート最適ではない状態なのです。

　囚人のジレンマに限らず，パレート最適な結果が必ずしも実現されるわけではありません。パレート最適は結果を予測する概念ではなく，結果の善し悪しを考える評価基準です。パレート最適ではない結果ならば，よりよい状態に移行し，2 人とも利得を改善した方が好ましいと考えられるため，「悪い結果」と考えることができます。容疑者たちは，ただそれぞれが独立して自分の利得を高める行動をとっているだけです。ゲームのルールを理解していないわけでもありません。人々はルールを理解し賢く行動をしているのに，その意思決定がバラバラなために，戦略的相互依存の中で人々の意思が合わさったときに，愚かな帰結に陥ってしまっているわけです。1 人 1 人はよいと思う方向に動いていても，総体として悪い結果に陥る。そういう戦略的相互依存によるジレンマを端的に描けるので，「囚人のジレンマ」という寓話は社会問題の分析で頻繁に言及されています。

3 共有地の悲劇

⟶ 3.1 乱獲問題をモデル化する

それでは，最初のサクラエビのプール制の話に戻りましょう。プール制導入の目的は乱獲問題の解決のためでした。再生産スピードを超える乱獲が生じてしまうという問題は，多くの生物資源に共通する問題です。ゲーム理論では，1つの事象の重要な側面だけをきちんと抽出してモデルとして描きます。乱獲はサクラエビだけではなく，ウナギやマグロなど多くの生物資源でも起こっています。そのため，サクラエビに限るのではなく，ほかの生物資源にも共通するものとしてモデルを作る方がよいでしょう。獲るものが何であれ，資源の枯渇はその資源に関わる業者の収益に大きな影響を与えます。自分たちはできるだけ多くの資源を確保し収益を上げたい一方で，資源が枯渇した場合には収益を上げるどころか，減少してしまいます。そこで，以下のように考えてみましょう。

[モデル 1.1] 魚の乱獲問題

ある漁場で2つの水産業者 X と Y が漁をしている。両業者は漁業に出す漁船の数を決める。それぞれの業者には港があり，多くの漁船が停泊している。漁船1艘で漁獲可能な魚の量は，その漁場に出る漁船の数に依存する。つまり，漁場に出る漁船数が多ければ多いほど，1艘あたりの漁獲量は減ってしまう。ここでは単純に300からすべての漁船の数を引いた数が，1艘あたりの漁獲高としよう。つまり，業者 X が x 艘の漁船を，そして業者 Y が y 艘の漁船を出した場合，1艘あたり

$$300-(x+y) \text{ トン}$$

の魚が獲れるということである。ただし，総漁船数である $x+y$ が300を超える場合には，漁獲高は0になる。1トンの魚は1万円で売れるとしよう。よって，漁獲総量に1万円を掛けた値が，各業者の売上高にな

る。一方で，漁船1艘を運用する費用として60万円が必要とする。ここでは単純に，各業者は2つの選択肢を有しているとしよう。第1の選択肢は「乱獲」であり，最大限80艘の漁船を用いて漁を行う。第2の選択肢は「（普通の）捕獲」であり，控え目に60艘の漁船を用いて漁を行う。さて，乱獲は生じてしまうだろうか？

　このモデルでは，生物資源全般に応用できる内容になっています。サクラエビでもウナギでもマグロでもかまいません。ほかにも，いろいろなところで単純化をしています。例えば，漁船にも多様な種類がありますが，ここでは同一のものとしていますし，漁獲高も天候に左右されますが，単純な式で漁獲高を計算しています。その一方で，乱獲によって生物資源が枯渇し，漁獲高が減少していくという問題はちゃんと含めています。漁船の数が増えれば増えるほど，1艘あたりの漁獲高が減り，漁船が多すぎればゼロになってしまいます。このようにモデル化においては，できるだけ些末な部分は捨象していき，「乱獲による生物資源の枯渇」という分析したい問題に焦点をあてられるようなモデルを作っていくことになります。

　本書は入門書ですから，主要な含意が変わらない範囲内で，できるだけ計算が楽になるようなモデルを作っています。ですので，本質に焦点をあてるだけでなく，分析を明快にするための単純化もしています。最大の単純化は選択肢の少なさです。ここでは，80艘か60艘の二択になっています。本来，漁船の数は（0以上の）どんな数も選べるでしょう。ただ，その場合には分析をするために最大化問題を数学的に解く必要があり，本書の難易度を超えてしまいます。そこで，0以上のいかなる数も選べると考えたモデルは，オンライン・コンテンツとして提供します。実は，80艘や60艘とした理由はしっかりありますし，0以上のいかなる数も選べると考えたモデルでも，本節で示す均衡と同じ結果になります。以上で設定が終わりました。それでは，分析を始めましょう。

まずは各業者が得ることができる利潤を計算してみましょう。漁船1艘あたりが獲ることができる魚の量は，$300-(x+y)$ トンですので，1艘あたりの漁獲高に漁船の数を掛けた $[300-(x+y)]\times x$ トンが業者 X の漁獲総量になることがわかります。業者 Y の漁獲総量は $[300-(x+y)]\times y$ トンです。また，1トンの魚は1万円で売れるため，漁獲総量に1万円を掛けた値が，各業者の売上高になります。例えば，業者 X の売上高は $[300-(x+y)]\times x$ 万円です。漁船1艘を運用する費用は60万円ですので，業者 X の売上高から費用を引いた利潤は

$$[300-(x+y)]\times x-60x 万円$$

ということになります。業者 Y の利潤は $[300-(x+y)]\times y-60y$ 万円です。ここでは以下の4つのケースが考えられます。

① 2つの業者ともに乱獲（80艘）を選択する（$x=y=80$）。

② 2つの業者ともに普通の捕獲（60艘）を選択する（$x=y=60$）。

③ 水産業者 X が乱獲を，水産業者 Y は普通の捕獲を選択する（$x=80$, $y=60$）。

④ 水産業者 Y が乱獲を，水産業者 X は普通の捕獲を選択する（$x=60$, $y=80$）。

例えば①の場合（$x=y=80$），漁船の総数は160艘ですので（$x+y=160$），1艘あたりの漁獲高は $300-160=140$ トンです（$300-(x+y)=140$）。よって，業者 X の利潤は $[300-(x+y)]\times x-60x=140\times80-60\times80=6400$ 万円になります。業者 Y も同じ利潤を得ます。その他の計算は省きますが，それぞれのケースで変数 x と y に漁船数を代入して利潤を計算した結果，表1-2の利得表になることがわかります。利得表では利潤の「万円」の部分を省略しています。

表1-2が示しているとおり，相手が「乱獲」を選択しても，あるいは「捕獲」を選択しても，常に「乱獲」が高い利得を与えてくれ

ることがわかります。相手の
戦略によらず，常により高い
利得を与えてくれる「乱獲」
が支配戦略です。よって，利
潤の最大化が目的であるのだ
とすれば，「2つの業者はと
もに乱獲（80艘）を選択す
る」と予測できます。

表1-2 共有地の悲劇 ——————

		業者Y	
		乱獲	捕獲
業者X	乱獲	6400, 6400	8000, 6000
	捕獲	6000, 8000	7200, 7200

さらに，「両業者ともに乱獲」という状態から，「両業者ともに捕
獲」という状態に変えることで，両方の業者ともに利潤は6400万
円から7200万円に高まることがわかります。つまり，「両業者とも
に乱獲」という結果は，パレート最適ではありません。2つの業者
は，利潤の最大化をしようとしているだけです。それにもかかわら
ず，結局は利潤が低い状態が生じてしまうわけです。共有地の悲劇
の状況は，囚人のジレンマと同じであることがわかります。

この状況下で，業者が協定を結び，漁獲量調整として漁船の数を
60艘にすることに同意したとしましょう。さて，両業者はこの協
定を守るインセンティブがあるでしょうか。たんに口約束で協定を
結んだ場合には，表1-2の利得表と同様の状況ですので，結局誰も
協定を守ることなく乱獲を選択してしまいます。このような囚人の
ジレンマ的な状況下では，協定による漁獲量調整だけを行おうとし
てもうまくいかないと考えられます。それでは，どのような解決策
が考えられるでしょうか。ここまでの分析で，生物資源の乱獲の問
題をモデルで再現できました。単純な設定ですが，乱獲が生じる理
由はしっかり説明できていますね。よって，このモデルを用いて解
決策も分析することができます。それでは解決策を検討してみまし
ょう。

▷ 3.3 囚人のジレンマの解決法①：罰則

パレート最適ではない結果に陥ってしまう囚人のジレンマの問題を解決するためには，何をすればよいでしょうか。この場合「解決」とは，すべてのプレーヤーがより高い利得が得られるパレート最適な状態が結果として生じるようにしていくということです。例えば共有地の悲劇では，「両業者ともに乱獲」から「両業者ともに捕獲」に変えていくことが，共有地の悲劇（囚人のジレンマ）の解決となります。

最も一般的な解決方法は，罰則を設けることです。共有地の悲劇では，乱獲をした業者に罰金などの罰則を科すことが考えられます。それでは，表 1-2 の共有地の悲劇のモデルに，「乱獲を選択した場合には，罰金として f を支払わなくてはならない」という設定を入れてみましょう。表 1-3 が罰金を入れた場合の利得表です。罰金 f の値が 800 を超える場合（$f > 800$）には，$6400 - f < 6000$ かつ，$8000 - f < 7200$ となるので，「捕獲」が支配戦略になります。一方で罰則の値が小さすぎると解決には至りません。このように，十分に高い罰則を設けるなどの制度をつくることで，囚人のジレンマの問題を解決できるかもしれないわけです。乱獲の問題で言えば，業者間の漁獲量調整の協定を破った場合に，なんらかの罰則が科されればよいわけです。これは，ゲーム理論の応用分析で頻繁に検討される制度設計の問題です。社会的に好ましい状態にするために，制

表 1-3 共有地の悲劇と罰金 ────────────────────

		業者 Y	
		乱獲	捕獲
業者 X	乱獲	$6400 - f, 6400 - f$	$8000 - f, 6000$
	捕獲	$6000, 8000 - f$	$7200, 7200$

度設計により，人々のインセンティブに影響を与え，よりよい状態に導くように行動を変えていこうとするわけです。

▷ 3.4 囚人のジレンマの解決法②：プール制

別の制度として，プール制を考えてみましょう。表1-2の設定下でプール制を導入すると，「両業者ともに乱獲」および「両業者ともに捕獲」のときには，収益はすべての漁船で等しいので分け合う必要はありません。一方で，「片方の業者のみが乱獲」の場合，乱獲を選択して荒稼ぎした業者は，その収益を等しく乱獲をしなかった業者と分け合う必要があります。ここでは計算を単純にするために，プール制では利潤を等しく分け合うとしましょう。片方の業者のみが乱獲をした場合，8000＋6000＝1億4000万円の総利潤を等しく分け合うため，各業者の利潤は7000万円になります。よって，利得表は表1-4になります。

表1-4を見るとわかるように，両業者にとって支配戦略は「捕獲」です。よって，「両業者は捕獲を選択する」と予測できます。また，この結果は，パレート最適な結果でもあります。プール制のもとでも，水産業者は自由に選択を行うことができ，乱獲が法的に禁止されているわけではありません。しかし乱獲を選択したとしても，その利潤を独り占めできるわけではなく，乱獲をしなかった相手と分け合わなければいけません。よって，抜け駆けをして乱獲をすることによって得られる利得が，プール制によって減少してしまいます。その結果，乱獲をするインセンティブがなくなり，資源の持続的な利用が可能になります。罰則という厳しい手段を使わなくと

表1-4 プール制の導入

		業者 Y	
		乱獲	捕獲
業者 X	乱獲	6400, 6400	7000, 7000
	捕獲	7000, 7000	7200, 7200

も，囚人のジレンマが解決できる可能性はあるわけです。

4 強く支配される戦略の逐次消去

今までの議論では，支配戦略が常に存在している場合を考えてきました。しかし，どんなゲームにも必ず支配戦略が存在するわけではありません。支配戦略が存在しなければ，「支配戦略を選ぶ」という予測も使えなくなってしまいます。本節では，支配戦略が存在しない場合の予測方法を考えてみましょう。

4.1 強く支配される戦略

支配戦略を用いた予測では「何を選ぶか」を考えていましたが，それとは逆に「何を選ばないか」を予測する方法もあります。囚人のジレンマゲームを思い出してください。囚人のジレンマでは，以下のように考えることもできます。

> 「黙秘」を選ぶくらいならば，「自白」を選んだ方が常により高い利得を得られるのだから，利得の最大化を目的としているプレーヤーは，「黙秘」を選ぶことはないだろう。

この予測方法にも違和感はないでしょう。常によりよい選択肢がほかに存在するのならば，少なくともそのよりよい方を選ぶと考えるべきです。常に利得の点で劣っている選択肢を選ぶ理由はありません。囚人のジレンマにおける「黙秘」のように常によりよい戦略がほかにある戦略のことを**強く支配される戦略**（strictly dominated strategy）と言います。プレーヤーが高い利得を好んでいるかぎり，「強く支配される戦略は選択されない」という予測が成立します。

定義 1.3　強く支配される戦略　あるプレーヤー 1 人の有する戦略の中から 2 つの戦略を比べよう。1 つを〇，もう 1 つを■と記す。相手の戦略がどのようなものであっても，■は〇よりも低い利得しかもたらさないのなら，■は〇に強く支配されるという。たんに「■は強く支配される戦略」というときには，■を強く支配する戦略が少なくとも 1 つは存在することを意味する。

　囚人のジレンマゲームには，支配戦略も強く支配される戦略も存在するため，「支配戦略が選択される」という予測も，「強く支配される戦略は選択されない」という予測も，どちらも活用できます。しかし，ほかのゲームではこの 2 つの予測方法を同時に使えるとは限りません。特に，支配戦略は，すべての戦略に対して利得が高くないといけないので，なかなか存在しないでしょう。そこで，1 つの例を考えてみましょう。表 1-5 を見てください。この例は，少し特殊な状況を考えるための例ですので，現実への応用例は考えないでおきましょう。本書は応用を強く意識していますが，わかりやすさを優先すべき場合には，応用を考えないゲームで議論します。さらに，以下の議論でプレーヤー 2 の利得は重要ではないため，表 1-5 からは省いてしまっています。ゲームの表現としては不十分ですが，説明の簡便化のために省きました。

表 1-5　強く支配される戦略

		プレーヤー 2				
		A	B	C	D	E
プレーヤー 1	X	2, −	1, −	−3, −	−10, −	150, −
	Y	3, −	10, −	−1, −	0, −	120, −
	Z	−2, −	−2, −	−2, −	−2, −	−2, −

では，支配戦略を探してみましょう。プレーヤー2がEを選んだ場合以外では，プレーヤー1に最も高い利得を与える戦略はYです。例えば，プレーヤー2がAを選んでいた場合には，3>2>−2であることから，Yが最も高い利得をプレーヤー1に与えます。しかし，プレーヤー2がEを選んだときだけ，150>120>−2より，Xが最も高い利得を与えるため，Yは支配戦略ではありません。よって，プレーヤー1は支配戦略を有していないため，「支配戦略が選択される」という予測方法は使えません。一方で，相手の戦略によらず，Yは常にZよりも高い利得をプレーヤー1にもたらすことがわかります。よって，Zが強く支配される戦略であり，選択されることはないという予測ができます。

　注意すべきは，ZはYには支配されている一方で，Xには支配されていない点です。プレーヤー2がCを選択した場合のみ，Xの利得−3は，Zの利得−2を下回っているため，支配できていないわけです。しかし，強く支配される戦略の定義1.3では，ほかのすべての戦略に支配されることを要求はしていません。ほかに1つでも支配する戦略が存在すればよいだけです。ですので，Xには支配されていなくても，Yにだけ支配されていれば，Zは強く支配される戦略になるわけです。一方で，定義1.1では，支配戦略はほかのすべての戦略を支配することが要求されています。表1-5では，YはZを支配していますが，Xは支配していません。よって，このゲームには支配戦略は存在しません。支配戦略は王様のようなものです。一部の戦略を支配するだけでは十分ではなく，全部を支配する必要があります。一方で，強く支配される戦略は家臣のようなものです。支配してくるご主人様（戦略ですが）は1つだけで十分で，ほかのすべての戦略に支配される必要はありません。かつ，そのご主人様は王様である必要もありません。ほかの戦略を支配していないようなご主人様でもよいわけです。

4.2 強く支配される戦略の逐次消去

前項で解説した「強く支配される戦略は選択されない」という予測を用いて，さらに帰結を絞っていくことができます。共有地の悲劇のモデルに戻りましょう。今までのモデルでは，80 艘の漁船で乱獲をするか，60 艘の漁船で控え目に捕獲するか，の二択だけを考えてみました。もちろん，違う漁船数を選択することもあるかもしれません。そこで，業者の選択肢に，110 艘の漁船で繰り出す「大乱獲」を加えてみましょう。「大乱獲」をした場合を含めた利得表は，表 1-6 になります。

ここで「乱獲」は支配戦略ではありません。相手が「大乱獲」を選択した場合には，漁業資源を保護するために控え目の「捕獲」（60 艘）にすることが好ましくなるからです（4200＞4000）。相手が「乱獲」か「捕獲」を選択した場合には，「乱獲」を選択することが一番高い利得を得ることができるため，「大乱獲」や「捕獲」も支配戦略ではありません。ですので，「利得最大化行動をとるプレーヤーは支配戦略を選択する」という考えを用いて結果を予測することはできません。

しかし，強く支配される戦略はあります。表 1-6 を見ればわかるように，相手の戦略によらず，「大乱獲」を選択するよりも，「乱獲」を選択した場合の利得の方がより高いです。よって，「大乱獲」

表 1-6　大乱獲の導入

		業者 Y		
		大乱獲	乱獲	捕獲
業者 X	大乱獲	2200, 2200	5500, 4000	7700, 4200
	乱獲	4000, 5500	6400, 6400	8000, 6000
	捕獲	4200, 7700	6000, 8000	7200, 7200

は強く支配される戦略です。「大乱獲」は「捕獲」には支配されていませんが，「乱獲」には支配されているので強く支配される戦略になることに注意してください。1つでも常に高い利得をもたらす戦略がほかにあれば，強く支配される戦略になります。よって，利得最大化を目的としたプレーヤーであるならば「強く支配される戦略は選択しない」という予測ができます。よって，両プレーヤーが「大乱獲」を選択しないことが予測できます。

　利得最大化をするプレーヤーの行動として議論できることは，ここまでです。「乱獲」も「捕獲」もどちらも強く支配される戦略ではありません。相手が「大乱獲」を選択した場合には，「捕獲」が一番高い利得を与えますし，それ以外の場合には「乱獲」が最も高い利得を与えるので，どちらも支配関係にはないからです。ですので，各業者が「乱獲」か「捕獲」のどちらを選択するのかはわかりません。しかし，ここで業者 X は，業者 Y の行動に関し，以下のように推察できるでしょう。

▎業者 Y は利得最大化をするはずだから，大乱獲は選択しないはずだ。
このような推察をすれば，表1-6の利得表から「大乱獲」を削って考えるはずです。そこで，図1-1の Step 1 のように，業者 Y の選択肢から「大乱獲」を削ってみましょう。

　さらに業者 Y も同様に，業者 X が「大乱獲」を選ばないことを推測できます。ですから，図1-1の Step 2 のように業者 X の選択肢からも「大乱獲」を削れます。この場合，さらに業者 X は以下のように考えることができます。

▎業者 Y が大乱獲を選択するのならば，私は捕獲を選択すべきだった。
▎しかし，大乱獲を相手が選択しないのならば，もはや捕獲は得策ではない。

　業者 Y が「大乱獲」を選択した場合にだけ「捕獲」は最大の利得を与えていました。しかし，「大乱獲」は選ばれないとわかった

図 1-1　強く支配される戦略の逐次消去

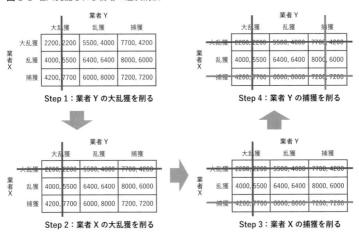

	業者 Y 大乱獲	業者 Y 乱獲	業者 Y 捕獲
業者 X 大乱獲	2200, 2200	5500, 4000	7700, 4200
業者 X 乱獲	4000, 5500	6400, 6400	8000, 6000
業者 X 捕獲	4200, 7700	6000, 8000	7200, 7200

Step 1：業者 Y の大乱獲を削る

Step 2：業者 X の大乱獲を削る

Step 3：業者 X の捕獲を削る

Step 4：業者 Y の捕獲を削る

今，残されたケースの中では「捕獲」は「乱獲」よりも低い利得しか業者 X に与えられません。つまり，「大乱獲」を消去したあとでは，「捕獲」は「乱獲」に支配されているわけです。よって，図 1-1 の Step 3 のように業者 X の選択肢から「捕獲」を削ってしまいましょう。

　まったく同じ理由から，「業者 Y も捕獲を選択しない」と言うことができます。よって，図 1-1 の Step 4 のように業者 Y の選択肢から「捕獲」を削ることができます。その結果，残っている状態は「両業者ともに乱獲」です。

　以上の分析では，強く支配される戦略を逐一消去しています。まず，全体のゲームで強く支配される戦略があれば消す。その後，残った部分だけで強く支配される戦略があるかどうかをチェックする。そして，強く支配される戦略があれば消す。そして，その後残った部分で強く支配される戦略があるかどうかをチェックし……と，強く支配される戦略が消せなくなるまで続けます。そして，残った戦

略の組が「生じうる結果」として予測できるわけです。この手法のことを，**強く支配される戦略の逐次消去**（iterated elimination of strictly dominated strategy）と言います。この手法を用いると，「2つの業者はともに乱獲する」という結果が予測できます。

このゲームでは，業者 X の「大乱獲」と業者 Y の「大乱獲」という複数の強く支配される戦略がありました。このように複数の強く支配される戦略がある場合，逐次消去の過程において，消していく順番は重要ではありません。どの順番で消していったとしても，残される戦略に変わりはないことが知られています。ですので，上記の分析で見せたように 1 つずつ消していく方法でも，あるいは一気に消せるものをまとめて消す方法でも，どちらでもかまいません。

4.3 予測の限界

支配戦略や強く支配される戦略を用いた予測には限界もあります。例えば，表 1-7 のゲームを考えてみましょう。このゲームには，支配戦略も強く支配される戦略もありません。よって，「支配戦略が選択される」という予測も，「強く支配される戦略が選択されない」という予測もできません。そして，当然ながら強く支配される戦略の逐次消去をしようとしても，何 1 つ消せません。この場合，現段階で言えることは，

プレーヤー 1 は「上」「中」「下」のうちどれかを選び，プレーヤー 2 も「左」「央」「右」のうちどれかを選ぶ

としか言えません。何も予測していないに等しいですね。ただ，この場合でも，プレーヤーたちが相手の行動を読み解く，と考えるこ

表 1-7 支配される戦略の逐次消去では消せない例 ──

		プレーヤー 2		
		左	央	右
プレーヤー1	上	2, −1	0, 0	−1, 2
	中	0, 0	1, 1	0, 0
	下	−1, 2	0, 0	2, −1

とで，もう一歩踏み込んだ予測ができます。この表 1-7 の例は，第 2 章でもう一度振り返ることになります。そこでは，バシッと 1 つの結果を予測できることを示しますので，お楽しみに。

4.4 弱く支配される戦略

「強く支配」と聞いて，「強くない場合はあるのか」と感じたと思いますが，もちろん「弱く支配」もあります。紹介していきましょう。定義 1.1 の支配戦略に戻ってください。この定義の中で重要な点は，支配戦略がプレーヤーに与える利得は，自身のほかの戦略から得られる利得と同じであってはいけないことです。例えば，表 1-8 では，プレーヤー 2 が A，B，C，あるいは D を選択しているかぎりは，Y を選んだ方がプレーヤー 1 の利得は高くなりますが，プレーヤー 2 が E を選んだ場合のみ，利得が同じになります。この場合，定義 1.1 の「自身のほかのすべての戦略よりも高い利得」とはならないため，Y は支配戦略にはなりません。とは言っても，「ほぼ支配戦略ではないか」と言いたくなりますよね。まず，プレーヤー 2 が E を選ぶときだけ例外で，それ以外では X の方が Y よりも利得は低くなっています。そして，その例外のときでさえも，X はせいぜい Y と同じ利得しか与えません。つまり，100% 絶対に E を選ぶという確信を持っているのでもなければ，プレーヤー 1 は X を選ぶことはないでしょう。そして，もしも絶対に E を選ぶと

表 1-8　無差別関係がある場合 ―――――――――――――――――――――――

		プレーヤー 2				
		A	B	C	D	E
プレーヤー 1	X	2, −	1, −	− 3, −	− 10, −	120, −
	Y	3, −	10, −	− 1, −	0, −	120, −

いう確信があったとしても，せいぜい X でも Y でもどちらでもいいやという程度です。このように利得がまったく同じとなり，「どっちでもいいや」となる関係のことを**無差別**（indifference）と言います。まとめると，Y と比べると X はだいたいにおいて悪くて，マシなとき（相手が E をとるとき）でもせいぜい無差別にしかならないということです。そして，表 1-8 の X のような戦略のことを**弱く支配される戦略**（weakly dominated strategy）と言います。相手の戦略によってはより悪い選択肢にもなるし，少なくともよくはならない戦略のことです。

定義 1.4　弱く支配される戦略　あるプレーヤー 1 人が有する戦略の中の 2 つの戦略を比べよう。1 つを〇，もう 1 つを■と記す。まず，（ⅰ）相手の戦略がどのようなものであっても■が〇よりも高い利得をもたらすことはなく，かつ，（ⅱ）相手の戦略の少なくとも 1 つに対しては■が〇よりも低い利得をもたらしてしまうならば，■は〇に弱く支配されるという。たんに「■は弱く支配される戦略」というときには，■を弱く支配する戦略が少なくとも 1 つは存在することを意味する。

　議論してきたとおり，表 1-8 のゲームでは，利得最大化を行うプレーヤーが Y を選ぶとは断言できません。よって，利得最大化行動をふまえるだけでは，「弱く支配される戦略は選ばれない」とは断言できないわけです。実際に，弱く支配される戦略が均衡で選択される場合があることを，後々の章で示していきます。また，強く支配される戦略ではなく，弱く支配される戦略を用いて逐次消去を行った場合，消していく順番によって結果が変わる場合があることが知られています。少し定義を緩めただけですが，扱いに困る部分があるわけです。ただし，ゲーム理論を応用して分析をする際に，弱く支配される戦略が選ばれにくい状況下では，弱く支配される戦

略が選ばれないような均衡に特化して分析をしていく場合も少なくありません。よって，しっかりと理解しておくべき概念です。

🎮 **ゲームの攻略法**

　支配戦略と支配される戦略に関してまとめてみよう！

- 利得最大化をしているプレーヤーは，支配戦略を選択すると予測できる。
- 利得最大化をしているプレーヤーは，強く支配される戦略は選択しないと予測できる。
  - ✓ ただし，支配戦略や強く支配される戦略が存在する場合のみ成立する。
- 無差別の関係まで認めると，弱く支配される戦略が定義できる。でも，利得最大化を仮定しただけでは，弱く支配される戦略を選択することもあることに注意！

　支配戦略や支配される戦略を用いた予測は，ほかのプレーヤーの利得や行動に関して何も知らなくても成立します。現に表1-5と表1-8では，プレーヤー2の利得を示していません。プレーヤー2がどんな行動をとったとしても，表1-5ではZをあえて選択する理由はありません。プレーヤーがお互いの行動をどのように読んでいるかなどを考えるまでもなく，この結論は得ることができます。次章との関係で重要になってきますので頭の片隅に残しておいてください。

5 　日常に潜む囚人のジレンマ

　人々は自身の利得最大化を追求しているだけなのにもかかわらず，みんなにとってよくない結果に陥ってしまうという状況を，囚人のジレンマはシンプルで端的なモデルで表現していました。囚人のジ

レンマが有名である理由の1つとして，囚人のジレンマ的な事例が多く存在するという点があげられるでしょう。本節では，囚人のジレンマで説明できる，いくつかの例を見ていきましょう。

▭▷ ## 5.1　寡占市場における競争

　寡占市場とは，少数の企業・生産者が市場を支配していることを言います。多くの企業・生産者が競争している市場では，価格は下げられ，たくさんの商品が供給される一方で，企業・生産者の数が少なくなれば，市場への商品供給量は減り，価格は釣り上げられるでしょう。企業・生産者にとっては，価格を下げすぎて薄利多売をするよりも，価格を釣り上げて供給量を限った方が多くの儲けを得られるため，できるだけ高価格・低供給にしたいと思っています。しかし，企業数が多くなると競争が激しくなりますから，だんだんと供給は増え，価格も下がり，企業の儲けは小さくなります。しかし，企業の数が多くても，協力して高価格・低供給にすれば，高い利潤を得られるかもしれません。そこで，以下のようなモデルを考えてみましょう。

[モデル 1.2] 寡占市場の競争

　ある市場において，まったく同じ商品を生産する企業マクロソフトとグレープが競争しているとしよう。両企業は商品に対し「高価格」をつけて供給量を絞るか，「低価格」をつけて供給量を増やすかの2つの選択肢を有しているとする。高価格をつけた場合，独占に準じる状況が生じ，市場の総利潤は20になるとしよう。各企業は利潤と同じ利得を得るとする。市場のシェアを二分する企業は，その利潤も二分するため，それぞれ10の利得を得る。一方で，低価格をつけた場合，市場の総利潤は12になる。その利潤を二分するため，各企業は6の利得を得る。一方の企業のみが高価格を選択している場合，低価格の商品が消費者に好まれるため，低価格をつけた企業が市場を独占する。高価格をつけた企業は競争に敗れ，市場を退出するために利得は0になる。一方で，低

価格をつけた企業は，市場を占有できるため，低価格にした場合の市場の総利潤12をすべて手に入れる。この商品の価格は高価格になるだろうか。

このモデルを利得表にすると，表1-9になります。表を見ても明らかなように，両企業にとって「低価格」が支配戦略であるため，「両企業が低価格を選択」が予測される結果になります。しかし，両企業がともに協調して高価格に戦略を変更した場合，両企業ともに利得を6から10に改善できます。そのため，両企業が低価格をつけるという結果はパレート最適ではありません。よって，囚人のジレンマの状況になっているわけです。

ただし，低価格をつけることはパレート最適ではないとしましたが，これはあくまで企業にとって最適ではないということです。消費者からすると，たくさんの商品が安く手に入った方が嬉しいはずです。よって経済学では，消費者にとっては，企業・生産者の競争が激しくなり，低価格で供給量が増えた方が好ましい，と考えています。また，独占市場において過剰に高い価格を設定されることは社会にとってよくないと考えられており，独占状態が起きないように政府は監視し，必要に応じて市場に介入します。よって，社会全体や消費者にとっては，両企業が低価格をつけた方が好ましいと言えるでしょう。パレート最適性は，モデルで考えているプレーヤーの利得のみを考慮に入れていることに注意してください。

ちなみに，経済学でのゲーム理論の応用では，価格競争を行う寡占市場のモデルとしてベルトラン・モデルというのが出てきます。モデル1.2は，それを単純化させたものです。ベルトラン・モデルで分析されている状況も，囚人のジレンマの一

表1-9 寡占市場 ─────

		グレープ	
		高価格	低価格
マクロソフト	高価格	10, 10	0, 12
	低価格	12, 0	6, 6

種であるということになります。

　企業などの人事評価において，従業員にチームを組ませて，その
チームごとの業績に応じて評価をする場合があります。そのような
チーム評価には，常に**フリーライド**（free ride）の問題がつきまと
います。フリーライドは「ただ乗り」とも言われ，自分は何もせず
に，ほかの人の努力などに乗じて，その成果だけを享受することを
言います。このフリーライド問題に関して，以下のモデルで考えて
みましょう。

［モデル1.3］フリーライド問題

　ある企業において，2人の従業員近藤氏と土方氏がチームを組んでい
るとしよう。両従業員は，任されたプロジェクトに対し，「努力する」
か，「努力しない」かのどちらかを選択する。企業は個々の従業員の努
力量はわからないが，2人に任せたプロジェクトの成否はわかるとしよ
う。両従業員が努力をした場合にはプロジェクトは大成功し，2人はそ
れぞれ60を受け取る。1人だけ努力した場合にはプロジェクトは（大
成功ではないものの）成功し，2人はそれぞれ45を受け取る。一方で，
誰も努力しなかった場合にはプロジェクトは失敗し，2人は基本給であ
る30のみを受け取る。ただし，努力するためには20の費用を支払わな
いといけないとする。プロジェクトの成否や，いかに。

　　　　　　　　　　　　　努力をする費用というのは，序章で説
明したように，非金銭的・非物質的費用
の一種です。このモデルを利得表にする
と，表1-10になります。例えば，2人
が努力した場合には，60を受け取るも
のの，20の努力費用を払っているので，
最終的な利得は60−20＝40になってい
ます。プロジェクト成功による利得60

はボーナスなどの金銭的利得が中心である一方で，努力費用である 20 は労力や時間などの非金銭的利得が中心です。それを足し合わせたり引いたりすることができるように，

表 1-10 フリーライド問題

		土方	
		努力する	努力しない
近藤	努力する	40, 40	25, 45
	努力しない	45, 25	30, 30

一律に「利得」として示します。この 60 という数字は，60 万円などの金額を意味するわけではありません。一定額のボーナスなどを受け取ったことにより，プレーヤーが感じる利得の大きさであり，努力費用と同じ単位になっています。

　話を元に戻しましょう。利得表が示すように，両従業員にとって「努力しない」が支配戦略であるため，「両従業員は努力せずにプロジェクトは失敗」が予測される結果になります。相手が努力をした場合，従業員にはフリーライドをするインセンティブがあります。その場合，「自分が努力しても，相手がその成果を享受しようとして努力をしないだろうから，プロジェクトは大成功を収めることはない」と考えられるため，1 人だけ努力しようとするインセンティブもありません。その結果，誰も努力しなくなるわけです。相手の努力にただ乗りすることで，結果として誰も努力をしなくなる皮肉な結果になっています。また，（努力しない, 努力しない）の戦略の組から，（努力する, 努力する）に変われば，両者の利得はともに高まります。この結果はパレート最適ではありません。よって，フリーライド問題も囚人のジレンマの一種として描けるわけです。ただし，プロジェクトの成功によって得られる利得が十分に大きければ，両者とも努力をすることが支配戦略となり，フリーライド問題は解決できます（練習問題 1.1 参照）。

6 ゲーム理論における「合理性」

6.1 利得の意味と合理性

　以上の議論では，プレーヤーは利得の最大化を目的としていると考えていました。そのような仮定に対し，「人々は利己的に自身の利益だけを考えて行動しているわけではないだろ」という批判がされることが多くあります。確かに，囚人のジレンマではプレーヤーは自分の刑期だけを気にしていましたし，共有地の悲劇で業者は自身の利潤最大化を目的にしていました。それでは，利他的なプレーヤーの行動はゲーム理論では分析できないのでしょうか。

　ここで注意するべきは，ゲーム理論で用いられる利得は，必ずしもプレーヤー自身の金銭的・物質的な利益だけとは限らないということです。例えば，多くの親は自分の子どもが幸せになっていくことを望んでいるでしょう。親自身は金銭的収入が増えるわけではないですし，むしろ子育てのために多くの出費を強いられることになります。それでも，子どもが健やかに成長してくれれば多くの親は満足するわけです。この場合，子どもが幸せになるほど親の満足度は上がるため，出費がかさんだとしても「親の利得が高まる」と解釈できます。逆に，憎らしく嫌いな人がいた場合，その人が不幸せになっていくほど，言い知れぬ満足感を得て，自身の利益は高まるかもしれません。そのように，ゲーム理論で用いる利得に，自身の金銭的・物質的利益以外のものを含めてもかまわないですし，非金銭的利益の中に「ほかの人の幸せ」が入っていてもよいのです。決して，利己的な個人でなければ分析できない，というわけではありません。

　利得を決めるうえで大切なことは，プレーヤーにとって好ましい

選択肢ほど高くなるように利得を設定することです。例えば，「出費をして子どもに優れた教育を受けさせる」と「教育に出費しない」の2つの選択肢を考えた場合，前者を好んでいる場合には前者が，後者を好んでいる場合には後者が，より高い利得を有しているように設定すればよいわけです。どちらが（子育てとして）正しいかではなく，たんに利得はプレーヤーの好みを反映しているだけです。そのように利得を与えれば，利得最大化行動は，より好ましい選択肢を選んでいることを意味しているだけになります。つまり，以下が成立するだけです。

利得最大化行動＝最も「好ましい」選択肢を選ぶ

利得に自分の金銭的・物質的利益だけではなく，他人の利益や自分の感情などが入っていてもまったく問題ありません。より好ましいほど高い利得になっていればよいのです。

　例えば，表1-1の囚人のジレンマにおいて，2人の容疑者は恋人同士であり，自分だけではなく，相手の刑期も短いほど好ましいと考えているとしましょう。暴力事件や殺人事件を起こしているので，アメコミのヒーローであるバットマンの宿敵，ジョーカーとハーレイ・クインみたいな恋人同士ですね。自分の刑期も，相手の刑期も同等に重要だと思っているとします。その場合，2人の容疑者の利得は，自身の刑期の負の値に，相手の刑期の負の値を加えたもの，つまり2人の刑期の和になる，と考えることができます。例えば，2人とも黙秘した場合，2人が得る利得は−3−3＝−6です。片方だけ自白した場合，自白した容疑者は無罪放免ですが，相手は10年の懲役になるため，2人とも利得は−10です。表1-11は，この設定下での利得表です。表を見て明らかなように，「黙秘」が支配戦略となります。よって，「2人とも黙秘する」という結果が予測できます。

　ここでは，相手が黙秘をした場合，自分も黙秘をして刑期をとも

表1-11 利他的な容疑者たち ————

容疑者 Y

		黙秘	自白
容疑者 X	黙秘	$-6, -6$	$-10, -10$
	自白	$-10, -10$	$-12, -12$

に短くした方がよいと容疑者たちは考えている，と解釈できます。同時に，相手が自白したとしても，それならば相手に無罪放免になってもらい，自分だけが10年の懲役になった方がよいと考えている，

とも解釈できます。つまり，自分の刑期が多少長くなったとしても，相手が短くなる方を好んでおり，そのような好みを反映した利得になっているわけです。

容疑者が利他的であるか，あるいは利己的であるかは人によるでしょう。どちらの設定が「正しい」というわけではありません。これは，ゲーム理論を用いて分析をする人が分析対象の文脈を考慮して考えることです。この点に関して，もう少し踏み込んで議論していきましょう。まずは，ゲーム理論に対する批判で言及されることの多い，**合理性**（rationality）に関して考えてみます。経済学やゲーム理論など数理を用いて分析する分野では，合理的な意思決定者を仮定しているとされており，合理的選択モデルなどとも呼ばれたりしています。この合理性の仮定に対する批判も根強くあります。これはすべて，合理性という言葉が，実に多様な意味を持ち，誤解を招きやすいからです。

ゲーム理論で仮定している合理性は，上記の利得最大化行動をとるという仮定と同じであると考えてよいです。つまり，最も好ましい選択肢を選ぶ，ということです。これ以上に深い意味はありません。合理的と言うと，冷静で無駄を嫌い，自身の利益のみを効率的に追求する，何か冷酷なロボットのような印象を抱きがちな言葉ですが，そのような人たちに分析を限っているわけではありません。例えば，お昼の学食でカレーとラーメンがあって，カレーの方を好

んでいるからカレーを食べた，というごく日常の普通の意思決定も合理的なものです。最も食べたい（好ましい）選択肢を選んでいるわけですから。つまり，ゲーム理論における合理性は，以下で示した程度の意味しかありません。

　　　合理性＝利得最大化行動＝最も「好ましい」選択肢を選ぶ

経済学における分析では**効用**（utility）を用いて分析することが一般的です。本書における利得は，この効用とまったく同じ特性を持っています。効用という言葉はあまりなじみがない読者も多いと思い，本書では利得という言葉を使っていますが，両者をまったく同じ意味として使っています。

　ですので，前述したように合理的というのは，利己的であることを意味しません。利他的行動を好んでいれば，利他的行動をとることは合理的です。同時に，合理的であることは，常に賢く正しい決断を下せる人であることも意味しません。囚人のジレンマや，共有地の悲劇を見てもわかるように，結果として自分たちにとって好ましくないような状況に陥ってしまうような，愚かとも言える状況も描けます。また，「遊ぶ金欲しさに罪を犯す」という愚かな行為でも，それを好んで実行したのであるならば，合理的と言えます。

　合理性や，利得最大化などと言うと，何かすごく特別な人間を分析対象にしているように思えるかもしれません。しかし実際のところは，「自分が最も好むことを選択している」ということです。よって，利他性以外の人々の感情も，分析の中に取り入れることは難しくありません。例えば，人は他人に嫉妬をすることがあります。共有地の悲劇での2つの水産業者の間で，もし相手が自分よりずっと高い利潤を稼いでいる場合には，嫉妬や強い不快感を抱くかもしれません。このような感情は，両業者の利潤の差を利得に含めることで表現することができます。例えば，「相手の利潤の方が大きい場合に，その差が開けば開くほど利得が下がる」などです（練習問

題 1.1 参照）。同時に，魚を獲りすぎることへの罪悪感なども考えることができるでしょう。ある一定の漁獲高を超えると，漁獲高が増えるごとに負の利得を得るような形で，罪悪感はモデルの中に描けます。

　ゲーム理論は，このように広範なさまざまな人々の行動を分析できます。ただし，支配される戦略の逐次消去などの概念によっては，「自分の好む選択をできる」ということ以上の踏み込んだ仮定が必要になります。この点は次項で説明しましょう。

6.2 支配戦略に関する仮定

　本章で考えてきた支配戦略を用いた予測では，支配戦略や強く支配される戦略が存在する場合，「支配戦略を選ぶ」や「強く支配される戦略は選ばない」というものでした。これらの予測を行うためには，プレーヤーが合理的であることを仮定する必要があります。しかし，本節で議論してきたとおり，合理性はたんに最も好む選択肢を選ぶということを要求しているのみで，強い仮定であるわけではありません。

　一方で，4.2 項で議論した，支配される戦略の逐次消去を用いる場合に関しては，もう一歩踏み込んだ仮定が必要です。そこで，表 1-12 のゲームを考えてみましょう。まずプレーヤー 1 の「中」は「下」に支配されています。ですので，最初に強く支配される戦略である「中」を消しましょう。ここで仮定していることは，

> プレーヤー 1 は合理的だから，支配される戦略である「中」は選ばない

という合理性に関する仮定だけです。

　次に，「中」を消した残りだけ見ると，

表 1-12 支配される戦略
の逐次消去 ——

プレーヤー 2

		左	右
プ	上	3, 1	2, 2
レーヤー	中	1, 3	3, 0
1	下	2, 0	4, 1

「右」を選択することによってプレーヤー2が得られる利得は，常に「左」を選んだときの利得を上回っています。よって，「左」が支配される戦略なので消します。「左」を消すためには，プレーヤー2が合理的であるだけではなく，

| プレーヤー1が合理的であることを，プレーヤー2は知っている

という仮定が必要です。プレーヤー1のことを合理的であるとプレーヤー2が思っていなければ，「プレーヤー1は"中"を選ばない」とは思いません。そう信じるためには，プレーヤー1が合理的であることを，プレーヤー2は知っておく必要があります。

　さらに，「中」も「左」も消してみると，プレーヤー1にとっては「下」の方が「上」よりも利得が高いことがわかります。よって，「上」は支配される戦略なので消すことになり，その結果「プレーヤー1が下を選び，プレーヤー2が右を選ぶ」という結果が予測できます。ここに至るためには，プレーヤーが合理的で，かつ相手が合理的であることを両プレーヤーが知っているだけではなく，

| 「プレーヤー1が合理的であることを，プレーヤー2は知っている」
| ということをプレーヤー1は知っている

という仮定が必要です。プレーヤー1が最後に「下」を選ぶインセンティブを持つためには，「プレーヤー2は"左"を選ばない」ということをプレーヤー1が予想できないといけません。プレーヤー2が「左」を選ばない理由は，前述したとおり，プレーヤー1が合理的であるために「中」を選ばないことを知っているためです。そのようなプレーヤー2の行動を知るためには，そのプレーヤー2がプレーヤー1の合理性を知っているということを，プレーヤー1が知っている必要があるわけです。

　このゲームでは支配される戦略の逐次消去はここで終わり，「プレーヤー1は"下"を選び，プレーヤー2は"右"を選ぶ」という結果が予測できます。ただ，利得表の行列がもっと多い場合にはさ

らに続いていく可能性があります。つまり，

> プレーヤー1が合理的であることを，プレーヤー2は知っている，ということをプレーヤー1は知っている，ということをプレーヤー2は知っている，ということをプレーヤー1は知っている……

と逐次消去の回数が進むにつれ，次々と増えていきます。このように，お互いの合理性に関する知識を有しているという仮定を，**合理性に関する共有知識**（common knowledge of rationality）と言います。この合理性に関する共有知識は，「プレーヤーは合理的である」と仮定するだけではなく，各プレーヤーが有しているほかのプレーヤーに関する知識にまで踏み込んだ仮定です。相手が合理的か否か，そして相手が自分の合理性に関してどう思っているかなど，相手の心を読む作業をプレーヤーが行うと仮定しているわけです。

　しかし，表1-7の利得表のように，支配される戦略の逐次消去では何も予測ができない場合があります。つまり，合理性に関する共有知識だけでは，予測を絞り込めないわけです。この場合には，さらに相手の行動を読む必要が出てきます。本章の内容は，主に自分がどうしたいか，というところに主眼が置かれていました。しかし，ゲーム理論の醍醐味は戦略的相互依存であり，相手の行動をしっかりと読みながら選択をしていく状況を描くことです。第2章から，そういうゲーム理論の核心へと入り込んでいきましょう。

*** *Exercise* 練習問題 ***

1.1（モデルの設定を変える） 本章で議論していたモデルの設定を以下のように変更する。利得表を書いたうえで，支配戦略を用いて結果を予測せよ。また，その予測された結果はパレート最適であるか否かを答えよ。

（ア）　**容疑者 X の献身**：表1-1の囚人のジレンマのゲームにおいて，容疑者 X は容疑者 Y に片思いをしている。よって容疑者 X は，容疑者

Y の刑期の最小化を目的としている。その一方で，容疑者 Y は自身の刑期の最小化を目的としている。

(イ) **嫉妬する企業**：表 1-9 の寡占市場のモデルで，相手の利潤を時には羨み，時には優越感を抱く企業を考えよう。ここでは，企業は利潤最大化ではなく，自分の利潤と相手の利潤の差（＝自分の利潤－相手の利潤）を最大化しようとしている。

(ウ) **成功したときの利得が大きいときのチーム評価**：表 1-10 のフリーライド問題のモデルにおいて，プロジェクトが大成功した場合に 2 人は 80 を受け取り，（大成功ではないものの）成功した場合に 2 人は 55 を受け取る。

1.2（強く支配される戦略の逐次消去） 以下の利得表で示されているゲームの結果を，強く支配される戦略の逐次消去を用いて示せ。その過程も示すこと。

(ア)

		プレーヤー 2	
		鋼	雷
プレーヤー1	草	2, 1	0, 3
	炎	3, 2	1, 1
	水	2, 5	4, 3

(イ)

		プレーヤー 2			
		W	X	Y	Z
プレーヤー1	A	2, 6	6, 2	3, 1	4, 0
	B	3, 0	7, 1	0, 0	5, 2
	C	1, 2	4, 0	2, 7	3, 0
	D	2, 3	3, 5	4, 3	1, 0

(ウ)

		プレーヤー 2		
		甲	乙	丙
プレーヤー1	壱	3, 1	3, 2	2, 3
	弐	3, 5	6, 3	0, 4
	参	4, 2	1, 0	1, 1

(エ)

		プレーヤー 2	
		崩壊	変身
プレーヤー1	爆破	4, 3	0, 3
	硬化	1, 1	1, 6
	創造	0, 2	1, 4

1.3（サービス残業） ある企業において，2 人の従業員近藤氏と土方氏がいるとする。2 人は昇進するために，上司である容保氏に気に入られようとしている。時代遅れの上司は，サービス残業（残業手当もなく，無償で残業すること）をしている部下を「頑張って会社に貢献している」と高く評価しているとしよう。部下である 2 人は，サービス残業をするか否かを決定しなければならない。2 人とも同じ決定をした場合，2 人の間の上司からの

評価に違いはないため，両者の利得は50ずつである。一方で，1人だけがサービス残業をした場合，サービス残業をした方の従業員の評価が高まり，将来の昇進などにつながる。よって，サービス残業をした方の利得は100であり，しなかった方の利得を0とする。ただし，サービス残業を選択した場合，心身がともに疲れてしまうため，cの費用を払うとしよう。

(ア)　このゲームの利得表を書け。

(イ)　「サービス残業をする」が支配戦略となるようなcの値の範囲を示せ。

(ウ)　「サービス残業をしない」が支配戦略となるようなcの値の範囲を示せ。

(エ)　サービス残業の問題点を「囚人のジレンマ」を用いて説明せよ。

Quiz クイズ

現在人気のゲーム機となっているソニーの PlayStation は，1994 年に新参者としてゲーム機市場に参入した後，既存のメーカーが出した新機種を押しのけて快進撃を遂げた。快進撃の一因ともいわれているソニーがとった戦略は，次のうちどれか？

ソニーのプレイステーション
（Wikimedia Commons）

- **a.** 自社の本物の専務をメインキャラとして用いた斬新な CM 展開
- **b.** PlayStation 向きのソフト開発を安価にできるようにした環境整備
- **c.** 他社の機種よりも多くの情報を処理できる高度な技術の開発
- **d.** 他社に先駆けた，本体のみで接続できるオンライン・サービスの導入

Chapter structure 本章の構成

新たな概念	応用例	発展トピック
最適反応 ナッシュ均衡	コンソール・ウォーズ ATM の共同運用 消耗戦 軍拡競争	N 人ゲーム モデル化の方法

1 コンソール・ウォーズ

　せっかくゲーム理論の話をしているので，本当のゲームの話をしてみましょう。皆さんは，現在どのゲーム機（コンソール）を持っていますか。スマホのアプリゲームも主流になっているので，持っていない方も多いかもしれません。2020年代前半の現在では，任天堂のNintendo SwitchシリーズとソニーのPlayStationシリーズが中心的ゲーム機になっています。マイクロソフトのXboxシリーズも一定のシェアを得ていますね。現在では落ち着いた状況となったゲーム機の市場ですが，1990年代から2000年代前半にかけて，コンソール・ウォーズ（ゲーム機戦争）と呼ばれる熾烈な競争が生じていました。そのきっかけは，当時としてはパソコンと同レベルの性能を有する高機能ゲーム機としてPlayStationが登場したことでした。その後，相次いで高機能の新機種が参入し，1993年までは家庭用ゲーム機メーカーは主要3社だったのが，94年になって一気に12社となり，競争が激化していきました（矢田，1996）。

【事例2.1】コンソール・ウォーズ

　1990年代初頭，ゲーム機市場では任天堂のスーパーファミコンの一強状態が続いていた。任天堂とソニーはスーパーファミコン向けの新たなシステムの共同開発を行っていたものの，1991年に決裂。その後1994年に，ソニーは独自の新機種としてPlayStationを発売し，ゲーム機市場に参入する。ほぼ同時期に，セガも新機種としてセガサターンを販売した。そして1996年に任天堂は満を持して新機種NINTENDO64の販売を開始する。しかし，PlayStationの売上は堅調であったのに対し，セガサターンとNINTENDO64の売上は伸び悩んだ。セガは，1998年に新機種としてドリームキャストを販売するものの失敗し，2001年にゲーム機市場からの撤退を決定する。1983年以降主要なゲー

　このコンソール・ウォーズで大きな役割を果たしたのがゲームソフトの開発会社です。例えば，現スクウェア・エニックスが販売するドラゴンクエストやファイナルファンタジーのシリーズはともに，任天堂のスーパーファミコンで遊べる最も人気のあるソフトでした。しかし，それぞれドラゴンクエストⅦとファイナルファンタジーⅦから PlayStation に流出します。また，現在でも人気を誇っているカプコンのバイオハザードシリーズやモンスターハンターシリーズも，PlayStation シリーズで遊べるソフトとして販売されました。

　ゲームソフトの開発会社にとって，消費者に楽しんでもらえるような面白いゲームを作ることは大切ですが，ゲーム機の選別も重要な選択の１つです。消費者はすべてのゲーム機を持っているわけではありません。その中から１つ，誕生日やクリスマスに買ってもらったり，自分へのご褒美としてボーナスのときに買ったりします。そのため，少数の人しか持っていないゲーム機向きのソフトを開発しても売上は伸びません。多くの人が持っているゲーム機に向けたソフトを開発したいと考えます。同時に消費者としても，あまりソフトが出てこないゲーム機は買いたくありません。さまざまなゲームソフトが遊べるゲーム機を購入したいと思っています。結果として，ゲーム機が生き残るうえでは，多くのゲームソフトが開発されることと，多くの消費者が購入することとが，車の両輪のように必要なことなのです。

　前章で紹介した囚人のジレンマでは，プレーヤーは常に支配戦略を有していました。この場合，相手の行動によらず，自分がとるべき行動は決まっています。しかし，ゲームソフトの開発会社が単独

で特定のゲーム機を支えようとしても，そのソフトが大好きな人しか買わないでしょう。よって，ほかの開発会社の動向も注視しながら，どのゲーム機向けのゲームを開発するのかを決めなくてはなりません。ほかの開発会社たちの行動を予想することが非常に重要になるわけです。

本章では，このように相手の行動によってプレーヤーの最適な戦略が変わってしまうようなゲームを考えていきます。強く支配される戦略がない場合，強く支配される戦略の逐次消去は使えません。そこで，ゲーム理論で最も有名な均衡概念であるナッシュ均衡を用いて分析することになります。以降では，ナッシュ均衡をいくつかの例を用いて解説していくとともに，分析していく際の注意点も議論していきます。ナッシュ均衡は意思決定のタイミングにズレがない同時手番ゲームに多く用いられています。そのため，前章に引き続き，本章でも同時手番ゲームを考えていきます。

さぁ，ここからが戦略的相互依存を考えていく本番ですよ。

2　ナッシュ均衡

▷ 2.1　相手の行動を読む

本節では，ゲーム機の話を一度脇に置いておいて，第1章に示した表1-7のゲームを思い出してみましょう。もう一度，同じ利得表を表2-1として示しておきます。

第1章で解説したとおり，このゲームでは，支配戦略も，強く支配される戦略もありません。よって，強く支配される戦略の逐次消去では，何1つ戦略を消すことができません。この場合，「どのような帰結になるか予測できません」で終わらせてよいのでしょうか。そこで，もう一歩踏み込んで相手の気持ちを読み解く作業をしてみ

ましょう。例えば，プレー
ヤー1が「上」という戦略
を選択しようと考えたとし
ます。そこで，「上」を選
択した場合に相手であるプ
レーヤー2の出方に関し，
プレーヤー1は以下のよう
に予想することができます。

表2-1 強く支配される戦略の
逐次消去では消せない例

		プレーヤー2		
		左	央	右
プレーヤー1	上	2, −1	0, 0	−1, 2
	中	0, 0	1, 1	0, 0
	下	−1, 2	0, 0	2, −1

> 私が「上」を選んだ場合，プレーヤー2が「左」を選択してくれば，
> 私は利得2を得ることができる。しかし，待てよ。私が「上」を選
> 択することを相手に読まれたとしたら，相手は絶対に利得が−1にな
> るような「左」は選んでこないはずだ。むしろ利得が2になる「右」
> を出し抜いて選んでくるだろう。なんということだ，私の利得が−1
> になってしまうではないか。

　このように相手の行動を予想するならば，プレーヤー1にとって
「上」はあまりよい選択ではないようです。同様に，「下」もプレー
ヤー2が「左」を選んで出し抜いてくる場合には，利得は−1にな
ってしまいます。そこで，「中」を選んだ場合を考えてみましょう。

> 私が「中」を選んだ場合，プレーヤー2が「央」を選択してくれば，
> 私は利得1を得ることができる。私が「中」を選択することを相手
> に読まれていたとしても，相手は利得が1になる「央」を選んでく
> るはずだ。

　「中」を選んだ場合，どんなに相手の行動を読みあったとしても，
利得は1になることが予想できます。よって相手の行動を踏み込ん
で予想した場合，「上」や「下」よりも，「中」を選んだ方がよいと
いう結論に至ります。ここで，「相手の行動を踏み込んで予想する」
ことの意味は，「相手も利得最大化をしているはずだ」と考えたう
えで，利得最大化行動と一致する選択をすると予想することです。

同様に，プレーヤー2も相手の行動を読んだ結果として，「央」を選んだ方がよいという結論に至るでしょう。このように強く支配される戦略が存在しなかったとしても，お互いのプレーヤーが相手の選択を読み合うと考えることによって，選択されるだろう戦略を予測することができるわけです。このような考えに基づいた均衡概念が，**ナッシュ均衡**（Nash equilibrium）です。ナッシュ均衡という名前は，1994年にノーベル経済学賞を受賞したジョン・ナッシュの名前からきています。

2.2 ナッシュ均衡の定義

　端的に言うとナッシュ均衡とは，「すべてのプレーヤーが，ほかのプレーヤーの行動を与えられたものとしたときに，利得を最も高める戦略を選択している状態」のことです。ちょっとわかりにくいですね。このナッシュ均衡を理解するためには，**最適反応**（best response）という概念を知っておくと便利です。

> **定義2.1 最適反応**　ほかのプレーヤーの戦略が与えられたものとしよう。このとき，最大の利得をプレーヤーにもたらす戦略を，ほかのプレーヤーの戦略に対する最適反応と言う。

　表2-1のゲームを考えてみましょう。プレーヤー2が「左」を選択した場合，プレーヤー1が「上」を選べば2の利得を，「中」を選べば0の利得を，「下」を選べば利得として−1を得ます。よって，プレーヤー2が「左」を選んでいるときには，「上」が最大の利得をプレーヤー1にもたらす戦略です。このとき，

> プレーヤー2の「左」に対するプレーヤー1の最適反応は「上」である

と言います。一方で，プレーヤー2が「央」を選択した場合，プレーヤー1が「上」か「下」を選べば0を，「中」を選べば1を得ま

す。よって，プレーヤー
2の「央」に対するプレ
ーヤー1の最適反応は
「中」です。最後に，プ
レーヤー2が「右」を選
択した場合，プレーヤー
1が「上」を選べば−1
を，「中」を選べば0を，

表2-2 最適反応

プレーヤー2

		左	央	右
プレーヤー1	上	②, −1	0, 0	−1, ②
	中	0, 0	①, ①	0, 0
	下	−1, ②	0, 0	②, −1

「下」を選べば2を得るので，プレーヤー2の「右」に対するプレ
ーヤー1の最適反応は「下」です。

　支配戦略は，相手がどのような選択をしたとしても，自身のほか
の戦略よりも高い利得をもたらす戦略のことでした。一方で，最適
反応は，相手の特定の戦略に対する最適な選択肢です。ですから，
相手の行動によって違ってきてもよいわけです。表2-2では最適反
応であることをわかりやすくするため，最適反応をとった場合の利
得に〇をつけています。

　プレーヤー2の最適反応の求め方は，プレーヤー1の最適反応を
求めたときとまったく同一です。例えば，プレーヤー1が「上」を
選択した場合，プレーヤー2が「左」を選べば−1の利得を，「央」
を選べば0の利得を，「右」を選べば利得として2を得ます。よっ
て，プレーヤー1の「上」に対するプレーヤー2の最適反応は
「右」です。同じく表2-2に，プレーヤー2の最適反応である戦略
をとった場合の利得に〇をつけています。もしも無差別な状態が生
じ，複数の最適反応が存在した場合には，そのすべての利得に〇を
つけましょう。

　最適反応を理解すれば，ナッシュ均衡を理解するまであと少しで
す。ナッシュ均衡は，以下のように定義できます。

定義 2.2 ナッシュ均衡 ナッシュ均衡とは，すべてのプレーヤーが互いに最適反応を取り合っている戦略の組のことである。

表2-2のゲームでは，プレーヤー1が「中」を選び，プレーヤー2が「央」を選んでいる戦略の組（中, 央）がナッシュ均衡です。「中」に対する最適反応は「央」であり，「央」に対する最適反応は「中」です。よって，この均衡では「お互いに最適反応を取り合っている」と言えます。表2-2の利得表では，最適反応の利得の部分に〇をつけていました。上記のナッシュ均衡の定義から，お互いに最適反応をとっているとは，2人の利得どちらにも〇がつけられていることを意味します。ですから，2人とも利得に〇がつけられている（中, 央）がナッシュ均衡になるわけです。強く支配される戦略の逐次消去では何1つ戦略を消すことはできませんでした。しかし，ナッシュ均衡を用いることによって，「このゲームでは（中, 央）が選択される」という予測にまで絞り込むことができるわけです。

🎮 ゲームの攻略法

利得表を用いて，ナッシュ均衡を導出する手順をまとめてみよう！

Step 1　相手の各戦略に対して，利得が最も高くなる戦略に〇をつける。複数ある場合は，すべてに〇をつける。

Step 2　Step 1 をすべてのプレーヤーについて行う。

Step 3　すべてのプレーヤーについて「〇」がついている戦略の組がナッシュ均衡だ！

▷ **2.3　均衡の前提**

ゲーム理論を用いるうえで，均衡を求めることができるようにな

図 2-1 ナッシュ均衡の性質

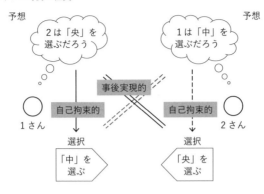

るだけでなく，均衡の性質や解釈を理解する必要があります。ここではプレーヤーの選択する戦略と，プレーヤーが抱く予想に関して，ナッシュ均衡をはじめとする均衡概念が一般的に置いている前提を検討していきましょう。

　第1に，均衡ではすべてのプレーヤーが，単独で戦略を変えようとはしません。表2-1のゲームでは，（中,央）がナッシュ均衡でした。プレーヤー1の立場に立ってください。プレーヤー2が「央」を選んでいるかぎり，「中」から選択を変えようとしません（図2-1）。「中」は利得を最大化する行動だったので，「上」や「下」を選択した場合の利得は0に減ってしまうからです。つまり，誰も戦略を変えて，この均衡から逸脱しようとはしません。このように単独で戦略を変えようとする人がいない状態が，ゲームの結果として生じやすいと考えているわけです。単独で戦略を変えることによって利得が高まらない戦略のことを**自己拘束的な戦略**と呼び，均衡では自己拘束的な戦略が選択されると考えています。

定義 2.3　自己拘束的な戦略　あるプレーヤーの戦略が自己拘束的であるとは，ほかのプレーヤーの選択を予想したうえで，この予想のもとでは，このプレーヤーが戦略を単独で変更するインセンティブを有さないこと。

　第2の性質として，均衡下では，すべてのプレーヤーが，ほかのプレーヤーの行動を正しく予想していると考えている点があげられます。プレーヤー1が「中」を選ぶ前提には，「プレーヤー2が"央"を選択してくれるだろう」というプレーヤー1の予想があります。そして，このナッシュ均衡下では，プレーヤー2は「央」を実際に選択するため，結果としてこのプレーヤー1の予想は正しく的中することになります（図2-1）。このように，結果として正しく実現する予想を**事後実現的な予想**と呼び，均衡が持つもう1つの重要な前提になっています。

定義 2.4　事後実現的な予想　あるプレーヤーの予想が事後実現的であるとは，ほかのプレーヤーの選択について，この予想と実際の選択が一致すること。

　このようにナッシュ均衡では，お互いに相手の行動を正しく的中する予想をし（事後実現的な予想），そのうえで戦略を変えるインセンティブがない状態（自己拘束的な戦略）であるため，プレーヤーは戦略も予想も変化させる必要のない，安定的な状態になっています。

3　さまざまな同時手番ゲーム

　表2-1の例では，ナッシュ均衡は1つだけに絞り込むことができました。しかし，ナッシュ均衡の数は1つだけとは限りません。本

節では，複数のナッシュ均衡が存在する主要な同時手番ゲームの例を紹介しながら，ナッシュ均衡の求め方を復習していきましょう。

▷ 3.1 コンソール・ウォーズ：鹿狩りゲーム

少し遠回りしてしまいましたが，ゲーム機の話に戻ります。事例2.1で紹介したコンソール・ウォーズを考えてみましょう。この事例をモデル化すると，以下のモデル2.1のようになります。ここでは，2社のソフト開発会社が，新たな機能を備えた次世代機でゲームソフトを出すかどうかを決める状況を分析しています。理論堂という会社が，特製の眼鏡をかけることで，自分の周り360度全体がゲームの世界となる画期的最新機種「Rirondo 360」の制作発表をした状況を考えてみましょう。

［モデル2.1］コンソール・ウォーズ①

理論堂が，最新機種の制作を発表した。その最新機種でソフト開発するか否かを，ソフト開発会社であるゲムコンとセオリーエニックスが決定する。ソフトの開発費用は2であるとする。両社ともに新機種向けに開発する場合，新機種は多く売れて，両社は新たなソフトで大きな売上として10を得るとしよう。利得は，開発費用2を差し引いた利益8とする。他方で，1社のみが新機種向けにソフトを販売した場合，新機種はあまり売れず，ソフトの売上も伸びない。結果として，売上は1のみであるとしよう。よって，利得は，開発費用を差し引いた1−2＝−1である。もちろん新機種向けに開発をしない会社は，開発費用はかからないが売上もないため，利得は0とする。ガチガチのライバル関係にある両社は，事前に交渉して意思決定を行うことはないとする。

ここでは両社ともライバル社と同じ戦略を選ぶと利得が増加します。さらには，新機種の立ち上げラインナップに入ることの方が，入らないよりも高い売上につながります。しかし事前交渉はできないので，両社は独立に，相手の意思決定を観察することなく，どの機種からソフトを出すのか決定をする必要があります。このゲーム

表 2-3 コンソール・ウォーズ ──

セオリーエニックス

		開発	否
ゲムコン	開発	⑧,⑧	−1, 0
	否	0, −1	⓪,⓪

を利得表にすると，表 2-3 になります。

表 2-3 に示したとおり，相手が「開発」を選択したときの最適反応は「開発」であり，相手が「否」を選択したときの最適反応は「否」です。ここで，互いに最適反応を選択しているナッシュ均衡は以下の 2 つであることがわかります。

(1) 両社とも「開発」を選択する。

(2) 両社とも「否」を選択する。

よって，このゲームのナッシュ均衡は 1 つではなく，2 つ存在していることになります。このように，ナッシュ均衡は必ずしも 1 つとは限りません。2 つ，あるいはそれ以上の数の均衡が同時に存在していることは多くあります。均衡が複数ある理由は，事後実現的な予想が複数あるからです。「相手企業が開発する」と予想すると，両社ともに開発することが得になるので，実際にも開発をします。逆に「開発しないだろう」と予想すると，1 社だけ開発をすると損をしてしまうため，実際にも開発はしません。このように，どちらも事後実現的であるため，プレーヤーの予想によって起きる結果が複数あることになります。上記で示した 2 つの均衡以外に，混合戦略という戦略を用いた均衡も別個存在しますが，それは第 3 章で議論しましょう。

コンソール・ウォーズのゲームに存在する 2 つのナッシュ均衡の中で，（開発,開発）のナッシュ均衡はパレート最適です。両社とも最も高い利得を得ているので，当然ですね。一方で，ほかの 3 つの戦略の組は，パレート最適ではありません。すべて，（開発,開発）に変更することで，両社とも利得を 0 や −1 から 8 まで高めること

ができるからです。重要な点は，もう１つのナッシュ均衡である
（否,否）がパレート最適ではないことです。つまり，このゲームに
はパレート最適なナッシュ均衡と，パレート最適ではないナッシュ
均衡の２つが存在するわけです。よって，新機種である Rirondo
360 がどんなに魅力的で，心の底から興奮できるような新機能を備
えており，伝説に残るようなゲームソフトを開発できるのだとして
も，ほかの企業がソフトを作らないのであるならば，Rirondo 360
向けのソフト開発は断念した方がよいことになります。

　ちなみに，任天堂が投入した新機種である NINTENDO64 は，
3D ゲームに対応し PlayStation よりもさらに高性能でした。他方
で，ソニーは PlayStation にソフトの開発業者を呼び込むことに手
を尽くします。例えば，ゲームソフトの開発機材一式は，当時では
1000 万円程度かかりました。しかしソニーは，PlayStation 用の開
発機材を 150 万円という安価で販売し，大企業だけではなく，中小
企業にも開発してもらいやすい環境を整備しました（多根，2007）。
結果として，任天堂は，より魅力的なゲームソフトのラインナップ
を揃えた PlayStation には太刀打ちすることはできませんでした。
多くのソフト開発業者を呼び込もうというソニーの作戦が成功した
わけです。

　このゲームは**協調ゲーム**（coordination game）と呼ばれるゲーム
の一種です。協調ゲームとは，「他人と同じ行動を選択する」こと
が最適となるようなゲームのことです。コンソール・ウォーズの例
では，パレート最適なナッシュ均衡と，パレート最適ではないナッ
シュ均衡の両方が存在していました。協調ゲームの中で，特にこの
ような特徴を有するゲームのことを，**鹿狩りゲーム**（stag hunt
game）と呼びます。

　２人の狩人が鹿かウサギを狙っているとしましょう。鹿を獲ると
５の利得を，ウサギを獲ると１の利得を得るとしますが，鹿は２人

表2-4 鹿狩りゲーム

		狩人2	
		鹿	ウサギ
狩人1	鹿	⑤,⑤	0, 1
	ウサギ	1, 0	①,①

が協力しないかぎり，獲ることができません。何も獲得できなかったときの利得は0としましょう。これを利得表にすると表2-4になります。相手が鹿を選んだ場合の最適反応は鹿であり，ウサギを選んだ場合の最適反応はウサギです。よって，2人で鹿を協力して捕らえる均衡と，協力せずに各自でウサギを捕らえる均衡の2つのナッシュ均衡があります。たくさんお肉が取れるので鹿を獲る方がパレート最適な均衡であり，ウサギを獲る方がパレート最適ではない均衡です。相手が協力して鹿狩りをしてくれると思っている場合には狩人は鹿を選び，パレート最適な均衡が実現します。一方で，協力してくれないだろうと思っている場合にはパレート最適ではない均衡が実現してしまいます。

　囚人のジレンマではパレート最適な結果は均衡とはならずに，パレート最適ではない均衡のみが存在していました。よって，パレート最適な結果に導くためには，罰則や報酬を別個設けて，プレーヤーの利得を変えていく必要があります。つまり，罰則がないとパレート最適な結果は，自己拘束的にはならなかったわけです。一方で，鹿狩りゲームでは，パレート最適な均衡も存在し，罰則がなくても自己拘束的になっています。よって，パレート最適な均衡を実現するために，わざわざ罰則や報酬を設けて利得を変える必要はなく，相手の行動に関する予想を変えるようなことを起こすだけで，パレート最適な結果を実現できるかもしれません。よって，第三者によるアドバイスや，両プレーヤーの事前交渉で，パレート最適な均衡に導くことができる可能性があるわけです。

　ここで1つの疑問が生じます。皆さんも，ちょっと頭をよぎった

かもしれません。それは、「複数のナッシュ均衡が存在している場合に、どの均衡が最も生じやすいのか」という疑問です。複数の均衡が存在しているというのは、現実を説明したい場合には、厄介な問題です。複数ある均衡のどの均衡が生じるのかわからないため明確な結果の予測ができず、現実の説明力が低下してしまうからです。この複数均衡の問題は、予想の事後実現性が原因です。どんな行動を予想しようとも、予想した行動がプレーヤーに実際に選ばれるならば事後実現的な予想になります。事後実現的になりうる予想が複数あるときに、均衡は複数となります。鹿狩りゲームでは、「相手が鹿を選びそうだ」と「相手がウサギを選びそうだ」という2つの予想はいずれも事後実現的です。とすると、どちらの均衡が生じやすいかを考えるためには、2つの予想の間で、どちらがより妥当な予想であるかという優劣をつける必要があります。しかし、どの予想が適切かに関してナッシュ均衡が要請しているのは、事後実現的であるということだけで、それ以上の優劣はつけません。

　そのため、均衡の中でさらに優劣をつけるためには、均衡の概念だけではなく、何かしらの新たな基準を提供する必要があります。例えば、「すべてのプレーヤーがより高い利得を得ることができる均衡の方が生じやすい」ということはできるかもしれません。例えば鹿狩りゲームにおけるパレート最適な均衡である（鹿, 鹿）は、パレート最適ではない（ウサギ, ウサギ）よりも両プレーヤーともにより高い利得を得ています。パレート最適な均衡は、そうではない均衡を**利得支配**（payoff dominance）していると言います。前述したように、第三者が介入する、あるいは両プレーヤーが事前に交渉できる場合には、より高い利得を得られる均衡の方を達成しようとするはずです。そのため、利得支配をしている均衡の方が生じやすいと考えることは可能です。しかし、次項以降では、このような利得支配の関係がないゲームを紹介していきます。よって、利得支配

が常に妥当な基準であるわけではありません。複数均衡における均衡選択に関しては，次章以降でより踏み込んだ議論をしていきましょう。ところで第1章では，戦略の間における支配関係を考えた支配戦略を解説しましたが，利得支配ではパレート最適の概念によって均衡の間における支配関係を考えているので，「支配」と言っても別物であることに注意してください。

▷ 3.2 ATM の共同運用：逢引きゲーム

2021年5月に，三井住友銀行と三菱 UFJ 銀行は ATM を共同運用することに向けて最終調整に入ると発表をしました。2019年9月より，両行は店舗外であれば ATM の手数料を同じにするという ATM の共通化をしていましたが，それに加えて，現金輸送や機械の維持など ATM の運用業務を共同で行うことを計画しています。ATM の共同運用は利用客の利便性を高めるだけでなく，運用費用を抑えることができるという大きなメリットが銀行側にあります。しかし，共同運用のためには各銀行で開発してきたシステムを統合する必要があります。そこで，以下のモデルを考えてみましょう。

［モデル 2.2］ATM の共同運用

吉左衛門銀行と弥太郎銀行が，銀行のシステムの更新を行おうとしている。吉左衛門銀行は従来からシステム K という ATM システムを利用しており，弥太郎銀行ではシステム Y を利用している。同じシステムを用いたまま更新すると費用は 10 かかる。一方で，異なったシステムに変更する場合には 30 の費用がかかる。両行の選択肢は，従来と同じシステムで更新を行うか，別のシステム（吉左衛門銀行にとってシステム Y，弥太郎銀行にとってシステム K）を導入するかの二択である。両行は将来的に ATM の共同運用を行う可能性を見据えているものの，未だ具体的交渉には入っていない。そのため，システムの更新を行う前に，両行間で調整はできないとしよう。両行とも同じシステムにした場合には，早期に共同運用ができるために，100 の利益を得るとする。し

かし，異なったシステムのままであれば，早期の共同運用は難しくなり，利益を得ることはできない。

　ここでは両行とも同じシステムの導入を好んでいます。しかし，吉左衛門銀行はシステム K に統合することを最も好んでいる一方で，弥太郎銀行はシステム Y に統合することを最も好んでいます。このゲームを利得表にすると，表 2-5 になります。相手が「システム K」を選択したときの最適反応は「システム K」であり，相手が「システム Y」を選択したときの最適反応は「システム Y」です。ここで，互いに最適反応を選択しているナッシュ均衡は以下の 2 つであることがわかります。

　(1)　両行とも「システム K」を選択する。

　(2)　両行とも「システム Y」を選択する。

どちらのナッシュ均衡もパレート最適です。パレート最適ではない戦略の組である（システム K, システム Y）と（システム Y, システム K）はナッシュ均衡ではありません。よって，この 2 つの均衡の間で利得支配の関係はないため，前項で議論した「パレート最適である均衡の方が生じやすい」という議論をあてはめることはできません。

　このゲームも，同じ行動を選ぶ方が最適であるという点で，協調ゲームの一種です。しかし，鹿狩りゲームとは異なり，均衡はともにパレート最適です。しかし，吉左衛門銀行は（K, K）を，弥太郎銀行は（Y, Y）を好んでおり，どちらを好むかで小さな利害対立が生じています。「小さな」とは，お互いに協力をすること自体には同意できる一方で，協力のやり方に対す

表 2-5　ATM の共同運用

弥太郎銀行

		システム K	システム Y
吉左衛門銀行	システム K	⑨⓪, ⑦⓪	− 10, − 10
	システム Y	− 30, − 30	⑦⓪, ⑨⓪

る好みのズレがあるということです。このように行動を合わせるのがパレート最適でありナッシュ均衡であるものの，どの行動で合わせるかで対立がある協調ゲームのことを，**逢引きゲーム**（battle of the sexes）と呼びます。

　例えば，愛田さんと恋下さんという2人の大学生がいるとしましょう。お互いに相手が気になってはいますが，デートをしたことすらありません。2人とも木曜日にゲーム理論の講義を履修しています。その講義で課題が出され，木曜日の夜までに提出しないといけません。大学で課題ができる場所は図書館かコンピュータ室ですが，特段親しくない2人は事前に約束して同じ場所に行こうと決めることは恥ずかしくてできません。でも，できれば「偶然」に出会って一緒に課題をしたいと思っています。両者にとって，会えないことは最悪の結果であり，その利得は0とします。一方で会えた場合には少なくとも1の利得を得ますが，愛田さんは図書館の方が落ち着いて勉強できるので図書館で出会えたら2の利得を，恋下さんはコンピュータ室の方が落ち着くのでコンピュータ室で出会えたら2の利得を得るとしましょう。ゲーム理論の課題はそこまで難しくないため，その出来不出来は利得に影響を与えないと考えます。

表2-6　逢引きゲーム

		恋下さん	
		図書館	コンピュータ室
愛田さん	図書館	②, ①	0, 0
	コンピュータ室	0, 0	①, ②

この状況を利得表に表すと表 2-6 になり，（図書館, 図書館）と（コンピュータ室, コンピュータ室）という 2 つのナッシュ均衡があることがわかります。このゲームでも，均衡において両者は同じ場所を好んでいるものの，2 つの場所のうちどちらがよりよいかに関して小さな利害の不一致が存在しています。

▷ 3.3 消耗戦：チキンゲーム

　2 人の大学生の淡い恋物語から一転，時は昭和の真っただ中，太平洋戦争の末期に戻りましょう。太平洋戦争において日本は 3 年以上も米国，イギリス，中国などで構成される連合国と戦争をしたうえで，ポツダム宣言において降伏の姿勢を示しました。この戦争で，日本は甚大な被害を受け，荒廃した国土から再起の道を探ることになります。そもそも，このような甚大な被害が生じ，多くの犠牲を生むような戦争はなぜ生じるのでしょうか。この戦争を理解するために，次の消耗戦を例に考えてみましょう。

［モデル 2.3］消耗戦か妥協か

　ノースとサウスという 2 国が，天然資源をめぐる争いをしている。天然資源の総価値を 10 としよう。両国とも「攻撃」か「妥協」のいずれかを選択する。両国とも攻撃を選択した場合には明確な決着はつかず，長期化する消耗戦が生じてしまう。その結果，両国の利得は −5 となる。一方で，1 国だけが攻撃を選択した場合，妥協した国は天然資源を諦めることになる。よって，攻撃を選択した国が天然資源のすべてを獲得して利得 10 を得，妥協を選択した国は利得 0 を得る。最後に，両国とも「妥協」した場合には，天然資源を等しく分け合い，両国とも 5 の利得を得る。

　このゲームを利得表にすると，表 2-7 になります。表 2-7 に示したとおり，相手が「攻撃」を選択したときの最適反応は，消耗戦を避けた方がよいため「妥協」です。一方で，相手が「妥協」を選択したときの最適反応は，天然資源の総取りができるため「攻撃」で

表 2-7　消耗戦か妥協か ────

す。ここで，互いに最適反応を選択しているナッシュ均衡は以下の2つであることがわかります。

サウス

		攻撃	妥協
ノース	攻撃	−5, −5	⑩, ⓪
	妥協	⓪, ⑩	5, 5

(1) ノースのみが「攻撃」を選択する（ノースが天然資源の総取りをする）。

(2) サウスのみが「攻撃」を選択する（サウスが天然資源の総取りをする）。

　どちらのナッシュ均衡もパレート最適です。例えば，(1) のノースが天然資源を総取りしている状態から，両者が妥協する結果に変わった場合，ノースの利得は下がってしまいます。つまり，結果を変えると天然資源を総取りしている国の利得が下がってしまうため，この2つの均衡はパレート最適だということになります。

　このゲームの第1の重要な含意は，消耗戦が生じる（攻撃, 攻撃）という結果は均衡上では起きないということです。ここでは，両国ともに消耗戦をできるだけ避けようとするため，必ずどちらか一方の国が妥協をします。第2に，2国間で軍事力の差があったとしても，必ずしも弱い方が妥協するとは限らないという点です。例えばノースの方が大きな軍事力を有しており，消耗戦の結果，ノースの利得は−1でサウスの利得が−10であったとしましょう。それでも，ノースが妥協する均衡は存在します。消耗戦を避けるインセンティブは両国ともに有しているので，軍事力にかかわらず，どちらが妥協してもよいわけです。

　ここでは，協調ゲームと異なって，両者が異なる戦略をとることがナッシュ均衡であり，かつパレート最適ですが，逢引きゲームのように，そのどちらが好ましいかで両者に利害対立があります。このようなゲームを，**チキンゲーム**（chicken game）と呼びます。チキンゲームとは，2人が別々の車に乗り込んだうえで，崖に向かっ

て猛スピードで走行するゲーム
です。最初に車から飛び降りた
人が臆病者（チキン）として負
けになります。ただし，最後ま
で飛び降りなければ，崖に落ち
ていってしまいます。このチキ
ンゲームは 1955 年制作の映画

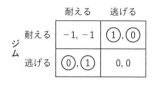

表 2-8 チキンゲーム

バズ

		耐える	逃げる
ジム	耐える	-1, -1	①, ⓪
	逃げる	⓪, ①	0, 0

『理由なき反抗』で話題となり，それ以降多くの映画やドラマで取
り上げられました。この映画の中と同様に，2 人の不良少年ジムと
バズがチキンゲームのプレーヤーであると考えましょう。2 人は，
飛び降りずに「耐える」と，飛び降りて「逃げる」の 2 つの選択肢
を有します。勝者は利得 1 を得て，敗者は 0 を得る一方で，崖下に
落ちることは最悪の事態であり，利得は -1 になるとしましょう。
ここでは単純に，両者が逃げた場合の利得も 0 としています。この
ゲームの利得表は表 2-8 です。消耗戦のモデルと同様に，どちらか
一方が逃げることがナッシュ均衡になります（映画ではジムが最初に
飛び降りたのでバズの勝利になりますが，バズは，とある事情から逃げき
れずに崖下に落ちます。このような事態は，ここでは考えません）。チキ
ンゲームの最大の特徴は，パレート最適ではない最悪の事態（消耗
戦や崖下落下）が両者にとって最も好ましくなく，それよりも自分
だけが逃げた方がよい，と思っていることです。よって，必ずどち
らかが逃げる均衡になります。

　モデル 2.3 の「消耗戦か妥協か」の例に戻ってみましょう。「な
ぜ戦争は生じるのか」という問いを考えたかったのですが，均衡で
は戦争が生じていませんでしたね。そもそも，戦争が生じる結果と
なる（攻撃，攻撃）はパレート最適ではありません。さらに，両国
が妥協する帰結や，一方の国のみが妥協する帰結にも利得支配され
ている均衡でした。戦争とは多くの犠牲を払う非常に非効率的なも

のです。ゲーム理論を用いた戦争の分析でも，戦争をまったく好ましくない最悪の帰結として描くことが一般的です（多湖，2020）。しかし，世界を見渡すと現に戦争は生じてしまっています。それでは，なぜこのような最悪の帰結である戦争は生じてしまうのでしょうか。この問題は，第7章で改めて議論しましょう。

3.4 囚人のジレンマ再訪

第1章で紹介した，囚人のジレンマのナッシュ均衡を求めてみましょう。表2-9は囚人のジレンマを最も単純な利得で示したものです。相手が「黙秘」を選択したときの最適反応は「自白」であり(3>2)，相手が「自白」を選択したときの最適反応も「自白」です(1>0)。よって，相手の戦略が何であろうと，「自白」が最適戦略であるので，ナッシュ均衡は両プレーヤーが「自白」を選択する（自白，自白）になります。

このナッシュ均衡は，支配戦略を用いた予測と同じ結果になっています。支配戦略とは，相手の戦略によらず最も高い利得を与える戦略のことでした。言い換えれば，支配戦略とは，相手のすべての戦略に対する最適反応になっていることを意味します。囚人のジレンマにおける支配戦略である「自白」も，相手のすべての戦略に対する最適反応になっています。よって，プレーヤーが「自白」のような支配戦略を有している場合，その支配戦略は必ずナッシュ均衡下の戦略になります。同時に，強く支配される戦略の逐次消去で消されていく戦略は，ナッシュ均衡上での戦略になることはありません。強く支配される戦略には常により高い利得を提供するほかの戦略が存在するため，最適反応には

表2-9 囚人のジレンマ

囚人2

		黙秘	自白
囚人1	黙秘	2, 2	0, ③
	自白	③, 0	①, ①

なりえないからです。囚人のジレンマでも，支配戦略ではなく，最適反応にもならない「黙秘」は消去されることになります。逆に言うと，強く支配される戦略の逐次消去をしてもナッシュ均衡はちゃんと残ります。一安心ですね。しかし，ほかの戦略の組も残っているかもしれません。以上の点をしっかりと証明しようとするとそれなりに紙幅が必要です。今の段階では事実として把握していれば十分でしょう。

▷ 3.5 コイン合わせゲーム

最後に，プレーヤーが利害対立のみを抱えているコイン合わせゲームを考えてみましょう。プレーヤー1とプレーヤー2が，同時にコインの表か裏かを選び，相手に提示します。2人とも同じ面を選んでいればプレーヤー1が勝利し，違う面を選んでいればプレーヤー2が勝利します。敗者は勝者に1の利得を払うと考えます。このゲームを利得表にすると，表2-10になります。

プレーヤー1は同じ面を選ぼうとする一方で，プレーヤー2は違う面を選ぼうとするため，両者の間では完全な利害対立が生じています。また，このゲームのように両者の利得を足し合わせるとゼロになるゲームのことを，**ゼロ和ゲーム**（zero-sum game）と言います。ここでナッシュ均衡を求めるために最適反応を利得表に書き込んでみても，両者がともに最適反応を選択している戦略の組はありません。では，このゲームに関してわれわれは，どのようにして結果を予測すればよいのでしょうか。それは，次の章で解明されますので，少し待っていてくださいね。

表2-10 コイン合わせゲーム

<table>
<tr><td></td><td colspan="2" style="text-align:center">プレーヤー2</td></tr>
<tr><td></td><td>表</td><td>裏</td></tr>
<tr><td rowspan="2">プレーヤー1</td><td>表</td><td>①, −1</td><td>−1, ①</td></tr>
<tr><td>裏</td><td>−1, ①</td><td>①, −1</td></tr>
</table>

4 ナッシュ均衡の性質

　以上で議論してきたことから，ナッシュ均衡が有するいくつかの性質が理解できたと思います。それをここではまとめてみましょう。

> 🎮 **ゲームの攻略法**
>
> ナッシュ均衡の性質に関して整理してみよう！
>
> - パレート最適な戦略の組があったとしても，それがナッシュ均衡ではない場合がある。（例：囚人のジレンマ）
> - ナッシュ均衡は存在しないことも，複数存在することもある（第3節）。
> - 支配戦略や強く支配される戦略がなくても，ナッシュ均衡は存在しうる（第2節）。
> - 支配戦略があるときには，ナッシュ均衡では必ず選ばれる（囚人のジレンマ）。
> - 強く支配される戦略の逐次消去で消される戦略はナッシュ均衡では使われない。

　以上の議論では各プレーヤーが有する戦略の数は，最大で3つまででした。戦略の数が4つや5つになったとしても，利得表の行列の数を4つや5つに増やしてナッシュ均衡を求めればよいだけです。ただし，価格や生産量といった連続的な数値が戦略となるときには，利得表ではゲームを図示できません。そのため利得表で利得を直接見比べるというこれまでのやり方では最適反応とナッシュ均衡を見つけることができません。ナッシュ均衡を見つけるためには，各プレーヤーの利得関数を定め，この関数を（ほかのプレーヤーの戦略を与えられたものとして）最大化することで最適反応を見つけ，そしてそこからナッシュ均衡を求めます。この方法に関してはやや数学的

に難易度が高くなるので，オンライン・コンテンツで扱うことにしましょう。

5 N人の同時手番ゲーム

▷ 5.1 消費者のコンソール・ウォーズ

　今までのモデルではゲームのプレーヤーの数は2人のみでした。それでは，3人以上のプレーヤーがいた場合には，どのように分析すればよいのでしょうか。3人以上のプレーヤーの分析には利得表は用いにくいため，分析の難易度は上がりますが，1つ1つ丁寧に分析をしていくことでナッシュ均衡を求めることができます。ゆっくりと考えていきましょう。

　再び事例2.1のコンソール・ウォーズに戻ります。第3節の3.1項ではソフト開発会社の選択を考えてきました。しかし，事例2.1で議論したように，ソフト開発会社だけではなく，消費者も重要なプレーヤーです。そこで，複数の消費者がいる場合を考えてみましょう。

［モデル2.4］ コンソール・ウォーズ②

　N人の消費者がいるとしよう。ただし，$N \geq 3$である。このN人の消費者が同時に，最新ゲーム機を購入するか否かを決定する。つまり，各消費者は，「購入」か「否」かの2つの選択肢を有している。新機種の価格をPとし，購入に伴う費用と同じと考えよう。

　一方で，購入に伴う便益は，今後どれだけ多くのゲームソフトを新機種が揃えることができるかにかかっている。せっかく新機種を購入しても，ほかの人が購入してくれなければ，新機種向けのソフトもあまり販売されることはない。多くの新機種向けのソフトが販売されるためには，一定数の消費者が新機種を購入する必要がある。そこで，充実した数の新機種向けのソフトが販売されるためには，K人の消費者が「購入」

を選択する必要があるとしよう。ただし，$3 \leq K < N$とする。このとき，新機種を購入している消費者は便益Gを得て，利得は購入費用を差し引いた$G-P$になる。ここでは便益の方が価格よりも大きく，$G > P$が成立しているとする。一方で，購入者がK人に満たない場合には，新機種向けのソフトの開発はあまり行われず，新機種の売上も伸びないため，最終的には生産停止になってしまうとする。その結果，新機種を購入した消費者の便益は0になり，購入費用を差し引いた最終的利得は$-P$になる。購入しなかった消費者の利得は0とする。

　モデル2.1のコンソール・ウォーズ①では，開発会社の意思決定の分析に注力するために，消費者の行動は「2つの開発業者がソフトを出せば購入する」と単純化して考えていました。今回のコンソール・ウォーズ②では，逆に消費者の意思決定の分析に注力するために，開発会社の行動を「多く（K人）の消費者が購入すればソフトを開発する」と単純化して考えています。もちろん，現実には多くのソフト開発会社と消費者がいます。また，コンソールを開発・販売する会社の意思決定もあるでしょう。しかし，そのすべてをプレーヤーとして考えてモデル化を行えば，モデルは複雑になり，かつ何が言いたいのか明瞭に見えてこなくなる可能性もあります。分析したい対象ではない部分は切り捨てていくことも，モデル化では重要な作業の1つです。

　さて，このゲームのナッシュ均衡はどのように求めればよいでしょうか。多数のプレーヤーがいた場合，これまで使ってきた利得表を用いることはできません。しかし，ナッシュ均衡を求める基本的な手順に変わりはありません。つまり，(1) 最適反応を求め，(2) すべての戦略が最適反応となっている戦略の組を探す，ということです。複雑な状況をうまく場合分けすることが解き方のコツになります。

⟶ **5.2 最適反応**

　最初に，各消費者の最適反応を考えましょう。最適反応の定義に忠実に計算しようとすると，自分以外のプレーヤーは $N-1$ 人いますから，$N-1$ 人の行動を場合分けして計算しなければなりません。「1 人が購入した場合の最適反応を求め，2 人が購入した場合の最適反応を求め，……，$N-1$ 人が購入した場合の最適反応を求める」ことなります。これでは計算が非常に大変です。そこで，最適反応が変わりうる場合に分けて考えてみましょう。生産停止にはならずに，充実した新機種向けのソフトの販売が行われるためには K 人の消費者が「購入」を選択する必要がありました。ですので，大きく分けて以下の 2 つの場合に分けられます。

(1) 自分が購入したとき，それでも生産停止になってしまうケース。自分が購入者に加わっても K 人に到達できない場合なので，自分以外で「購入」を選択している消費者は $K-2$ 人以下。

(2) 自分が購入したとき，充実したソフトが揃うケース。自分が購入したときに K 人以上が購入している場合なので，自分以外で「購入」を選択している消費者は $K-1$ 人以上。

　この 2 つの場合を，1 つ 1 つ見ていきましょう。第 1 に，自分が購入したとき，それでも生産停止になってしまうケースです。自分以外の $K-2$ 人以下の消費者が「購入」を選択するとしましょう。このとき，自分が購入したとしても，購入した消費者数は K 人には達しません。よって，新機種は生産停止になり，購入した場合の利得は $-P$ になってしまいます。それならば，何もせずに利得が 0 の方がよいことになります。よって，「自分以外の $K-2$ 人以下の消費者が購入を選択している」ときの最適反応は「否」です。

　第 2 に，自分が購入したとき，充実したソフトが販売されるケースです。自分以外の $K-1$ 人以上の消費者が「購入」を選択しているとしましょう。すでに K 人以上が購入していれば生産停止にな

表 2-11　消費者のコンソール・ウォーズ

	ほかのプレーヤーの行動	
	$K-2$ 人 以下が購入	$K-1$ 人 以上が購入
購入からの利得	$-P$	$(G-P)$
否からの利得	(0)	0

ることはありませんし，ちょうど $K-1$ 人が購入している場合には，自分が「購入」を選択することで，購入した消費者数はちょうど K 人になり，生産停止はありません。よって，購入をすることで $G-P$ の利得を得ることができるため，「自分以外の $K-1$ 人以上の消費者が購入を選択している」ときの最適反応は「購入」です。各ケースにおける消費者の利得は，表 2-11 にまとめています。最適反応の利得には○をつけています。

5.3　ナッシュ均衡

　ただし，この表 2-11 は今まで示してきた利得表とは異なるものであることに注意してください。ほかのプレーヤーの選択に対する，各選択肢の利得を示しているものであり，特定の 1 人の消費者の利得しか示していません。よって，この表からはナッシュ均衡は求めることはできません。ナッシュ均衡を見つけるためには，すべての生じうるケースを考えて，その 1 つ 1 つで均衡になるかどうかを検討する必要があります。ここでもたくさんの生じうるケースがあるため，以下の 5 つのケースに分けてみます。①〜⑤ですべての生じうるケースを網羅できています。図 2-2 にこの 5 つのケースを図示しています。

図 2-2　5つの場合分け ────────────────────────

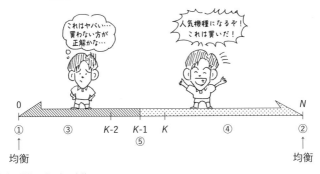

（注）　横軸は購入者の人数。

① すべての消費者が「否」を選択する。

② すべての消費者が「購入」を選択する。

③ 0人は超えるものの $K-2$ 人以下が「購入」を選択する。

④ 全員ではないが，K 人以上が「購入」を選択する。

⑤ $K-1$ 人が「購入」を選択する。

ケース①を考えましょう。0人が購入しているわけですから，表2-11のケースでは「$K-2$人以下が購入」にあてはまります。最適反応は「否」で，0人ということは全員が最適反応である「否」を選択しているのでナッシュ均衡です。一方で，ケース②の状況では，すべての消費者が「購入」を選択しているため，表2-11のケースでは「$K-1$人以上が購入」にあてはまります。最適反応は「購入」で，全員が最適反応である「購入」を選択しているのでナッシュ均衡です。したがって，①と②はナッシュ均衡になります。

それでは，③と④はどうでしょうか。はじめに0人は超えるものの $K-2$ 人以下が「購入」を選択しているケース③を考えましょう。この場合，消費者にとって自分以外で「購入」を選択しているプレーヤーの数は $K-2$ 人以下です。よって，表2-11より最適反応は

「否」になるため，購入をしている消費者は「購入」から「否」に戦略を変えようとします。以上の議論からケース③はナッシュ均衡ではありません。

次に，全員ではないものの，K 人以上が「購入」を選択しているケース④を考えましょう。この場合，消費者にとって，自分以外で「購入」を選択しているプレーヤーの数は $K-1$ 人以上です。表 2-11 より最適反応は「購入」になるため，購入をしていない消費者は「否」から「購入」に戦略を変えようとします。よって，ケース④はナッシュ均衡ではありません。

最後に，ちょうど $K-1$ 人が「購入」を選択しているケース⑤を考えましょう。この場合，購入を選択している消費者にとって，自分以外で「購入」を選択している消費者の数は $K-2$ 人なので，最適反応は「否」です。一方で，「否」を選択している消費者にとっては，自分以外で「購入」を選択している消費者の数は $K-1$ 人なので，最適反応は「購入」です。つまり，すべての消費者が戦略を変えるインセンティブを有しています。よって，「ちょうど $K-1$ 人が購入を選択する」はナッシュ均衡にはなりません。

以上から，このゲームには①と②の 2 つの均衡のみ存在することがわかります。均衡①では，すべての消費者が「否」を選択するため，新機種は生産停止になります。一方で均衡②では，すべての消費者が「購入」を選択するため，新機種は人気機種になります。両極端な均衡になりましたね。プレーヤーが多数の場合，確かにゲームは複雑になります。しかし，「場合分け」をうまく設定することで，ナッシュ均衡を導出できるようになります。現実をモデル化するとついつい複雑になってしまいがちですので，この解の導出方法を理解してください。

このゲームでも，鹿狩りゲームと同様に，パレート最適な均衡②と，パレート最適ではない均衡①が存在しています。よって，新機

種がどれだけ魅力的で素晴らしく価格以上の満足を得られるような
ものであったとしても,「あまり多くの人は買わないかもしれない」
と思われることで,パレート最適ではない均衡①が実現してしまう
かもしれないわけです。第3節の3.1項において,このような鹿狩
りゲーム的状況下では第三者のアドバイスや,プレーヤーの事前交
渉によってパレート最適である均衡を実現できるかもしれないと指
摘しました。しかし,NやKの数が大きくなり,大人数のゲーム
となった場合は,事前交渉は難しく,かつ第三者のアドバイスも多
くの人には届かないかもしれません。

このように,一定程度の人々が協調することによってパレート最
適な結果を達成できるにもかかわらず,「十分な数の人々が協調し
ないかもしれない」と信じられてしまうことで,パレート最適では
ない結果に終わってしまう問題を**集合行為問題**（collective action
problem）と言います。民主化運動や環境保全活動など,一定程度
の人が参加して初めて影響力を持ちうる活動があります。そのよう
な活動を成功させるためには,その活動自体に価値があるという点
以上に,十分な数の人々が参加すると信じさせることが大切になっ
てくるわけです。

6 ゲーム理論を「活かす」ということ

以上の議論では,同時手番ゲームを解説するために,いくつかの
例を紹介してきました。皆さんも,与えられたゲームに関しては,
ナッシュ均衡を見つけられるようになったと思います。しかし,ゲー
ム理論の1つの醍醐味は,新しい事例に対してゲーム理論を応用
しつつ考えていくことができる点にあります。新たにモデルを作る
場合に直面するだろう難しさについては,本章の最後で議論してい

きましょう。

新しい事例として，軍拡競争を考えてみましょう。2021年1月に将来的な核兵器の全廃へ向けた国際条約である核兵器禁止条約が発効されました。核保有国である米国や，その米国と安全保障条約を締結している日本など不参加の決定をした国もありますが，現在核兵器の廃絶に向けて，多くの国が動き始めています。その一方で，北朝鮮などでは核兵器の開発が未だに続けられています。また第2次世界大戦後の冷戦と呼ばれている時期においては，米国とソ連（ロシア）の大国間で核兵器開発競争が生じていました。非人道的な兵器であるためにやすやすと使用できるものではなく，かつ莫大な開発費や管理費がかかる核兵器の開発競争が生じてしまったのはなぜでしょうか。政治学では「安全保障のジレンマ」と呼ばれているこの問題を，モデルを使って考えていきましょう。

［モデル2.5］安全保障のジレンマ

　ノースとサウスという2国が対立をしている。両国とも核兵器を「保有」するか「しない」かのいずれかを選択する。核兵器の保有には維持のために $c>0$ の費用がかかるとする。両国とも同じ選択をした場合は，両国とも同等の力関係になる。このときの各国の便益を3としよう。ただし，両国が核兵器開発を選択した場合には c の費用を払うため，最終的利得は $3-c$ となる。一方で，1国のみが核兵器開発を選択した場合，両国の関係は対等ではなく，核兵器保有国が優位になる。その結果，核兵器保有国は相手に政策上の妥協（天然資源や領土の譲渡など）を求めることができるとする。この政策上の妥協から，核兵器保有国は b の便益を得る。費用を差し引いた後の最終的利得は $b-c$ となる。一方で，核兵器を保有しない国の利得は妥協を強いられることで0となると考えよう。ただし，核兵器保有国の優位性を考えるために，$b>3$（両国保有のときより便益は大きい）かつ $b-c>0$（1国保有の際の利得は正）という状況下を考える。

このモデルを利得表にすると表2-12になります。両国が核兵器

を保有した場合の利得は $3-c$ である一方で，両国が保有しない場合の利得は 3 です。よって，常に「両国とも保有しない」方が「両国とも保有する」より利得が高いことがわかります。つまり，少なくとも「両国ともに保有する」という結果はパレート最適ではありません。よって，両国とも核兵器を保有した場合には，「ジレンマ」が生じてしまうわけです。

表 2-12 安全保障のジレンマ

サウス

		保有	しない
ノース	保有	$3-c, 3-c$	$b-c, 0$
	しない	$0, b-c$	$3, 3$

表 2-13 囚人のジレンマとしての安全保障のジレンマ

サウス

		保有	しない
ノース	保有	①, ①	⑧, 0
	しない	0, ⑧	3, 3

　ここで，核兵器の維持費用を $c=2$ とし，1 国のみ核兵器を保有した場合に得られる便益を $b=10$ としてみましょう。利得表は表 2-13 に書き換えられます。相手の戦略によらず，常に「保有」が最適反応になるため，両国ともに核兵器を保有することがナッシュ均衡です。前述したとおり，この結果はパレート最適ではありません。両国が保有しない均衡に移動すれば，両国の利得は 1 から 3 に改善できるからです。よって，一見好ましくないと思われる核兵器開発が行われる理由が，囚人のジレンマと同様の理由で説明できるわけです。実際にも，核兵器開発をはじめとした軍拡競争を，囚人のジレンマを用いて分析することは広く行われています（Downs and Rocke, 1990 など）。

　しかし，仮に今の日本が核兵器開発を行った場合，他国との交渉が有利になるというより，むしろ大きな非難にさらされる可能性の方が高いでしょう。上記のモデルでは，1 国のみが核兵器を保有し

表 2-14 核兵器保有の優位性が小さい場合

サウス

		保有	しない
ノ	保有	①,①	2, 0
ー ス	しない	0, 2	③,③

表 2-15 核兵器の維持費用が高い場合 ──

サウス

		保有	しない
ノ	保有	−1, −1	⑥,⓪
ー ス	しない	⓪,⑥	3, 3

た場合，その保有国は相手国の妥協から多くの便益（$b=10$）を得ていました。国際社会からの非難によって便益が下がって，保有国は相手国の妥協から $b=4$ の便益を得るとしましょう。核兵器保有のための費用として $c=2$ を払うので，最終的利得は $4-2=2$ です。核兵器保有国は有利な立場に立てますが，圧倒的に有利というわけではないということです。すると，利得表は表 2-14 に変わります。

相手が核兵器を保有すれば保有することが，保有しなければ保有しないことが最適反応になります。よって，両国が核兵器保有をする均衡と，両国ともに保有しない均衡の 2 つの均衡が存在していることになります。1 国だけで核兵器を保有する便益が小さい場合は，囚人のジレンマではなく，鹿狩りゲームの形になっていることがわかります。このように軍拡競争が鹿狩りゲームと同じ状況であると解釈される場合もあります（Jervis, 1978）。

ここでもう一度，$b=10$ という設定に戻しましょう。一方で，維持費用は $c=2$ ではなく，より費用がかさむと考えて $c=4$ の費用がさらにかかるとしましょう。よって，両国ともに核兵器を保有した場合の利得は $3-4=-1$ です。1 国のみ保有した場合の，保有国の利得は $10-4=6$ になります。このモデルの利得表は表 2-15 となります。

相手国が保有した場合には，核戦争のリスクを避けるために保有しないことが最適反応です。相手国が保有していない場合には，優位な立場になるために保有することが最適反応です。よって，ナッシュ均衡はいずれかの1国のみが核兵器を保有する状態であることがわかります。この場合，ゲームはチキンゲームと同じ構造になっています。限られた国だけが核兵器を保有し，その他の国は保有しないことを選択することも多いことは事実です。古くから，チキンゲームを比喩として核兵器の保有競争を分析する研究もなされてきました（Russell, 1959 など）。

　このように，核兵器開発競争を分析するためのモデルの作り方は，複数あります。一口に「核兵器開発競争」と言っても，核兵器保有による便益や，その維持費用の大きさによって，モデルの作り方も異なってきます。「どの設定にしても，あまり結果は変わらないのではないか」と思うかもしれません。しかし，チキンゲームとほかの2つのゲームでは，均衡における保有国の数が違います。また，軍拡競争が囚人のジレンマ的状況で生じたのか，あるいは鹿狩りゲーム的状況で生じたのかによって，その解決法も大きく違ってきます。鹿狩りゲーム的状況であるならば，国際機関や第三国などの第三者を挟み，調整をしていくことで解決できる可能性はあります。国際紛争において，経済制裁を用いずに，国際機関や第三国の介入だけで解決する場合も実際にあります。このような国際紛争は，囚人のジレンマというより，鹿狩りゲームに近い状況だったと推察できるでしょう。一方で，囚人のジレンマ的状況であれば，第1章で議論したように，経済制裁などの罰則を通して，核兵器保有に伴う利得を下げていく必要が生じます。少なくとも，第三者が介入しただけでは，解決できません。モデルの設定によって，政策提言も大きく異なってくるわけです。

　序章で指摘したように，ゲーム理論はあくまでツールです。何か

しらの答えを提供するわけではありません。b や c の値にどのような制約を課していくのかは，分析を行うわれわれ自身で熟考したうえで決めていかなければなりません。あるいは，b や c の値に対して制約を設けずに，上記で議論したすべてのケースを許容するモデルとして，b や c の値が変化した場合の影響を分析していくのもよいでしょう。また，b や c の値以前に，モデル2.5のような設定でよいか否かも考えていく必要があります。自分が何を分析したいのか，その目的を明確にしたうえで，モデル化の方法を考えていく必要があります。計算しながら均衡を求めることも大切ですが，それ以前にモデルをきちんと設定することは，その分析の価値を決めるとても重要な作業なのです。

✐✐✐ *Exercise* 練習問題 ✐✐✐

2.1（ナッシュ均衡を見つけてみよう） 以下の利得表に描かれたゲームのナッシュ均衡をすべて示せ。また，パレート最適である戦略の組もすべて示せ。

（ア）

プレーヤー2

	L	R
U	5, 3	8, 2
D	6, 12	3, 1

プレーヤー1

（イ）

プレーヤー2

	L	R
U	2, 2	2, 2
D	1, 1	2, 2

プレーヤー1

（ウ）

プレーヤー2

	L	R
U	4, 2	6, 2
D	4, 1	6, 1

プレーヤー1

（エ）

プレーヤー2

	A	B	C	D	E
X	2, 3	1, 3	3, 6	10, 2	5, 6
Y	3, 2	4, 4	1, 1	10, −1	12, 4
Z	2, 3	−2, 3	−2, 6	1, 3	2, 2

プレーヤー1

2.2（コンソール・ウォーズ再び） モデル2.1のコンソール・ウォーズ①では，ソフトの開発費用を2としてきた。ここでは開発費用には特定の数値を与えずに，c であるとする。この場合，利得表は以下になる。

セオリーエニックス

		開発	否
ゲームコン	開発	$10-c,\ 10-c$	$1-c,\ 0$
	否	$0,\ 1-c$	$0,\ 0$

- （ア） $1>c$ であった場合のナッシュ均衡を求めよ。
- （イ） $10>c>1$ であった場合のナッシュ均衡を求めよ。
- （ウ） $c>10$ であった場合のナッシュ均衡を求めよ。
- （エ） 開発費用が高まっていくことの影響を議論せよ。

2.3（モデルを選ぶ） 以下の状況を「囚人のジレンマ」「鹿狩りゲーム」「逢引きゲーム」「チキンゲーム」「コイン合わせゲーム」のいずれかのゲームの形にしてモデル化せよ。複数の可能性を示してもかまわない。（本問題は，特に「正解」がある問題ではない。さまざまな可能性を議論してほしい。）

- （ア） 停戦へ向けた平和交渉の際に，大きな弊害となるのが先制攻撃の優位性である。相手国が攻撃態勢にない中で先制攻撃をした場合，相手国に甚大な被害を与えることができ，より多くの妥協を引き出すことができる。よって，先制攻撃が効果的である場合，平和交渉が結ばれない可能性が高い。
- （イ） 経済学では自由貿易は社会の利益（社会厚生）を最大化するものであるとよく言われる。その一方で，自由貿易協定の締結は簡単ではない。各国の政府は保護貿易に走りがちであり，できるだけ自国産業の保護のために一定程度の関税や規制をかけようとする。そのため，2国間の交渉においても自由貿易協定の締結ができないことも多い。
- （ウ） 企業同士の合併において，合併をする大筋の道筋に関しては合意できたとしても，新しく設立される合併企業の社長をどちらの企業が出すかに関して，対立が生じる場合がある。

運を天に任せない

混合戦略

Quiz クイズ

© Adobe Stock

2011 年 9 月 11 日に生じたアメリカ同時多発テロでは，ニューヨークのワールドトレードセンターに飛行機が突入し，多くの死傷者を出した。飛行機への危険物の持ち込みが，今までの想定以上の悲劇を引き起こしうることがわかったのである。その結果，長期的には何が起きるとゲーム理論では予測できるだろうか。

a. 危険物が持ち込まれる確率は変わらず，空港の検査が厳しくなる。

b. 危険物が持ち込まれる確率は変わらず，空港の検査が緩くなる。

c. 空港検査の厳しさは変わらず，危険物の持ち込みが少なくなる。

d. 空港検査の厳しさは変わらず，危険物の持ち込みが多くなる。

Chapter structure　本章の構成

新たな概念	応用例	発展トピック
混合戦略 期待利得 混合戦略のナッシュ均衡	サッカーの PK 戦 空港の保安検査	事後実現的な予想 フォーカルポイント 均衡選択

第 3 章オンライン・コンテンツ

ゲーム理論ではその名のとおり，娯楽としての「ゲーム」，例え
ばスポーツやカードゲームも分析対象になります。ただこうした実
際のゲームの分析は簡単ではありません。端的に状況（ルールや戦
略の数）が複雑なだけではなく，そもそも相手がどんな戦略を選ぶ
のかはっきりと見定めることができないからです。例えばじゃんけ
んで，「私はパーを出そう」と決めていたとします。しかし，その
手が相手に見透かされ，確実にどの手を出すのかが相手にわかって
しまうのならば，チョキを出されてしまうため勝負になりませんね。
実際のじゃんけんでは，いろんな手をランダムに出そうとすること
が一般的です。しかしランダムと言っても，運を天に任せるのでは
なく，どの手を出すのか相手に悟られまいという意図を持っていろ
いろ出すものでしょう。そのように相手を出し抜こうという状況は，
スポーツやカードゲームなどの勝負事のゲーム全般に，また実社会
においても，犯罪者と警察の間や企業間の競争にも見受けられます。

本章では，プレーヤーの意思決定において，あえて意図的にいろ
いろな手をランダムに出す選択を「戦略」として考え，均衡を求め
ていく方法を学びます。難しく聞こえますし，概念的にも数学的に
も少し深い考えを要するようになりますが，第 2 章までに習った枠
組みを応用し，それを掘り下げていくので楽しんでいきましょう。
最初の例としてサッカーのペナルティキックを考えます。

【事例 3.1】2004 年アジアカップ準々決勝

　2004 年アジアカップ準々決勝の日本対ヨルダン戦は，当時の監督で
あったジーコが「これまでで最も厳しい戦いだった」と後に振り返るほ
どの大接戦であった。試合は 1 対 1 に終わり，PK 戦で決着をつけるこ

とになったのである。ヨルダンが2点先制する中で，日本側の最初の2人のシュートは失敗に終わってしまった。しかし，続く日本側は3人連続でゴールを決め，さらには「炎の守護神」と呼ばれたゴールキーパー川口が守り抜き，3対3に追いつく。そして，サドンデスの延長戦に突入。6人目は互いに外したのちに，7本目で日本の宮本がゴールを決める。ここを守り抜けば勝利が決まる。川口は確実なジャンプと素早い腕のリーチでボールを逃さないキーパーだ。それを恐れたのかゴールポストすれすれを狙ったヨルダンのボールは，ポストに当たり跳ね返される。この瞬間，日本の準決勝進出が決まった。ジーコ監督は，こう振り返った。「神が舞い降りてきて，私たちを救ってくれたとしか言いようがない」と。

「神」という言葉は，PK戦には付き物です。キッカーはどこに蹴るかを一か八かで決め，キーパーもまた一か八かで，相手が蹴る瞬間にどこを守るかを決めます。まさに神のみぞ知る大勝負です。でも，本当に神のみぞ知る選択なのでしょうか？ 2022年のワールドカップで日本がクロアチアとのPK戦で敗れた後，日本サッカー協会の反町康治技術委員長は「運に任せるで終わってはいけない」と言い，「駆け引き」を含めた強化策への決意を見せました。PK戦では，キッカーとキーパーは必死に相手の動きを読み合います。そう，これもゲームなのです。今回は白熱のPK戦から考えていきましょう。

2 混合戦略という概念

▷ 2.1 PK戦のモデル

事例3.1のような状況は，利得表を用いると2人のプレーヤーが

それぞれ左／右を選ぶようなゲームとして表現できます。そのうえ
で，ナッシュ均衡を求めることができそうですね。早速モデル化し
てみましょう。

[モデル 3.1] Ｐ Ｋ 戦

　キッカーとキーパーの 2 人のプレーヤーを考え，それぞれが同時に
「左」か「右」のどちらかのサイドを選ぶ，というゲームを考える。こ
こでの「左」と「右」はキーパーから見て左か右かで統一することにす
る。キッカーとキーパーが同じサイドを選んだときには確実にほとんど
ブロックされてしまうとしよう。一方で，違うサイドを選んだ場合には，
（ヨルダンの最後のシュートのように）ゴールを外さないかぎりシュー
トは決まるとしよう。ここでゴールが決まった場合のキッカーの利得を
3，キーパーの利得を 0 とする。一方で，ブロックできた場合のキーパ
ーの利得を 3，キッカーの利得を 0 とする。ただし，キッカーの利き足
は左であり，左サイドへのキックは（キーパーが右を選ぶかぎり）必ず
成功する一方で，右サイドへのキックは失敗しやすいとしよう。よって，
キッカーが右，キーパーが左を選んだ場合には，その分だけキッカーの
利得は 1 だけ相手に移るとする。

　このモデルを利得表にすると，表 3-1 になります。表 3-1 には，
ナッシュ均衡を見つけるためにキッカーの最適反応に実線の○を，
キーパーの最適反応に点線の○をつけています。PK という話から
予想されるように，キッカーにとっては，キーパーの戦略を予想し
たうえで，キーパーが守るサイドとは逆サイドに蹴ることが最適反
応になっていますね。そして，キーパーにとっては，キッカーの戦略を
予想したうえで，キッカーの蹴る方
向と同じサイドを守ることが最適反
応になっています。

　ナッシュ均衡はすべてのプレーヤ
ーでお互いに最適反応をとっている

表 3-1 Ｐ Ｋ 戦 ───────

| | | キーパー | |
		左	右
キッカー	左	0, ③	③, 0
	右	②, 1	0, ③

戦略の組，つまりキッカーとキーパーともに○がつくところです。あれ，そんな組は見つかりませんよね。そう，このゲームでは第2章までの考えを用いただけではナッシュ均衡は見つかりません。そもそもこのゲームでは，キーパーはキッカーと同じサイドを選ぶのが最適反応になるのに対し，キッカーはそこから逃れるのが最適反応となっています。それゆえお互いに相手を出し抜こうとするインセンティブがあり，2者がともに最適反応を選択するような戦略の組が存在しないわけです。じゃんけんや第2章のコイン合わせゲームと同じような構造ですね。しかし，「均衡がなかった」という結論で終わってしまうと，起こりうる結果は何も予測できません。そこで，このモデルの作り方から検討し直しましょう。

▷ 2.2 何が「戦略」なのか

今までの分析ではそれぞれのプレーヤーが1つの選択肢を確実に選ぶことが前提になっていました。しかし，この章の冒頭で述べたように，まさにPK戦のような状況では，相手に自分の手を読まれてしまうような選択をしまった場合，出し抜かれてしまいます。なので，相手には「左も右もどちらも選ぶ可能性がある」と思わせる，つまり相手が自分の選択に関して不確実性を有するようにしたくなります。そのためには，それぞれの選択肢をランダムにとる必要があります。しかしランダムだとは言え，闇雲な運任せではなく，どちらに行きやすいかという「傾向」を意図的にコントロールし，また相手もどのような「傾向」で選択するのかを見抜くのがプロの選手というものでしょう。

では，意図的にランダムな選択の意思決定をする状況をどのようにモデル化すればよいのでしょうか？ プレーヤーはキッカーとキーパーの2者であることはこれまでの章と変わりません。問題は，(1) 戦略とは何か，(2) ランダムな選択の利得とは何か，です。

まず戦略について考えてみましょう。どちらの手をより選ぶかという傾向は，数学的には「確率」として表現できます。つまり，それぞれの手を選択する確率を示した確率の振り分け方を戦略として考えるわけです。例えば，キッカーが確率 0.2 で右サイドに蹴り，残る確率 0.8（$=1-0.2$）で左サイドに蹴るというのが，キッカーのとりうる 1 つの戦略になります。数学ではこのような選択肢ごとの確率の割り振り方，つまり左右の確率の組を**確率分布**（probability distribution）と言います。例えば，右に 20% の確率で蹴る場合の確率分布は，（左の確率，右の確率）$=(0.8, 0.2)$ などと表します。

　ゲーム理論ではこのように，それぞれの選択肢をとる確率の分布自体を選ぶ戦略を，**混合戦略**（mixed strategy）と呼びます。その中で，第 2 章までで見てきたような，どれか 1 つの選択肢を 100% の確率で選択する混合戦略のことを**純粋戦略**（pure strategy）と呼びます。確率分布の定義から考えれば，「100% の確率で（つまり，必ず）右に蹴る」のように 100% を特定の 1 つの選択肢に割り振ることも 1 つの確率分布です。よって，純粋戦略も混合戦略の 1 つと言えます。本書の中でも，「混合戦略においては」などと議論した場合には，純粋戦略も含むことに気をつけましょう。本章以降の議論において，純粋戦略を除きたいときには，「純粋ではない混合戦略」と明記します。

　モデル 3.1 の PK 戦の例のようにプレーヤーのとりうる選択肢が 2 つしかなければ，一方の選択肢を選択する確率を p と決めれば，他方の確率も $1-p$ と定まるため，2 つの選択肢の間の確率分布が 1 つに決まります。右を確率 0.2 でとるとすれば，左右の確率分布が自動的に $(0.8, 0.2)$ と定まるというわけです。したがって，実質的に，2 つしか選択肢がないときの混合戦略は，片方の選択肢（ここでは右）の確率として 1 つの数字を選ぶことを実質的には意味します。すなわち，モデル 3.1 のゲームでとりうる戦略というのは，0

以上1以下の数字だと考えることができます。純粋戦略も混合戦略の1つであるため，0や1もとることに注意しましょう。3つ以上の選択肢があるときには，1つの選択肢をどれでもよいので残して，ほかの選択肢それぞれを選ぶ確率を決めれば，残された選択肢の確率が定まり，混合戦略を定めることができます。例えばX，Y，Zという3つの選択肢があるときに，Xの確率を0.7，Yの確率を0.2とすれば，Zの確率は残る$1-0.7-0.2=0.1$と定まり，そして（0.7, 0.2, 0.1）というX，Y，Zの確率分布として混合戦略を1つ定めることができます。

　キッカーとキーパーが実際にどちらのサイドに動くかという結果は，確率的に決まります。以下では，「結果」とは，すべてのプレーヤーが実際に選んだ選択肢の組のことを指します。表3-2を見てください。キッカーとキーパーはそれぞれ左サイドか右サイドに動くため，「両者とも右サイド」「両者とも左サイド」「キッカーは右サイド，キーパーは左サイド」，そして「キッカーは左サイド，キーパーは右サイド」の4つの結果がありえます。キッカーとキーパーの混合戦略を決めると，それぞれの結果が生じる確率を計算できます。例えば「両者とも右サイド」という確率は，［キッカーが右

表3-2 それぞれの結果の確率

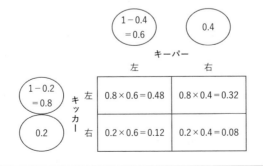

サイド］×［キーパーが右サイド］とこの2者それぞれが右サイドに動く確率を掛けて得られるのだと一般的に言えます。表3-2のように

- キッカーは右サイドを確率0.2で攻めるという戦略をとり，
- キーパーは右サイドを確率0.4で守るという戦略をとる

の場合を考えましょう。「両者とも右サイド」という確率は，0.2×0.4＝0.08となります。また，キッカーが戦略0.2を採用しているもとでは，左サイドを確率1－0.2＝0.8で攻めます。したがって，「キッカーが左サイド，キーパーが右サイド」という結果が実現する確率は0.8×0.4＝0.32だとわかります。同様の計算から，それぞれの結果がどれだけの確率で得られるかが表3-2のように求められます。表3-1は，結果ごとの各プレーヤーの利得を示しています。表3-1と表3-2を照らし合わすことで，利得を確率に結びつけることができます。例えば，確率0.08で両プレーヤーが右サイドをとり，そしてキッカーは利得0，キーパーは利得3を得ることがわかります。

▷ 2.3 利得をどう定めるか

標準形でのモデル化で残すは利得のみです。表3-1でもう利得は決まっているじゃないかと思われるかもしれません。しかし，この利得表に示されている利得は，2者がそれぞれの混合戦略に従ってランダムに手を選び，そこで実現した手の組み合わせによって特定の結果が生じた後の事後的な利得を表しています。例えば表3-1によると，キッカーが右サイドに蹴り，キーパーが左サイドを守ると，キッカーは利得2を得ることになります。しかし，この利得はそれぞれが実際に動いた後に得られるものです。一方で，混合戦略の選択を分析する場合に用いるべき利得は，結果が実現する前の事前の利得です。つまり，実際の手を選ぶ前の利得ということになります。プレーヤーは確率分布を混合戦略として選びます。いくつもある確

率分布の中から最適な確率分布を選ぶわけですから，それぞれの確率分布を選んだ段階での利得を知る必要があります。混合戦略，つまり確率分布自体に利得を定めないと，キーパーにとって何が最適なのかを評価できません。

　キーパーについて「右サイドを 100% の確率で守る」という戦略を考えてみましょう。これは純粋戦略だから表 3-1 で利得が決まっているじゃないかと思うかもしれません。しかし，キッカーについて「右サイドを確率 0.2 で蹴る」という混合戦略をとると予想していたらどうでしょうか。するとキーパーがボールをブロックできて利得 3 を得るのは確率 0.2 だけです。残りの確率 0.8 でゴールを決められて，キーパーの利得は 0 になります。これらの結果のうち，自分の最も高い利得である 3 が実現すると予想するのはあまりにも楽観的です。だからと言って，結局はゴールを決められて利得が 0 になると言い切ってしまうのも悲観的すぎます。この結果それぞれがどれだけ起こりうるのかを加味して，「平均的な」利得を求めることがバランスのとれた評価と言えます。

　平均をとるというと，$(3+0) \times 0.5 = 1.5$ という計算を思い浮かべるかもしれません。これはつまり，2 つの結果それぞれに 0.5 ずつ等しい「重み」を掛けた後に，足し合わせた，つまり $0.5 \times 3 + 0.5 \times 0 = 1.5$ という計算をしていることになります。でも，2 つの利得を等しい重みにするのは，「右サイドを確率 0.2 で蹴る」という確率の値まで予想したことを活かしきれていません。元の予想では利得 3 を得るのは確率 0.2 で，利得 0 を得る確率 0.8 よりも小さいです。結果それぞれがどれだけ起こりうるのかを加味するために，これらの確率で重みをつけた値，いわゆる**加重平均**を使いましょう。つまり，次式のように利得 3 には 0.2，利得 0 には 0.8 という確率を掛けて重みをつけてから足し合わせます。

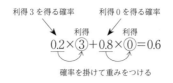

この 0.6 を，「キッカーが右サイドに確率 0.2 で蹴る」という予想の
もとで，「右サイドを 100% の確率で守る」という戦略を選んだ場
合のキーパーの利得だとします。

では，今度はキーパーについても純粋戦略ではなく「右サイドを
確率 0.4 で守る」という混合戦略を選んだ場合を考えましょう。キ
ッカーの戦略については同じ予想をしているとして，キーパーのこ
の混合戦略での利得を計算しましょう。この戦略の組は表 3-2 で考
えていた状況と同じです。この表を振り返ると「キッカー，キーパ
ーともに右サイド」という結果が実現するのは 0.2×0.4＝0.08 とい
う確率だとわかります。表 3-1 もここで振り返ると，この確率でキ
ッカーは利得 0 を，キーパーは利得 3 を得ます。このように表 3-1
からの 2 者の利得と表 3-2 からの確率を，それぞれ起こりうる結果
について照らし合わせると，表 3-3 のようにまとめられます。

起こる確率の重みで平均をとるというのは，それぞれの結果につ
いて ［確率］×［利得］の積をとり，それをすべての結果で足し合わ
せるということです。すなわち，キッカーの加重平均の利得は，

$$0.48×0＋0.32×3＋0.12×2＋0.08×0＝1.2$$

となります。これが「キッカーが確率 0.2 で右サイドに蹴り，キー
パーが確率 0.4 で右サイドを守る」という戦略の組からのキッカー
の利得だというわけです。このように確率で重みをつけた利得の加
重平均のことを，**期待利得**（expected payoff）と呼びます。「期待
値」という言葉をすでに知っていたら，これはまさに利得の期待値
ということです。結果の利得は不確かだとしても，「だいたいこの
くらいは得られるだろう」と「期待」できる利得だというように思

っていただくと感じが
つかめるでしょう。

このように戦略の組
がひとまず与えられれ
ば，表3-2のように各
結果の起こる確率を求
め，それと表3-3にあ
る各結果での利得を照
らし合わせることで期

表3-3 それぞれの結果の起こる確率と
そこからの利得

結果		確率	利得	
キッカー	キーパー		キッカー	キーパー
左	左	0.48	0	3
左	右	0.32	3	0
右	左	0.12	2	1
右	右	0.08	0	3

待利得が計算できます。冒頭で述べたように，標準形でモデル化す
るためには戦略の組に対して利得を定めなければいけなかったので
すが，こうして期待利得を計算すれば利得を定めたことになります。
これでモデル3.1について標準形の各要素は，以下のようになるこ
とがはっきりしました。

- 「プレーヤー」：キッカー，キーパー。
- 各プレーヤーの「戦略」：右を選択する確率として0から1の
  間の数字を選ぶこと。0や1も取りうることに注意。
- 戦略の組に対する「利得」：戦略の組から各結果の確率を求め，
  それと各結果の利得を照らし合わせることで，期待利得として
  定められる。

PK戦のモデルだけに限らず，混合戦略まで許容した場合のモデ
ル化で踏まえておくべきことを，まとめておきましょう。

🎮 ゲームの攻略法

(1) 「混合戦略」とは，とりうる選択肢ごとの確率の振り分け方
（確率分布）を選ぶ戦略のこと。とりうる手が2つなら，結局は，
ある一方の選択肢をとる確率として，0から1の数字を選ぶこと
である。

(2) 利得は，期待利得で定義される。戦略の組からそれぞれの結

果が実現する確率を求める。そして，各プレーヤーについて［確率］×［実現する事後の利得］を，起こりうる結果すべてについて計算し，その総和をとることで，そのプレーヤーの期待利得が求められる。

3 混合戦略のナッシュ均衡

▷ 3.1 確率分布が 0.2 刻みで選べる場合

標準形でモデル化できれば，そのゲームのナッシュ均衡を求めることができます。ナッシュ均衡はお互いに最適反応になっている戦略の組のことなので，まずは各プレーヤーの最適反応を求めていきましょう。最適反応とは，相手の戦略が与えられたときに，自分の利得を最大化する戦略のことでした。第2章を振り返ると，利得表を作ることができれば，最適反応がわかりました。ですからここでも，利得表を作りたくなると思います。

表3-4では，それぞれのプレーヤーのとりうる戦略（右サイドを選ぶ確率）を0，0.2，0.4，0.6，0.8，1と0.2刻みだけと考えています。そのうえで戦略の組それぞれの2者の利得を前節で述べたように期待利得から計算しています。一般的な (p, q) での計算についてはオンライン・コンテンツを参照してください。以下では，キッカーの戦略（右サイドに蹴る確率）を p，キーパーの戦略（右サイドを守る確率）を q と表します。前節で出した「キッカーが $p=0.2$，キーパーが $q=0.4$」を選んだときのキッカーの利得 1.2 はこの表でも $(p, q)=(0.2, 0.4)$ のマスの左側の数字にも現れていますね。

この表3-4から最適反応を求めます。キッカーの最適反応は相対するキーパーの戦略を表す縦の列ごとにキッカーの利得を見比べることで見つかりますね。例えばキーパーの戦略 $q=0$ に対するキッ

表 3-4　戦略が 0.2 刻みしかとれないとしたときの利得表

キーパー

p \ q	0	0.2	0.4	0.6	0.8	1
0	0.0, (3.0)	0.6, 2.4	(1.2), 1.8	(1.8), 1.2	(2.4), 0.6	(3.0), 0.0
0.2	0.4, (2.6)	0.8, 2.2	(1.2), 1.8	1.6, 1.4	2.0, 1.0	2.4, 0.6
0.4	0.8, (2.2)	1.0, 2.0	(1.2), 1.8	1.4, 1.6	1.6, 1.4	1.8, 1.2
0.6	1.2, (1.8)	1.2, (1.8)	(1.2), (1.8)	1.2, (1.8)	1.2, (1.8)	1.2, (1.8)
0.8	1.6, 1.4	1.4, 1.6	(1.2), 1.8	1.0, 2.0	0.8, 2.2	0.6, (2.4)
1	(2.0), 1.0	(1.6), 1.4	(1.2), 1.8	0.8, 2.2	0.4, 2.6	0.0, (3.0)

キッカー（左端ラベル：縦）

カーの最適反応を見つけるためには，この $q=0$ に対応する第 1 列に焦点を定め，そして縦にキッカーの利得（各マスで左側の数字）を見比べます。キッカーの利得が最も大きくなるのは最後の行，つまり $p=1$ です。したがって，$q=0$ に対しては $p=1$ が最適反応だとわかります。また，キーパーの最適反応は，相対するキッカーの戦略を表す横の行ごとにキーパーの利得を見比べることで見つかります。表 3-4 では，このように求められたキッカーの最適反応を実線の○，キーパーの最適反応を点線の○で表しています。これによると $p=0.6$ と $q=0.4$ の組でお互いが最適反応をとっている，つまりナッシュ均衡なのだとわかります。

3.2　どんな確率分布でも選べる場合

しかし本来はキッカーもキーパーも，混合戦略（右サイドを選ぶ確率）は 0.2 刻みでなくとも 0 から 1 のどの数字でも選ぶことができました。とりうる戦略は無数にあり，利得表では行も列もいくら広

げたって書ききれません。となると，この $p=0.6$ と $q=0.4$ の組が本当にナッシュ均衡なのか，そもそも最適反応を利得表なしでどうやって求めるのだろうかと心配になりますね。しかし，表3-4の最適反応を眺めると，なんとなく，0.2刻みということに無関係なパターンがあることに気づくかもしれません。

キッカーの最適反応を見てみましょう。キーパーの戦略（右サイドを守る確率）q が0.4でなければ，キッカーの最適反応は $p=0$ か $p=1$，つまり左右のどちらかの純粋戦略です。例えば，キーパーの戦略 $q=1$ に対するキッカーの最適反応は戦略 $p=0$（確実に左に蹴る）です。つまり，キーパーが「右サイドを必ず守る」という純粋戦略に対しては，キッカーは「左サイドに必ず蹴る」という純粋戦略が最適反応だということです。PKという話から，キッカーはキーパーが守るのと逆のサイドに蹴ることは当然ですし，また，この章の冒頭の表3-1の純粋戦略における最適反応と同じですね。

そして，表3-4によるとキーパーの戦略である「右サイドを守る確率 q」が1から低くなっても0.4になる直前までは，キッカーの最適反応は戦略 $p=0$ のままです。つまり，キーパーの戦略が右サイドに偏っているうちは，たとえ右サイドを守る可能性が100%ではないとしても，キッカーにとって「左サイドに必ず蹴る」という純粋戦略が得になっているのは変わりません。さらに言うと，「左サイドに80%の確率で蹴る」というように，純粋戦略でない混合戦略を使うことも損になります。右サイドよりは左サイドに蹴る方の利得が高くなるとはっきりしているときに，わざわざ利得が低い右サイドに蹴る確率を増やすことは最適ではありません。

逆に，「右サイドを守る確率 q」が0なら，やはり表3-1での最適反応と同じく，キッカーは戦略 $p=1$，つまり「右サイドに必ず蹴る」という純粋戦略のみが最適反応です。そして，やはりキーパーの戦略＝右サイドを守る確率 q が0から上がって0.4になる直前

までは，この戦略 $p=1$，つまり「右サイドに必ず蹴る」という純粋戦略がキッカーの最適反応のままです。キーパーが左サイドを守る可能性が高い状況で，左サイドに蹴る確率を高めるのは，ボールを止められる可能性を上げるだけだからです。したがって，q が0.4 でないときには，混合戦略は最適反応になりません。

　では，キーパーが「右サイドを守る確率 q」として 0.4 ちょうどを選択しているときはどうでしょうか。このときには表 3-4 によると，なんとキッカーにとってはどの戦略も最適反応になっていますね。実際，戦略 p がどのような値であっても利得が 1.2 になります。とりわけ，戦略 $p=0$，戦略 $p=1$ という 2 つの純粋戦略が等しい利得を与えていることに注目して，覚えておいてください。

　以上で議論した特徴は確率の刻みの幅とは関係なさそうですね。混合戦略で確率を 0 から 1 のどの値でも選択できるとしても，最適反応は次のような性質を満たすと言えます。

🎮 ゲームの攻略法

　混合戦略を考えた際の最適反応は以下のような「極端な性質」を持つ。
A．最も大きな期待利得を与える選択肢（純粋戦略）が 1 つしかなければ，混合戦略をとれたとしても，この選択肢を確率 1 でとる純粋戦略が最適反応である。
B．最も大きい期待利得を与える選択肢が複数あるならば，それらの選択肢それぞれにどのような確率を割り振った混合戦略もすべて最適反応である。

　例えば，表 3-4 では q の値が 0.4 を超えた場合には，キッカーにとって純粋戦略の「左」のみが最適反応でした。q の値が 0.4 未満なら「右」のみが最適反応です。これが A の性質です。一方で，q＝0.4 の場合には純粋戦略である「右」も「左」もともに最適反応

です。つまり，最も大きな期待利得を与える選択肢は，「100% 右」と「100% 左」の2つあります。この場合，「右」と「左」にさまざまに確率を振った混合戦略はすべて最適反応となります。これがBの性質です。

PK戦という特定のゲームについて議論してきたので，このような極端な性質は偶然だと思うかしれません。しかし，混合戦略のゲームで利得を期待利得，つまり加重平均で定めるかぎり，常に成り立つ性質なのです。ここで1つ注意。ここまでの例では2つの純粋戦略のみを考えてきましたが，選択肢がX，Y，Zと3つあるような場合に，期待利得についてX，Yが等しく最も高くて，残りのZがそれよりも低いというような状況もありえます。このときにゲームの攻略法のBの性質は，Zを選ぶ確率が0であるかぎりは，X，Yにどのような確率を割り振っても，その混合戦略は最適反応になることを意味しています。もちろんX，Yのいずれかを確率1でとる純粋戦略も最適反応です。

▷ 3.3 ナッシュ均衡を求めよう

以上の議論から，混合戦略としてキーパーもキッカーも0から1のどんな数字をとれたとしても，キッカーの最適反応は以下のようになります。

キーパーの戦略 q（右サイドを守る確率）が，

- $q<0.4$ なら，キッカーは戦略 $p=1$ が最適反応。
- $q=0.4$ なら，キッカーは戦略 p が0から1のどれでも最適反応。
- $q>0.4$ なら，キッカーは戦略 $p=0$ が最適反応。

キーパーの戦略 q に対するキッカーの最適反応となる p をグラフで表すと，図3-1のようになります。表3-4で実線の○をつなげたのと同じような形になっていますね。ただしここではキッカーの戦略 p が横軸，キーパーの戦略 q が縦軸なので，表3-4と縦横が逆な

図 3-1 キッカーの最適反応

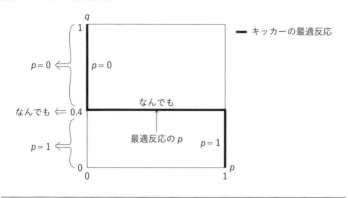

ことに注意してください。

同様に表 3-4 から，キーパーの最適反応は以下のようになります。

キッカーの戦略 p（右サイドに蹴る確率）が，

- $p<0.6$ なら，キーパーは戦略 $q=0$ が最適反応。
- $p=0.6$ なら，キーパーは戦略 q が 0 から 1 のどれでも最適反応。
- $p>0.6$ なら，キーパーは戦略 $q=1$ が最適反応。

図 3-2 では，キッカーの最適反応のグラフの上に重ねて，キーパーの最適反応のグラフを描いています。また表 3-4 で点線の○をつなげたのと同じような形になっていますね。

ナッシュ均衡というのはお互いに最適反応をとる戦略の組のことでした。両者の最適反応のグラフの交点でまさにそうなっていますね。つまり，$p=0.6$ に対しては $q=0.4$ が（ほかの q とともに）キーパーの最適反応になり，また $q=0.4$ に対しては $p=0.6$ が（ほかの p とともに）キッカーの最適反応になっています。なので，$(p, q) = (0.6, 0.4)$ がこのゲームのナッシュ均衡です。

この PK 戦のゲームには，混合戦略を考える前はナッシュ均衡がなかったのに，混合戦略を考えるとナッシュ均衡が出てきましたね。

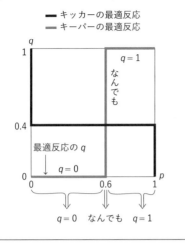

図3-2 キーパーとキッカーの最適反応

■ キッカーの最適反応
■ キーパーの最適反応

プレーヤーの数も各プレーヤーのとりうる戦略の数も無限でなければ，混合戦略を選ぶことを認めると必ずナッシュ均衡が存在します。均衡が存在しない場合，結果を予測することができなくなってしまいます。例えば，PK戦で純粋戦略だけを考えているとナッシュ均衡が存在しませんから，4つのどれが実現するか

わかりません。しかし，混合戦略を考えるとナッシュ均衡があるので，「右シュートが得意なキッカーは右シュートの確率を増やすかどうか」などさまざまなことを考えることができます。なので，均衡が常に存在することを示すことは，とても大切なことなのです。ナッシュは，ナッシュ均衡を定義しただけでなくて，その存在を証明することで，ナッシュ均衡を用いれば常に結果を予想できることを示しました。だからこそ，安心してナッシュ均衡という概念を使えるわけです。

　ところで「極端な性質」によると，純粋ではない混合戦略が最適である状態とは，複数の選択肢が無差別になるときでした。実はこの性質から相手の均衡戦略が定まります。それを見るために，ここではキッカーにとって左サイド，右サイドの2つの選択肢が無差別になる，つまり各選択肢の期待利得が等しくなる状況を考えましょう。キッカーの期待利得は相手となるキーパーの戦略によるので，キーパーの混合戦略（右サイドを守る確率）に数値を与えずに，qと

しましょう。キッカーが右サイドに蹴るなら，確率 q でキーパーも右サイドを守りキッカーは利得 0 を，確率 $1-q$ でキーパーは反対のサイドを守りキッカーは利得 2 を得ます。したがって，右サイドに蹴るという純粋戦略の期待利得は $0 \times q + 2 \times (1-q) = 2(1-q)$ です。同様に左に蹴る選択肢の期待利得は $3 \times q + 0 \times (1-q) = 3q$ と求められます。キッカーが 2 つの選択肢を正の確率で使う混合戦略が均衡戦略なのだとすれば，ゲームの攻略法の「極端な性質」によるとこの 2 つの選択肢がキッカーにとって無差別になるのですから，この 2 つの期待利得が等しくなければいけません。このように期待利得が選択肢間で等しくなるという方程式を**無差別条件**と呼びましょう。つまり，以下が成立する必要があります。

$$2(1-q) = 3q. \quad \text{すなわち } 5q = 2. \quad \text{つまり } q = 0.4.$$

このようにキッカーの無差別条件を解いていくことで，$q = 0.4$ というキーパーの均衡戦略を導けます。以上の議論をまとめましょう。

🎮 ゲームの攻略法

混合戦略のナッシュ均衡は以下のように特徴づけられる。

各プレーヤーの均衡戦略の中で実際に（0 でない確率で）とられている選択肢は，いずれも等しい期待利得を与える。この無差別条件から，ほかのプレーヤーの均衡戦略を求めることができる。

キーパーの均衡戦略 $q = 0.4$ を求めるためにキーパー自身ではなく，その相手のキッカーの利得を考えるということには違和感があるかもしれません。しかし，もともと私たちが混合戦略のアイデアを思いついた動機は，PK のような状況では相手に自分の手を読まれないように各プレーヤーが動くだろうということでした。なので，キッカーに左右どちらか一方の戦略をとれば優位だと思わせないように，キーパーは自らの戦略を練った結果だと考えれば，相手の利得を考えて自身の戦略を決めることも納得できるのではないでしょ

うか。これは相手となるキッカーも同じですね。つまり，均衡ではキッカーも，キーパーが左右どちらをとればよいのかわからないような戦略をとってきます。そうすると確かに，「神のみぞ知る」と言いたくなるかもしれません。でも運を天に任せる前に，その運を最大限引き寄せるためにとるべき戦略を探っているわけです。

　ただし注意してほしいのは，これはあくまで均衡戦略の1つの解釈だということです。キーパーの目的はあくまで自らの利得を最大化することでした。相手に自分の手を読まれないようにしようとするのは，利得最大化のための手段であって，直接の目的ではないということです。闇雲にランダムな手をとっているわけではありません。ただ，この均衡においてキーパーはどの混合戦略も最適反応になっています。じゃあなぜこの $q=0.4$ だけが均衡になっているかというと，それはキッカーの無差別条件から説明しなければなりません。この点はゲーム理論における均衡という概念の本質と関わってくるので，本章の第6節で深く議論します。

　ここまで事例3.1の日本対ヨルダン戦を念頭にサッカーのPK戦を考えてきました。実はスポーツというのは，研究者がゲーム理論を実際の状況にあてはめて検証を行う実験場にもなっているのです。研究者は現実の経済・社会現象での実証研究にも果敢に挑み，理論を前提として背後にあるゲームの構造を明らかにしようとしています。他方で，そもそも理論があてはまるかどうかを検証するときには，ゲームの構造，すなわちルールが明文化されているという点でスポーツはとてもよい対象なのです。混合戦略の均衡というのは，解釈をめぐって上に述べたような微妙な問題があり懐疑的な見方もありますが，サッカーのPK戦をはじめプロスポーツの実際のデータに対して，理論のあてはまりがよいことが示されています（Palacios-Huerta, 2014）。また，われわれが「モデル」として解いているような利得表で単純化されたゲームを人工的に与えて実際の人々に

プレーしてもらうという，実験室で行う実験も今日では盛んに行われています。

ただ，PK戦は1回のキックごとに違うキッカーが出てくるのですが，スポーツや実験では対戦相手を変えずに何回もプレーすることがあります。例えば，テニスのサーブはどちらサイドを選ぶかという点ではPKと似ていますが，相手が同じという点では違いますね。そのような状況では，各回あてずっぽうにサイドを選ぶのではなく，前回までの選択となんらかの相関を持って選ぶ傾向があることもデータで広く知られています。このような過去のプレーを踏まえた戦略の変更は，混合戦略の均衡だけの理論では考えていませんでした。実はそれこそ次の章のテーマなのですが，ひとまず混合戦略を含めた均衡の見つけ方をもう少し勉強してみましょう。

4　逢引き，再び
最適反応の求め方

第2章の表2-6で紹介した「逢引きゲーム」の例を考えましょう。利得表は表3-5としてもう一度示します。

▷ 4.1　最適反応を求めよう

純粋戦略によるナッシュ均衡は「両者とも図書館」と「両者ともコンピュータ室」の2つでしたね。でも，実は混合戦略を考慮するともう1つのナッシュ均衡が存在します。純粋戦略のナッシュ均衡が存在するゲームでも，純粋ではない混合戦略のナッシュ均衡が存在する場合があるのです。見てみましょう。

以下では愛田さんが図書館を選ぶ確率をpで，恋下さんが図書館を選ぶ確率をqで表します。ここではとりうる混合戦略を0.2などの小刻みにせずに，最適反応を求めてみましょう。前節の極端な性

表3-5 逢引きゲーム（再掲）

恋下さん

		図書館	コンピュータ室
愛田さん	図書館	②, ①	0, 0
	コンピュータ室	0, 0	①, ②

質 A と B から，以下のような手順で混合戦略を含めた最適反応を求めることができます。

🎮 ゲームの攻略法

混合戦略に対する最適反応は以下のように求められる。

Step 1　まずは混合戦略を考えずに，選択肢（純粋戦略）ごとの最適応答とナッシュ均衡を利得表から見つける。

Step 2　自分の 2 つの選択肢から得る期待利得が等しくなるような，相手の混合戦略を求める。

Step 3　Step 2 で求めた相手の混合戦略を最適反応が変わる境目と考え，Step 1 で求めた純粋戦略の最適反応をあてはめる。相手がちょうど境目の戦略をとるときには，自分にとっては 2 つの選択肢が無差別となり，どのような（2 つの選択肢を含む）混合戦略も最適反応になることに注意。

この求め方で，まずは愛田さんの最適反応を求めましょう。

Step 1 からです。表3-5 で実線の○で示したように，相手の戦略を 1 つ予測したもとでは，それと同じ戦略をとるのが最適反応になります。このことを混合戦略で言うと，恋下さんの $q=0$ には $p=0$ が，$q=1$ には $p=1$ が愛田さんの最適反応です。

次に Step 2 です。「相手の混合戦略」とは，恋下さんの戦略 q のことです。図書館，コンピュータ室どちらの選択肢でも愛田さん自らについては期待利得が等しくなるような q を求めていきます。そ

のためにまずは図書館，コンピュータ室それぞれの選択肢からの期待利得を q を使って表しましょう。表3-5によると愛田さんが図書館に行く場合，恋下さんが確率 q で同じく図書館に来て2人は愛田さんの好きなところで逢えるので，愛田さんは利得2を得ます。しかし確率 $1-q$ で恋下さんはコンピュータ室に行き，2人は逢えないので，愛田さんの利得は0になります。これをまとめると，愛田さんが図書館に行くとしたときの期待利得は $2 \times q + 0 \times (1-q) = 2q$ となります。同様に愛田さんがコンピュータ室に行くとしたときの期待利得は $0 \times q + 1 \times (1-q) = 1-q$ となります。ここで $q=0$ をそれぞれの期待利得に代入するとコンピュータ室からの期待利得が図書館からのよりも大きくなるため，コンピュータ室が最適になります。一方で，$q=1$ を代入すると図書館が最適となり，Step 1の結果と同じになります。これらの式を求めた過程から当然のことですが，このことは最適反応を求めた後に正しい方の純粋戦略をとっているかを確認する検算に使えます。さて，このStep 2で求めようとしている q はこの2つの選択肢からの期待利得を等しくさせるものですから，

$$2q = 1 - q \tag{1}$$

を解いて，$q=1/3$ だとわかります。混合戦略の最適反応の極端な性質のBより，恋下さんがちょうど $q=1/3$ を選んでいれば，愛田さんにとってはどんな確率分布であっても，つまり図書館に行く確率をどんな p の値にしても等しく最適反応になっているということでした。

最後にStep 3です。以上の2つのステップから，愛田さんの最適反応は以下のとおりだとわかります。

- $q<1/3$ ならば，$p=0$ （コンピュータ室）。
- $q=1/3$ ならば，どの p の値でも最適反応。
- $q>1/3$ ならば，$p=1$ （図書館）。

$q=1/3$ のときには，$p=0$ も，$p=1$ も最適反応であることに注意してください。

今度は恋下さんの最適反応を求めましょう。Step 1 では愛田さんの最適反応と同様に，相手と同じところに行くのが最適反応です。表 3-5 で点線の○で示されていますね。Step 2 として図書館に行くのとコンピュータ室に行くのが恋下さんにとって無差別になるような p を求めましょう。前者の期待利得を左辺，後者を右辺に置き，それらを等しくする方程式を立てるのでした。つまり，

$$1 \times p + 0 \times (1-p) = 0 \times p + 2 \times (1-p)$$

という方程式を立て，それを p について解きます。すると $p=2/3$ になります。したがって，恋下さんの最適反応は以下になります。

- $p<2/3$ ならば，$q=0$（コンピュータ室）。
- $p=2/3$ ならば，どの q の値でも最適反応。
- $p>2/3$ ならば，$q=1$（図書館）。

4.2 逢引きゲームのナッシュ均衡

この両者の最適反応をグラフに描いてみると，図 3-3 になります。

第 2 章では混合戦略を考慮せずに，(図書館, 図書館) と (コンピュータ室, コンピュータ室) という戦略の組 2 つがナッシュ均衡になることを示しました。混合戦略のゲームでは純粋戦略の組としてそれぞれ，前者は $(p, q)=(1,1)$，後者は $(p, q)=(0,0)$ に対応しています。図 3-3 ではこの 2 つの点で，2 人の最適反応のグラフが重なり合う交点になっている，すなわちナッシュ均衡になっていますね。Step 1 を考えれば自然なことですが，この逢引きゲームに限らず一般的に，混合戦略を考慮せずに求めた純粋戦略によるナッシュ均衡は，混合戦略を考慮に入れたとしても必ずナッシュ均衡になります。混合戦略を考えた結果，均衡が増えることはありますが，減ることはありません。さらに，ここでは $(p, q)=(2/3, 1/3)$ でも

2人の最適反応のグラフは交わるので，ナッシュ均衡になります。このように，純粋戦略の均衡が存在したとしても，混合戦略を考慮に入れることで新たなナッシュ均衡が出現することもあるのです。

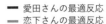

図3-3 逢引きゲームの最適反応

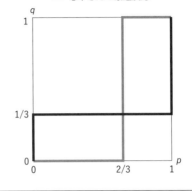

　ちなみに，この $(p, q)=(2/3, 1/3)$ という均衡での利得を計算してみましょう。2人が図書館で出会う確率は $p \times q = (2/3) \times (1/3) = 2/9$，コンピュータ室で出会う確率も $(1-p) \times (1-q) = (1/3) \times (2/3) = 2/9$ ですね。したがって，愛田さんも恋下さんもそれぞれ自分の好きな所で出会い利得2を得る確率は $2/9$，そうでない所で出会い利得1を得る確率も $2/9$，そして残りの確率 $5/9$ で相手と出会えず利得は0となります。2人のどちらも期待利得は $(2/9) \times 2 + (2/9) \times 1 + (5/9) \times 0 = 2/3$ となります。純粋戦略均衡では自分の好むところでないにせよ確実に相手に出会えて少なくとも利得1が保証されます。$(p, q)=(2/3, 1/3)$ という混合戦略均衡では自分の行ったところで確実に相手と出会えるという保証がないために，純粋戦略均衡よりも利得が誰にとっても低くなっています。よって，$(p, q)=(2/3, 1/3)$ という均衡はパレート最適ではありません。

5 空港の手荷物検査
図を用いずに均衡を求める

　ここまで皆さんには，最適反応のグラフを用いて説明してきました。ただ，グラフを書かずとも均衡を求めることはできますし，ゲームによってはその方がよい場合もあります。少なくとも，グラフを書くよりも早く均衡を見つけることができます。ここでは空港を舞台とした事例をもとに，グラフを用いずに均衡を迅速に見つける練習をしてみましょう。

▷ 5.1　手荷物検査

　空港での手荷物の保安検査を考えてみましょう。皆さんが必ず受ける出国ゲートでのエックス線検査のほかにも，抜き打ち検査をされることもあります。皆さんは経験したことがあるでしょうか？ 筆者は日本の空港でも何回か受けましたし，またイスラエルの学会に参加したときにはイスラエル便に乗り継ぎをしたスイスの空港でも受けました。丁寧に「あなたはランダムに選ばれたので，ご気分を害さないでください」と言われるのですが，なぜ怪しい人をねらい打ちしないのでしょう（本書の著者はみんな，何1つ怪しまれることもない，良い人感があふれかえる人たちです。しかしイスラエルの空港で日本赤軍が1972年に銃乱射のテロを起こしたことがまだ尾を引いているのかもしれません）。ランダムに検査対象者を選ぶ理由の1つは，検査にも手間暇がかかるということです。簡単なお話から始めましょう。

> **【事例 3.2】Gon-K，アメリカに行く**
> 　田中権助は大学生でありながら Gon-K という名で SNS でインフルエンサーとして有名だ。夏休みの間，彼はレンタカーでアメリカ横断旅行をする予定。もちろんそれは SNS のネタのためである。アメリカの大

草原の夜空でソロキャンプなんて絵になりそう，とワクワクしながら出かける Gon-K。そのためには，カメラだけでなく，動画編集のためにハイスペックな PC と，車中泊用のモバイルバッテリーも持ち歩いていないといけない。しかし，大容量バッテリーはそもそも機内持ち込みも預け入れもダメらしい。「でも，ばれないっしょ」と Gon-K は思うのであった。

　乗客側はこの Gon-K のように機内持ち込み不可でも本当は持ち込みたいとしましょう。見つからなければラッキーな一方で，見つかると没収されてしまうし罰金も科されます。他方で，空港警察の人員は十分でないので，検査はせずとも，乗客が持ち込みのルールを守ってくれることが，最もよいと思っています。しかし，すりぬけられると最悪です。モバイルバッテリーは機内で発火した事例も多々あるので，安全上の問題があるからです。この状況から以下のようにモデルを作りましょう。

［モデル3.2］空港の手荷物検査

　乗客と空港警察の2者からなるゲームを考える。搭乗者は，禁止物をスーツケースの中にこっそり「持ち込む」か「持ち込まない」かを選択する。一方で空港警察は，搭乗者のスーツケースをゲートで「検査する」か「検査しない」かを選択する。ここで，乗客が「持ち込む」，空港警察が「検査する」を選択した場合，空港警察は検査の手間をかける費用が掛かるものの，禁止物が見つかり，乗客に罰金を科すことができる。よって，乗客の利得は -2，空港警察の利得は -1 とする。乗客が「持ち込む」を選んだにもかかわらず，空港警察が「検査しない」を選んだ場合，禁止物が持ち込まれてしまうため，乗客は嬉しいが，飛行機内の事故・事件の可能性が高まってしまう。よって，乗客の利得は 3，空港警察の利得は -9 とする。乗客が禁止物を持ち込んでいないにもかかわらず，空港警察が「検査する」を選んだ場合，どちらにとっても時間と手間がかかるだけなので，乗客の利得は -1，空港警察の利得は -2 とする。最後に乗客が禁止物を持ち込まず，空港警察も検査しない場合，

両者ともに利得は0としよう。

このモデルを利得表に描くと，表3-6になります。

⟩ 5.2 手荷物検査のナッシュ均衡

まず純粋戦略のみのナッシュ均衡を見つけてみてください。そう，ちょうど最適反応を○で示したように，プレーヤーはお互いの裏をかこうとするため，純粋戦略のナッシュ均衡は存在しませんね。となると，ナッシュ均衡では2者ともに純粋戦略を使わないということになります。つまり，純粋ではない混合戦略を用いたナッシュ均衡になるはずです。この場合の各プレーヤーの戦略は，相手のそれぞれの手の期待利得を等しくするという無差別条件から決まるのでした。まず乗客の均衡戦略を求めましょう。そのためには空港警察の方の無差別条件を考えるのです。乗客が禁止物を持ち込む確率をpとすると，検査する，しないという2つの選択肢それぞれでの空港警察の期待利得を左辺と右辺にそれぞれ置いて，それらを等しくすることから，

$$-1 \times p - 2 \times (1-p) = -9 \times p + 0 \times (1-p) \tag{2}$$

という方程式が無差別条件となります。これを解くと$p=2/10=0.2$となります。次に空港警察の均衡戦略を求めましょう。そのためには乗客の無差別条件を考えます。空港警察が検査する確率をqとすると，持ち込む，持ち込まないという2つの選択肢それぞれでの乗客の期待利得を左辺，右辺に置き，それらを等しくして得られる

表3-6 手荷物検査ゲーム

		空港警察	
		検査する	検査しない
乗客	持ち込む	-2, (-1)	(3), -9
	持ち込まない	(-1), -2	0, (0)

第3章　運を天に任せない

$$-2 \times q + 3 \times (1-q) = -1 \times q + 0 \times (1-q) \qquad (3)$$

という方程式が乗客の無差別条件です。これを解くと $q=3/4=0.75$ になります。したがって，ナッシュ均衡は $(p, q)=(0.2, 0.75)$ だとわかりました。

▷ 5.3　9.11 後のテロ対策

　ここではモバイルバッテリーを考えましたが，ハイジャックが目的であった場合，ナイフ程度でも持ち込まれてしまうと大変な事態になります。2001 年 9 月 11 日のニューヨークのワールドトレードセンター，そしてワシントン DC 近郊の国防総省への航空機の自爆テロは，まさにそのようなハイジャックがもたらす損害が甚大であることを知らしめました。テロの後しばらくの間は，搭乗口やゲートでの検査もかなり厳しくなりました。表 3-6 の利得表で言えば，（持ち込む, 検査しない）が生じた場合の空港警察側の利得が負の方向により大きくなったわけです。それでは，この場合の空港警察の利得を -9 ではなく -19 としましょう。新しい利得表は，表 3-7 に示しています。式 (2) の右辺の $-9p$ が $-19p$ に変わります。改めて解くと，乗客が禁止物を持ち込む確率は $p=2/20=0.1$ となります。他方で q の値は式 (3) で決まるので，乗客側の利得さえ変わらなければ，空港警察が検査する確率は $q=0.75$ のままです。つまり，禁止物を持ち込まれた場合に空港警察側が受ける損害が増えることで，乗客が危険物を持ち込む確率 p は下がりましたが，空港警察側が検査する確率 q は変わらない，ということになります。よって，冒頭のクイズの答えは c で，

表 3-7　テロ後の手荷物検査ゲーム

		空港警察	
		検査する	検査しない
乗客	持ち込む	-2, ⟨-1⟩	⟨3⟩, -19
	持ち込まない	⟨-1⟩, -2	0, ⟨0⟩

a ではありません。でも，空港警察が禁止物の持ち込みをより恐れた結果，持ち込まれる可能性だけが下がったというのは，ちょっと不思議です。

そこで乗客・空港警察が $(p, q) = (0.2, 0.75)$ を選んでいたときに，テロが生じて空港警察側の利得が変わったとします。この後，新たな均衡である $(p, q) = (0.1, 0.75)$ に移っていくのですが，この移る過程を考えてみましょう。その過程を考えるために最適反応を見てみます。利得が変化した後には，乗客の戦略 p が 0.1 より大きければ，空港警察にとっては $q = 1$ が，つまり必ず検査することが最適反応になります。したがって，利得の変化直後で乗客がまだ $p = 0.2$ をとっているのなら，空港警察は検査する確率 q を 0.75 から上げていくでしょう。これはまさに 9.11 のテロ直後の反応でした。つまり，今までと同じ確率で危険物持ち込みが試みられる場合，空港警察は大きな損害を見越し，徹底して厳しい検査を行っていくインセンティブを有するようになるわけです。

一方で，利得表において乗客の側は変わってないので検査をする確率である q が 0.75 より高くなれば，乗客の最適反応は $p = 0$ になります。したがって，q が高くなったのに反応して，p は 0.2 から下がっていくでしょう。つまり，空港警察側の利得表の変化に反映されたような状況の変化に応じて空港警察が検査を厳しくすると，乗客は厳しい検査を恐れて禁止物を持ち込まないのが最適になります。これもテロ直後の乗客たちの反応と言えます。空港警察における物々しい警戒ぶりに，多くの乗客たちは空港警察の指示に従いました。今までと同じような行動をしていては，徹底した検査をされてしまうため，控えめにする人が多くなったわけです。

そして危険物を持ち込むことを選ぶ確率が $p = 0.1$ まで下がれば，空港警察は検査を緩めることが最適になります。このときに $q = 0.75$ ちょうどを素直に選ばずに，その前後で選択がぶれてしまうか

もしれません。しかし，q を 0.75 からさらに下げてしまうと，今度は乗客の最適反応は $p=1$ なので，禁止物持ち込みを試みる確率 p は 0.1 から上昇してしまいます。このように $(p, q) = (0.1, 0.75)$ の周辺で揺らぎながら，いずれこの均衡に落ち着くというのが最適反応から示唆されます。次章で揺らぎながら均衡に向かう過程をきちんと分析します。ともかく，このような右往左往の末に，検査確率は以前の水準に戻る一方で，禁止物を持ち込もうとする確率だけが下がります。

　実際，9.11 のテロ直後に一気に空港警察の荷物検査は厳しくなりました。液体物の持ち込みにも制限がかかり，液体物はすべてカバンから出して検査するように要求されるようになりました。しかし，2010 年以降は徐々に要求も緩くなり，またわれわれもそのような制限に慣れてきました。そのため冒頭に述べたような抜き打ち検査もあまり見られなくなったように思います。いまや，公式にも，国内線などでは液体物をわざわざカバンから出さなくてもよいところ（羽田空港など）もあるようです。つまり 9.11 直後の大きな変化から，徐々に新たな均衡へと実際に移ってきている，そんな光景をわれわれは空港で体感しているのです。

6 「均衡」の奥深い話

▷ 6.1 事後実現的な予想：再訪

　第 2 章で，ナッシュ均衡をはじめとする，ゲーム理論における「均衡」においては，プレーヤーの選択を変えるインセンティブを持たず（自己拘束的な戦略：定義 2.3 [68 頁]），またほかのプレーヤーの選択に対する予想が実際の選択と事後的に合致する（事後実現的な予想：定義 2.4 [68 頁]）という，選択と予想に対する 2 つの条件

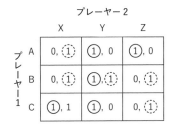

表3-8 事後実現的な予想

プレーヤー2

		X	Y	Z
プレーヤー1	A	0, ①	①, 0	①, 0
	B	0, ①	①, ①	0, ①
	C	①, 1	①, 0	0, ①

が同時に成立する状況を意味していることを議論しました。

混合戦略でのナッシュ均衡はこの2つの条件をもちろん満たしています。その中でも，後者の事後実現的な予想が強く効いていると言えます。より単純化させた例として表3-8のゲームを純粋戦略のみで考えてみましょう。

このゲームのナッシュ均衡は（B, Y）のみです。例えば，プレーヤー2がYをとっているときには，確かにプレーヤー1にとってはBをとるのが最適反応の1つになっています。つまり，ほかの戦略に変えても利得は1から増えはしません。したがって，自己拘束的な戦略は確かに成り立ちます。しかし，プレーヤー2がYをとるかぎりは，ほかのAやCもプレーヤー1にとって利得は同じでどれも最適反応であるわけです。なので，最適反応，つまり自己拘束的な戦略を考えているだけでは，なぜAやCではナッシュ均衡にならないのかということは説明がつきません。これは混合戦略のゲームにおいても，最初のPKの例で出たような純粋戦略をとらないナッシュ均衡でも言えることです。均衡戦略が純粋戦略でないときには，その均衡戦略に限らずどの混合戦略も最適反応でした（表3-4）。なので，最初のPKの例であれば，なぜキッカーが $p=0.6$ をとらないといけないのかということはキッカー自身の最適反応だけ考えていてはわからないのです。

以上の例で均衡を定めることができた理由として，事後実現的な予想が強く効いていることがあげられます。図3-4を見てください。表3-8の例では，プレーヤー1が戦略Bをとると予想しているか

図 3-4 均衡のイメージ

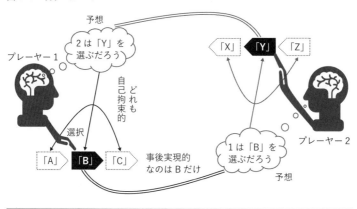

らこそ，プレーヤー 2 は戦略 Y を最適反応としてとりえます。また PK の例でもキッカーが $p=0.6$ を選ぶとキーパーが予想しているからこそ，キーパーは（$q=0.4$ のような）混合戦略を最適反応としてとりうるわけです。そして，均衡においてはそのような相手のプレーヤーの戦略についての予想が実際に相手の選んだ戦略と合致します。これが事後実現的な予想ですが，これらの例では，まさに相手に Y や $q=0.4$ を最適反応としてとらせるためには，自分が B，あるいは $p=0.6$ をとっていないといけません。それゆえに予想の事後実現性から，以上の例では B や $p=0.6$ というように均衡戦略が 1 つに定まります。この意味で，予想の事後実現性が強く効いていると言えるわけです。第 2 章で見たような例などでは，予想の事後実現性はあまり意識せずに分析できました。それはナッシュ均衡での戦略を定めるにあたって，戦略の自己拘束性の方が強く効いていたからです。しかし，そのような例でも予想の事後実現性も確かに満たしてます。

　ちょっと自己拘束的な戦略に比べると，事後実現的な予想はすんなりとは理解しにくいかもしれませんね。ゲーム理論の専門家の中でも，事後実現的な予想というのは，均衡概念の泣き所として捉えられることもあります。自己拘束的な戦略の方は，それが強く効いているときには各プレーヤーがその均衡戦略を選択するように <u>誘導</u> していく積極的な作用があります。誰かが均衡戦略をとっていない，つまりほかのプレーヤーの戦略に対する最適反応をとっていないのなら，この誰かさんは損していることに気がついて戦略を自ら積極的に変えようとするでしょう。先の空港の例でも利得が変化した後に，各プレーヤーにとっての最適反応が変わり，それに合わせて戦略を調整する過程を考えました。そして，結果として新たな均衡へと導かれる様を見たわけです。

　それに対して事後実現的な予想は，あくまで事後的に正しかったかどうかの <u>チェック</u> をするという後付けの消極的な条件だと言えます。つまり，ゲームを実際にプレーする前にはそのような相手の予想に自身の選択を誘導されるような作用があるわけではありません。「相手は自分が B を選択すると思っているようだから，B を選択しないと申し訳が立たない」などとは普通は考えませんよね。たまたまそのような予想を持っていたら，ラッキーなことに事後的に整合的でしたというように，出たとこ勝負で，後付け的に均衡だったかどうかを判定する程度のものです。ここが専門家の中で，「将来を占う水晶玉を使わずに，どうやって完璧に予想することができるのだ」として批判の的になっています。

　でもサッカーや野球などのプロスポーツなら，お互いにスコアラーがいて，実際にデータをとって，傾向というのをきちんと見ています。そのためには，たくさんの過去のプレーのデータを取ってきているはずです。野球のベンチ裏で選手が iPad などのタブレット

を試合中にいじくっていますね。あれはアプリのゲームをしてリラックスしているのではなく，相手選手の動きや球の軌跡の膨大なデータとその統計的分析を画面に映し出し，分析しているのです。そして，そのようなデータ分析が実際に野球の戦術を変えてもいます。また，手荷物検査のような大人数を相手にするような状況なら，個々の乗客は1回だけ「手荷物検査ゲーム」をプレーするのだとしても，空港側はたくさんの乗客を相手に，同じような状況に何度も直面しています。そして現場の検査官から禁止物の持ち込みやそのトラブルが報告されてきます。このように幾多もの実際のプレーの観察から次のプレーのために予想を立てるという状況を想定すれば，最終的には予想が結果と整合的になるということは自然でしょう。このような観察に基づいてよりよい予想を学習し戦略を進化させていくダイナミックな過程を次章では明示的に取り扱います。

　それでも，第2章の逢引きゲームの例は，何度も観察できるような状況ではないかもしれません。この場合は，過去のデータや経験なしに，予想を立てないといけません。そして均衡が複数あるので，そもそも「均衡」というだけでは予想も絞り切れません。でも，実際あの状況では，「一緒に図書館に行こうよ！」と約束しておくかもしれませんね。そのような事前のコミュニケーションによる約束で，あらかじめどう行動するのかをはっきり明示して了解しておくというのが，予想のあやふやさを解消する手段として考えられます。そして，われわれは事前のコミュニケーションを，日頃から実践しています。ただし厳密に事前のコミュニケーションを考えるならば，コミュニケーションを重ねる「交渉」自体も1つのゲームとして分析の中に含める必要があります。

　ほかにも以下のように考えることができます。まだ淡い恋心ならば図書館で会おうとそんなはっきり言えないかもしれません。しかし，どこで会うか明示的に話し合っていなくても，前に一緒に図書

館で勉強したことがあれば，お互いにまた図書館に行きそうだなあと言わずもがなの見当をつけるものでしょう。そのように1回きりのプレーの中でも，お互いに何をするものか，実際のプレーの前に暗黙のうちにどうするのかを了解しているような状況もあります。ここで会えるだろうなというような，事前の暗黙の了解のもとでの落としどころを，ゲーム理論では**フォーカルポイント**（focal point）と言います。あえて邦訳するなら「焦点」です。すでに候補が絞られているという意味ですね。

　フォーカルポイントとして暗黙のうちでも，あるいは約束として明示的でも，どのような行動をとるのかという予想を共有しあい，その行動が自己拘束的であれば，結果としてその予想が事後実現的になります。まとめると事後実現的な予想を，あらかじめ事前の了解で共有しておくということもあります。観察からの学習とともに，このような事前の了解も事後実現的な予想，ひいては均衡概念を正当化する，もう1つの大きな説明です。

　ただし，その事前に了解しておいた行動が自己拘束的でなければ，結局，予想からずれていって事後実現的にならないことに注意しましょう。例えば，囚人のジレンマにおいて，収監前に2人の容疑者が黙秘をすることを約束したとしましょう。そして，お互いに相手は黙秘してくれると思っているとします。しかし，黙秘は自己拘束的な戦略ではありません。相手が黙秘を選んでいるのならば，自白した方が利得は高いからです。事前に了解していたつもりであっても，その戦略が実は自己拘束的でなかったならば，その了解は結局破られ，事後に実現しなくなるのです。

▷ 6.3 均衡選択に活かす

　第2章の表2-4で紹介した鹿狩りゲームでも複数の均衡が存在していました。その中で最も生じやすいと考えられる均衡を選ぶ均衡

選択の1つの方法として，利得支配という基準を紹介しました。端的に言えば，均衡の中でもパレート最適なものが最も生じやすいと考えようという基準でした。利得支配基準の背後には，上で述べた均衡の正当化の1つである「事前のコミュニケーションを通して約束しておく」というアイデアがあります。

　利得支配以外にも，均衡を選択するうえで用いる基準があります。次の例を考えましょう。皆さんの中には，お互いが誰か知っているような小さな町・村から東京や大阪のような大都会に初めて出てきたという方も多いかと思います。周りの人と歩みを同じくするも挨拶も交わさぬ雑踏，肌と肌が触れつつも温もりを感じない「痛勤」列車の中で，都会の人は冷たいなあと嘆くこともあったでしょう。しかし，いつの間にかあなたもそんな都会の空気に染まるのかもしれない。そんな状況を考えます。

［モデル 3.3］冷たい大都会

　日々都会を歩く中，われわれは見知らぬ人に対して親切にするか否かを潜在的に選びとっている。例えば向かってくる人に道を譲ったり，雨の日の満員列車で濡れた傘が隣の人に当たらないよう気にかけたり。ここでは，そんなたまたま隣り合わせた2人を考えよう。親切にしてあげると，相手は（相手自身の行動に寄らず）利得8を得るものとする。そしてお互いに不親切だと，ギスギスして迷惑もかけ合い，2人とも利得が5になる。他方で，自分だけ親切にしていても，相手が親切でなければ，心が傷つけられて，自分の利得は3に減ってしまう。

　モデル3.3を利得表にすると，表3-9になります。このゲームでは，お互いに親切にするのも，またお互いに不親切にするのも，ともに均衡ですね。しかし「親切」にする戦略は弱く支配されています（定義1.4［44頁］参照）。お互いに親切にすることは確かに最適反応ではあるのですが，そこから少しでもズレたならば，親切にすることは最適ではなくなってしまうことに注意しましょう。この

表 3-9 大都会のゲーム

都会人 2

		不親切	親切
都会人1	不親切	⑤, ⑤	⑧, 3
	親切	3, 8	⑧, ⑧

「少しでも」を厳密にするなら，混合戦略を考えたときに少しでも不親切にされる確率があるのならということです。

あなたは（もしくは都会人は）無数の人々とこのようなゲームをプレーする中で，サッカーと同様にたくさんの実際の経験と観察から，ほかの人がどう振る舞うのか予想を形成しています。ここで観察に基づく学習によって均衡にたどり着く過程を考えてみましょう。最初からみんなが絶対に親切にしているわけではないのならば，他者に親切にすることは最適な選択ではないので，もともと「親切」にしていた人でも「不親切」になっていってしまいます。つまり，最終的にはお互いに「不親切」になる均衡へとたどり着いてしまうわけです。このように，無数の観察や経験に基づく学習の結果として均衡を捉えるときには，均衡が複数ある中に弱く支配される戦略をとる均衡（ここでは，お互いが「親切」を選ぶ均衡）があれば，その均衡に行きつくことはないでしょう。この発想に基づいて，弱く支配される戦略が入る均衡を消去することで実際に生じやすい均衡を絞り込む方法を，**弱支配基準**による均衡選択と言います。

他方で，お互いに「親切」にするという均衡は，「不親切」な均衡よりもお互いに利得が高く好ましいので，パレート最適であることに気づきましたか。つまり，パレート最適な均衡が生じやすいと考える利得支配基準ではお互いに「親切」な均衡が生じるという結論に至ります。ただ，前項での議論のように，そのような協調は，お互いのコミュニケーションによって起きやすくなります。そう，友人，恋人，あるいはせめて挨拶を交わす行きつけの店の店員など顔見知りとはコミュニケーションを通じて，親切にしあえると解釈

できるわけです。すなわち，無数の人とすれ違う中で都会の冷たさ
に涙する理由は，他人とは弱支配基準で均衡が選ばれてしまうため
と言えます。一方で，その中でも顔の知った仲間で助け合い，その
優しさに涙する理由は，利得支配基準で均衡が選ばれるためだと言
えるのです。2つの基準を対比させ，それぞれの基準が「もっとも
らしい」と言える状況を検討することで，人間関係を育み優しさを
取り戻すという，（ゲーム理論上の問題ではなく）冷たい大都会を生き
抜く解決案が見つかりました。

　少し脱線したかもしれませんが，大切なことは，均衡を絞り込む
基準があるということ，そしてどの基準をとるかというのは，そも
そも「均衡」で分析する事象自体がどういう背景に基づくかによっ
て決まるものだということです。どうしてもゲーム理論を学ぶ際に
は概念をひたすら受動的に吸収することになりがちですが，なぜそ
の概念で考える必要があるのか，そしてそれが実際にはどういう意
味を持つのかに関し深く考えていくと，分析の精度を上げるために
活用することができるようになるのです。次章では，こういう人間
味あふれる人々のさまざまな試行錯誤の過程を分析していくツール
を紹介していきましょう。

*** *Exercise* 練習問題 ***

3.1（今までのモデルの総復習） 第1章と第2章で紹介した以下のゲーム
に関し，各プレーヤーが混合戦略をとれるとしたときの最適反応，そして
ナッシュ均衡を求めよ。また，純粋ではない混合戦略を用いた均衡を，現
実の世界においてどのように解釈できるのか，議論せよ。
（ア）　コンソール・ウォーズ（表2-3）
（イ）　ATM の共同運用（表2-5）
（ウ）　魚の乱獲問題（表1-2）
（エ）　消耗戦（表2-7）

（オ） コイン合わせゲーム（表2-10）

3.2（厳しい罰を下す手荷物検査） 第5節の手荷物検査のモデル（表3-6）を再び考えよう。持ち込み不可のものを持ち込んで検査で見つかった場合，没収されて罰金を払うだけでは済まされずに，懲役刑が科せられるとしよう。よって，禁止物を持ち込んだときに検査されてしまった場合の乗客の利得は，−2でなく，−8まで低くなるとする。ただし，禁止物が検査をされずに持ち込まれた場合の空港の利得は−9とする。

（ア） このゲームの利得表を示したうえで，混合戦略を許容した場合のナッシュ均衡を求めよ。

（イ） 表3-6のナッシュ均衡からは，どのように変わったか。また，なぜ罰金によってそのように乗客と空港の戦略が変わるのか（あるいは変わらないのか）を説明せよ。

3.3（均衡選択のアイデア） 以下の利得表で表されるゲームを考えよう。混合戦略はとらないとする。本文で触れた弱支配基準と利得支配基準のそれぞれについて，(i) その基準から選ばれるナッシュ均衡と，その理由を示せ。また，(ii) その基準を適用することがふさわしい状況はどのような場合か答えよ。(ii) に関しては，本書の「事例」のような具体的なストーリーを作れるとなおよい。つまり，利得の大小関係がこの表にあるものと合致するように，プレーヤーや戦略に具体的な名前を与えてストーリーを考えてみること。そのうえで，そのストーリーの中で，どの均衡選択基準を適用すべきか議論せよ。

プレーヤー2

		左	右
プレーヤー1	上	3, 3	1, 3
	下	3, 1	2, 2

均衡へ向かって進め

進化動学　　　　　　　　　　　　　　第 **4** 章

Quiz　クイズ

© ocean_nikonos-stock.adobe.com

　PayPay のようなお客さんとお店の間の決済を取り持つ決済事業者は，新たなサービスを開始するときに，利用するお客さんに向けて，多くの広告を出し，キャッシュバックなどのキャンペーンをすることで大々的なアピールを行っている。これに加え，あなたが決済事業者であったならば，以下のうち，どの方策を行うべきだろうか。

a. これらのキャンペーンを行うための経費調達のため，加盟店から協賛金を払ってもらう。

b. 利用客と加盟店との間のトラブルを避けるために，加入基準を厳しくする。

c. 加盟店に対しても手数料無料などのキャンペーンを仕掛ける。

d.「ぶっちゃけ赤字は辛い」と社長が SNS で本音を話して，高額な手数料への理解を求める。

Chapter structure　本章の構成

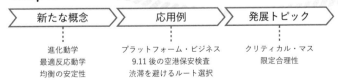

新たな概念	応用例	発展トピック
進化動学 最適反応動学 均衡の安定性	プラットフォーム・ビジネス 9.11 後の空港保安検査 渋滞を避けるルート選択	クリティカル・マス 限定合理性

1 PayPay 祭

　QR コードによる決済は今では当たり前になっています。皆さんのスマートフォンにも PayPay や d 払い，楽天ペイなどのアプリが入っているのではないでしょうか。実際，現金と違って銀行で引き落とす手間がなく，そしてプリペイドカードと違って持ち運ばなくてもよいため，便利ですよね。実は，このような QR コード決済というのは 20 年以上も前から試みられた技術でした。しかし当初の試みは，筆者も覚えていないくらい大失敗に終わりました。PayPay とは何が違ったのでしょう？

【事例 4.1】Cmode と PayPay

　QR コード決済自体の技術は新しいものではなく，NTT ドコモなどが 2002 年に日本コカ・コーラ社の自動販売機のために Cmode という QR コード決済サービスを提供したこともある。しかし「おサイフケータイ」のようなタッチ式の決済に取って代わられてしまったため，あまり広がることなく失敗に終わった。しかし，2010 年代後半から QR コード決済は大きく普及しはじめた。2018 年秋にサービスを開始した PayPay は，開始直後から 100 億円規模のキャッシュバックキャンペーンを行い，1 日平均 120 回もテレビ CM を流す（SMN, 2021）などの広報を通し，利用者に強くアピールをした。これに加え，加盟店に対する手数料無料などのキャンペーンも大々的に行っていた。以上の戦略が功を奏し，2021 年度では PayPay のユーザー登録者数は約 4700 万人となり，加盟店は約 370 万カ所に，そして決済された取引金額は 5 兆円を超えるまでの成功を収めている（Z ホールディングス, 2022）。

　利用者や加盟店にとって，これらのキャンペーンはありがたいことかもしれません。かく言う筆者も，このテレビ CM 攻勢やキャッシュバックにつられて，PayPay を使うことになりました。こう

したキャンペーンが，Cmode のようになかなか普及しなかった QR コード決済の復活を手伝ったとも言えます。しかし PayPay を運営する決済事業者にとって，このような大々的なキャンペーンは得になるのでしょうか。決済事業者の主な収入源は加盟店からの手数料ですが，それを無料にしてしまったら，収入は大幅に減ってしまうでしょう。他方で，利用者には，キャッシュバックを通してお金をあげていることになります。ということは，このキャンペーンは決済事業者にとって大損になってしまうように思えます。現に PayPay は，2021 年度の決算において，712 億円の最終損失を出しています。普通に考えれば 4000 万人もの人が使う決済サービスならば，いったんキャンペーンをやめて，確実に黒字を得たいところでしょう。しかし，なんと PayPay の親会社の社長は「もうひと暴れした後で，小さな収穫じゃなくて，本格的な大きく収穫させてもらえないかと考えている」(房野，2022) と言っています。なぜ，赤字を続ける可能性があっても，キャンペーンを続けることが大きな収穫につながるのでしょうか。

　こうしたキャンペーンは長い目で見れば，PayPay が長期的に収益を稼いでいくための下準備だと言えます。キャンペーンをしっかり行っていれば，終了後も，長きにわたって多くの利用者と加盟店に愛されるサービスになるでしょう。一方で，この下準備を怠れば，どんなによい技術であっても，Cmode のように誰にも使われないまま，寂れてしまうかもしれません。これは，2 つの均衡があり，この下準備の程度によって，それからたどりつく均衡が異なっているような状況です。今までの分析では，均衡を見つけ，そこで生じる結果に関して議論してきました。しかし，複数の均衡がある場合には，状況によって最終的に生じる均衡が異なってくるかもしれません。本章では，その均衡にたどり着くまでの過程を明示的に考えた分析を紹介します。

2 混合戦略のおさらい

▷ 2.1 客と店が集う場としての決済サービス

　いくら決済サービスがすばらしい技術であっても，利用者からすると十分な数の加盟店が存在しないと使えませんし，また加盟店にとっても使ってくれるお客さんが少ないと手数料を払う意味がありません。決済サービスを使う利用客と加盟店が多くなって初めて，その便利さを享受することができます。このような相互依存性は決済サービスに限らず，アマゾンや楽天市場のようなオンラインショッピングモール，YouTube や TikTok のような動画配信サービス，そして第2章で取り上げた PlayStation のようなゲーム機などに共通する特徴です。つまり，これらのサービスは，いずれも，利用客と加盟店，視聴者と配信者，プレーヤーとソフトの開発者を引き合わせる「場」を提供することに価値があります。このように取引する「場」を提供する事業を，プラットフォーム・ビジネスと言います。そして，提供される「場」であるプラットフォームの価値は，たんに技術の善し悪しだけでなく，実際にそこに集う人の数が決め手になるのです。このようなプラットフォームの特徴を理解するために，次のモデルを考えてみましょう。

［モデル 4.1］PoyPoy 入れてる？

　IT ベンチャーのリフトバンクが提供している QR コード決済の Poy-Poy を「使う」か「否」かを，お客さんとお店それぞれが選択する。PoyPoy はほかの QR コード決済よりもアプリの起動の速さやチャージのしやすさが格段によいこともあり，両者が「使う」場合には，それぞれ3の利得を得る。しかし，自分が「使う」を選んでも他方が「否」であるなら，決済手段が折り合わず取引が成立しない。その結果，「否」

を選んだ側の利得は 0 となる。「使う」を選んだ側は，取引は成立しないうえに QR コード決済の導入費用が生じるので利得は −1 とする。両方とも「否」を選んでいるのならば，これまでどおり現金やクレジットカードを使いつづけて，それぞれ 1 の利得を得るとしよう。

▷ 2.2 最適反応を求める

モデル 4.1 を利得表にすると，表 4-1 になります。この利得表は第 2 章で紹介した鹿狩りゲーム（表 2-4）に似ていますね。そう，これも協調ゲームになっています。（使う, 使う）と（否, 否）という 2 つのナッシュ均衡があり，前者はパレート最適であり，後者はパレート最適ではありません。そして混合戦略を許すと，それぞれが確率 0.4 で使うというナッシュ均衡も見つかります。この混合戦略を用いた均衡を確認するため，混合戦略の求め方をおさらいしてみましょう。

Step 1 まずは混合戦略を考えずに，純粋戦略同士での最適反応を求めます。表 4-1 ではお客さんの最適反応を実線の○で，お店の最適反応を点線の○で示しています。

Step 2 次にお客さん，お店，それぞれについて，2 つの純粋戦略の間で無差別になるような状況を考えます。p でお客さんが Poy-Poy を「使う」を選ぶ確率，q でお店が「使う」を選ぶ確率を表しましょう。まずお客さんから考えてみましょう。そのもとで，お客さんにとって「使う」を選ぶことから得られる期待利得は $3q-1(1-q)$ で，「否」を選ぶ期待利得は $0q+1(1-q)$ です。この 2 つの選択肢が無差別になる条件は，

表 4-1 「PoyPoy 入れてる?」の利得表

		店	
		使う	否
客	使う	③, ③	−1, 0
	否	0, −1	①, ①

$$3q-1(1-q)=0q+1(1-q)$$

です。これを解くと $q=2/5=0.4$ となりますね。これが，お客さんの最適反応が切り替わる境目になります。Step 1 の結果と合わせると，以下のようにお客さんの最適反応がわかります。

- $q<0.4$ なら，お客さんは戦略 $p=0$ が最適反応。
- $q=0.4$ なら，お客さんは戦略 p が 0 から 1 のどれでも最適反応。
- $q>0.4$ なら，お客さんは戦略 $p=1$ が最適反応。

今度はお店を考えてみましょう。先のお客さんと同様に，お店にとって「使う」と「否」が無差別になる条件は，

$$3p-1(1-p)=0p+1(1-p)$$

となり，お店にとっても最適戦略が切り替わる境目は $p=0.4$ だとわかります。したがって，お店の最適反応は以下のとおりです。

- $p<0.4$ なら，お店は戦略 $q=0$ が最適反応。
- $p=0.4$ なら，お店は戦略 q が 0 から 1 のどれでも最適反応。
- $p>0.4$ なら，お店は戦略 $q=1$ が最適反応。

Step 3 では，これらの最適反応からナッシュ均衡を求めます。

Step 1 と Step 2 を組み合わせると，最適反応のグラフが図 4-1 のように描けます。2 者の最適反応が重なるところがナッシュ均衡でしたね。図を見ると，(p, q) が $(0,0)$，$(0.4, 0.4)$，$(1,1)$ の 3 点で重なっています。したがって，ナッシュ均衡は，(使う, 使う)，(否,

図 4-1 「PoyPoy 入れてる?」での最適反応 ———

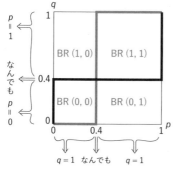

否），および両者が確率 0.4 で利用することの 3 つの均衡である
ことが確認できました。

図 4-1 が示すように，お客さんとお店の最適反応の組み合わせに
よって，(p, q) の座標の平面が 4 つの領域に分けられます。例えば
p も q も 0.4 未満である左下の領域では，$p=0$ がお客さんの最適反
応で，$q=0$ がお店の最適反応です。この領域に灰色で書かれてい
る BR $(0, 0)$ は，この領域での最適反応（best response）の組を表し
ています。（ ）の中の最初が p の値で，次が q の値です。ほかの
領域でも同様に「BR」に続けて最適反応の組を示しています。こ
の最適反応の組が，均衡へ向かう過程を分析するにあたって大事に
なってきます。

3　進 化 動 学

▷ 3.1　混合戦略の解釈

第 3 章では混合戦略を「それぞれの戦略を選択する確率」と解釈
していました。例えば鹿狩りゲームでは，各狩人の混合戦略は，目
の前に現れた鹿とウサギのうち，どちらを狙うかに関する確率でし
た。しかし，プラットフォーム・ビジネスにおいて，お客さんやお
店が確率的に利用するか否かを決めているとは少し考えにくいです
ね（図 4-2 (a)）。PoyPoy が利用できるときとできないときがサイコ
ロみたいに決まるお店はないでしょう。この場合，たくさんのお客
さんとたくさんのお店が存在しており，そのたくさんのお客さんや
お店の中で新しい決済サービスを利用することを決定した利用客と
加盟店の割合が混合戦略である，と解釈した方がスッキリします
（図 4-2 (b)）。ですので，確率 0.4 というのは，お客さんについては，
「1 人のお客さんが確率 0.4 で PoyPoy を使う」というよりも，「無

図 4-2 混合戦略の解釈

(a) 1人のプレーヤーの「確率」 　　(b) 無数のプレーヤーの中の「割合」
　　としての混合戦略 　　　　　　　　　としての混合戦略

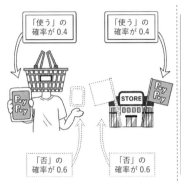

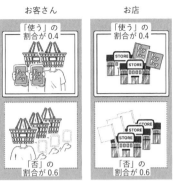

数のお客さんの中に 0.4 の割合で PoyPoy を使う人がいる」と解釈
するということです。すなわち混合戦略を，各選択肢を選ぶ<u>確率</u>で
はなく，無数のプレーヤーの中での選択肢それぞれをとる人の<u>割合</u>，
つまりプレーヤー間における戦略の分布として解釈するのです。多
数いる人々の集合のことを人口（population）と言うことから，人の
割合として混合戦略を解釈したうえで分析をするゲームのことを，
ポピュレーションゲーム（population game）と呼びます。環境問題
や伝染病の広がりなど大きな社会的事象，電力・交通などの大規模
システム，そして生物の生存競争のような集団レベルの生物学的問
題を扱うときに用いることが多いゲームです。

　ポピュレーションゲームからモデル 4.1 の 3 つの均衡を解釈する
と，それぞれ，PoyPoy を使う人の割合が，お客さんもお店もとも
に 100％ である均衡（全員使う），0％ の均衡（誰も使わない），そし
て 40％ である均衡だと言えます。PoyPoy をせっかく便利なもの
にしても，みんなが使わない均衡が生じてしまえば，事業としては

大失敗です。この中のどの均衡が生じるかという問題は，決済事業者にとっては死活問題になってきます。よって，複数の均衡のどの均衡に向かって行くのか，という過程を分析することは重要です。

3.2 進化動学のアイデア

それでは，どのように均衡へ向かう過程を分析すればよいでしょうか。われわれが PayPay を使うようになった過程を振り返ってみてください。PayPay が始まったときにみんな「いっせいのせ」でPayPay に登録するかどうかを決めたわけではないですね。実際に使えるお店が増えていくのを店頭や CM などで見るうちに，よく行くお店でも使えるようになったし，じゃあ試してみようと思い，インストールしたのではないでしょうか。すなわち，いきなり何かしらの均衡に全員でいっせいにたどり着いたわけではなく，それぞれのお店やお客さんが，PayPay の利用状況を見ながらゆっくりとその利用が広がっていったわけです。

このように利用者やお店の決定を観察しつつ，自身の戦略を決めていく過程を分析しましょう。第 3 章第 6 節で事後実現的な予想の意味を検討しました。その 1 つの解釈として，実際にゲームをプレーし，その結果を観察し学習していくことで，徐々に予想が実際のプレーと整合的になっていく過程を考えましたね。そのような過程を総称して**進化動学**（evolutionary dynamics）と言います。以下のようにして進化動学を設定していきます（Sandholm, 2010）。

(1) 各時点における状況を観察したうえで，各プレーヤーが自身の選択を再検討する。

モデル 4.1 で言えば，意思決定を行う時点での PoyPoy を使っている人の割合である p や q を観察したうえで，お客さんやお店が自らの選択をどのように変えるのかを後述のように決めていきます。

(2) バラバラに選択変更の機会が訪れる。

(1) での選択変更は，皆がいっせいに行うとは考えません。それぞれの人がふと，PoyPoy を使うかどうか考えてみようかなという思いに至ったときに，選択変更の機会が訪れると考えます。そのうえで，選択変更の機会はみんなバラバラに訪れると考えます。現実にも，決済アプリをインストールするかどうかという意思決定のタイミングは人それぞれで異なるでしょう。そのように考えると，状況が一気に均衡へと移るというよりも，人々の再検討の結果によって，徐々に (p, q) が変化していくことになります。

具体的に，まず (1) にあげた，人々が選択をどのように変えるのかをモデルとして表現しましょう。均衡に基づく分析では，まず人々が事後実現的な予想を組み立て，そしてその予想に対する最適反応を選ぶのだと考えました。進化動学では人々は各時点における p と q の値を観察できるため，その時点における p と q の値に対する最適反応を選ぶと考えます。例えば，「多くのお店でも PoyPoy が使えるので（高い q），インストールしてみよう」とお客さんが判断したり，お店が「PoyPoy を使っているお客さんが少ないので（低い p），うちはいらないかな」と導入を見送ったりするものです。このような最適反応を (1) における個々人の戦略変更の仕方と考えます。そして (2) で述べたような，ゆっくりとした変化を考えてみると，人々の間の戦略の分布である (p, q) は徐々に各時点での最適反応に向かっていくことになります。このように最適反応に基づく過程を**最適反応動学**（best response dynamic）と呼びます。最適反応動学は経済学における進化動学の代表的なものの 1 つです。

> **定義 4.1　最適反応動学**　各時点において戦略分布が，その時点の最適反応へと徐々に向かっていく過程を，最適反応動学と言う。

▷ 3.3 動きを見る

　では，モデル 4.1 の PoyPoy の例において，最適反応動学のもとで p と q が変わっていく過程を見ていきましょう。試しに，現状の割合が $(p, q) = (0.2, 0.8)$ だとします。20% のお客さんが利用し，80% のお店が加入している状況です。$q = 0.8$ に対するお客さんの最適反応は $p = 1$ でしたね。そして，$p = 0.2$ に対するお店の最適反応は $q = 0$ でした。まとめると $(p, q) = (1, 0)$ が現状の $(p, q) = (0.2, 0.8)$ に対する最適反応です。最適反応動学では，(p, q) が現状の $(0.2, 0.8)$ から $(1, 0)$ へと徐々に変わっていくのだと考えます。つまり，図4-3 での矢印上を連続的に進んでいくということです。(p, q) が急に $(1, 0)$ にジャンプするわけではありません。

　現状が $(p, q) = (0.5, 0.1)$ だとしたらどこに向かっていくのか考えてみてください。$q = 0.1$ に対するお客さんの最適反応は $p = 0$ でしたね。そして，$p = 0.5$ に対するお店の最適反応は $q = 1$ でした。まとめると $(p, q) = (0, 1)$ が現状の $(p, q) = (0.5, 0.1)$ に対する最適反応です。したがって最適反応動学のもと，(p, q) は $(0.5, 0.1)$ から延びる矢印の上を $(0, 1)$ へと連続的に進んでいきます。

　同様に，p，q の最適反応から，現状が (p, q) $= (0.3, 0.1)$ ならその最適反応である $(0, 0)$ へ，また現状が $(p, q) = (0.8, 0.7)$ ならその最適反応である $(1, 1)$ へと進んでいきます。このようにどこに向かっていくのかは現在の状態，つまり図の中で今いる場所によっ

図 4-3 最適反応動学の向かう先

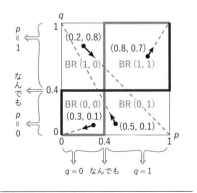

て異なってきます。

3.4　軌道の収束

　それでは最終的にどこにたどり着くのでしょう。例えば $(p, q) =$ $(0.3, 0.1)$ からスタートすると $(0, 0)$ が最適反応なので，そこに向かっていきます。この進んでいく途中のどこにでも，$(0, 0)$ が最適反応であることは変わりません。例えば $(0.15, 0.05)$ にいても，$(0,$ $0)$ が最適反応ですね。したがって，最適反応動学の向かうターゲットは $(0, 0)$ のまま真っすぐ進んでいきます。どんどん近づくことを数学では，**収束する**（converge）と言います。つまり，加入率がどちら側も低い状態である $(p, q) = (0.3, 0.1)$ からスタートすると，やがては誰も使わない $(0, 0)$ へと収束してしまいます。お客さんもお店もともに相手側があまり PoyPoy に入っていなければ，自分も PoyPoy を使うメリットがないので，ますます PoyPoy から抜けていくというわけです。逆に，お客さんもお店も最初からたくさん加入している状態，例えば $(0.8, 0.7)$ からは，まっすぐ $(1, 1)$ へと向かっていき，$(1, 1)$ へと収束します。お客さんもお店も十分にメリットがあるので，皆がどんどん使っていくというわけです。

　では，$(p, q) = (0.2, 0.8)$ からスタートするとどうでしょう。 これに対する最適反応は $(1, 0)$ なので，$(1, 0)$ に向かって進みます。図 4-4 を見ると，$(1, 0)$ にたどり着く前に，$p=0.4$ の垂直線にぶつかります。これはお店の最適反応となる q が $q=0$ から $q=1$ へと切り替わるところです。したがって最適反応動学の向かう先が $(1, 0)$ から $(1, 1)$ へ変わります。つまり，最初はお客さんの中で PoyPoy を使う人が少なかったのでお店は抜けようとしていたのですが，お客さんがどんどん PoyPoy を使うようになっていきました。そしてお店が PoyPoy をやはり使おうと思えるくらい，つまり $p=0.4$ まで PoyPoy を使うお客さんが増えたので，結局はお客さんともど

もお店も PoyPoy をどんどん使っていくという流れになります。そして，両者ともにみんな Poy-Poy を使う $(1, 1)$ へと収束します。

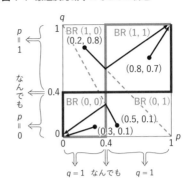

図4-4　最適反応動学のもとでの軌道

$(p, q) = (0.5, 0.1)$ からだとどうでしょう。これに対する最適反応は $(0, 1)$ ですが，図 4-4 によるとそこにたどり着く前に $p=0.4$ の垂直線にぶつかりますね。そして，お店の最適反応が $q=1$ から $q=0$ へと切り替わり，最適反応動学の向かう先が $(0, 0)$ へと変わります。つまり，お店にとっても PoyPoy がもはや魅力的でなくなるほど（$p<0.4$）お店の加盟率が下がってしまい，結局，お店もお客さんも PoyPoy から抜けてしまいます。そして，$(0, 0)$ へと収束していきます。

このように収束先がどこになるかは最初の (p, q) の値によります。このようなスタート地点のことを，**初期状態**（initial state）と言います。そして，収束先である $(0, 0)$ も $(1, 1)$ もナッシュ均衡です。つまり，収束先はナッシュ均衡であり，また初期状態の選び方で収束先となるナッシュ均衡が変わります。このような性質は，最適反応動学では一般的なものです。

3.5　安　定　性

もう 1 つ，混合戦略を用いた $(0.4, 0.4)$ という均衡がありましたね。そこには収束しないのでしょうか。図 4-5 では灰色の領域で示したような，各均衡の近くのところから最適反応動学がその均衡へ

と収束するのかを見ています。例えば (0.4, 0.4) というナッシュ均衡の近くで2つの点を初期状態としてとって，それぞれからどのように最適反応動学が進んでいくかが描かれています。それによると (0.4, 0.4) から離れて (0, 0)，あるいは (1, 1) という別の均衡に収束していますね。初期状態の (p, q) がちょうど (0.4, 0.4) でないかぎりは，どんなに (0.4, 0.4) に近くとも，別の均衡に行ってしまいます。図 4-5 で (0.4, 0.4) の右上だと最適反応が (1, 1) に，左下だと (0, 0) になり，その最適反応のターゲットに向かって真っすぐ収束するからです。このように均衡からどれだけ近くでも，初期状態が離れた方向によってはその均衡へ収束しなくなるなら，この均衡は**不安定**（unstable）であると言います。

　他方で，(0, 0) から少しばかり p や q が増えたところで，お客さんもお店も PoyPoy を使わないのが最適反応であり，最適反応動学では (p, q) = (0, 0) へとまっすぐ戻っていきますね。その反対の均衡である (1, 1) についても，ここから少しばかり p や q が減っても，お客さんとお店ともに PoyPoy を使うのが最適反応なので，(1, 1) へと戻ってきます。つまり，これらの2つの純粋戦略のナッシュ均衡は，初期状態が各均衡からちょっと離れていても，あまり離れすぎないかぎり，その離れてしまった方向によらず，元の均衡へ収束します。このことを均衡 (1, 1)，均衡 (0, 0) はそれぞれ**安定**（stable）であると言います。

図 4-5 「PoyPoy 入れてる?」における均衡の安定性 ————

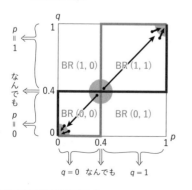

安定な均衡が 1 つしかなければ, どんな初期状態であっても必ずその均衡へと収束することもありえます。そのときには, この安定性は**大域的** (global) であると言います。囚人のジレンマでは, 2 人の囚人どちらも「自白」することが強い支配戦略なので, どんな初期点からでも, 両者ともに「自白」するという唯一のナッシュ均衡へと収束します。つまり, このナッシュ均衡は大局的に安定です。この「PoyPoy 入れてる?」のゲームでは, $(1, 1)$, $(0, 0)$ のどちらに収束するかは初期状態次第です。なので, どちらも大域的には安定でなく, **局所的** (local) な安定のみであると言います。

もともとこのゲームには $(p, q) = (0, 0)$, $(0.4, 0.4)$, $(1, 1)$ という 3 つのナッシュ均衡がありました。この中で $(0.4, 0.4)$ は不安定だとわかりました。実際にぴったり 0.4 からスタートするということはありえないでしょう。「ほどほどの割合」の均衡が不安定であるということは, ちょっとでも初期状態がこの均衡からずれたら, この均衡からますます離れやすくなるということです。したがって, この「ほどほどの割合」の均衡は現実的に起こるとは考えにくいでしょう。

他方で, $(0, 0)$ や $(1, 1)$ はどうでしょう。$(0.4, 0.4)$ の均衡と違い, $(0, 0)$ や $(1, 1)$ は安定的な均衡でした。つまり, ちょっとくらい初期状態が離れていても, やがてその均衡が達成されます。したがって, 現実にあてはめて考えたときに初期状態のズレで覆らない, すなわち頑健な均衡だと言えます。これらの均衡はそれぞれ現実的にも起こりうると言ってよいでしょう。

このように, 不安定な均衡は, モデルを現実にあてはめたときの誤差やズレに対して弱いので起こりえないと一般的に考えられます。前章で均衡が複数あるときに実際に起こりそうなものを選ぶ, つまり, 均衡選択を学びましたが, このような進化動学での安定性も均衡選択の 1 つの基準です。

均衡が安定かどうかは以下の手順で見極められる。

Step 1　最適反応の図で，最適反応曲線で分けられた領域ごとにどのような最適反応の組になるかを見る。

Step 2　それぞれの領域で，適当に点をとって，そこから最適反応へと向かっていく矢印（軌道）を描いてみる。この矢印を伸ばして，別の領域に移ったら，そこで最適反応が切り替わるので，向かう方向も変わることに注意。これを続けて，どの均衡にたどり着くかを見る。

Step 3　これを各均衡の周辺でいろんな点を取って，その均衡に戻ってくるかを試す。

Step 4　どんな方向に均衡からずれていても，もし初期状態が均衡に十分に近くさえあればその均衡に戻ってくるなら，その均衡は安定である。方向によっては，どんなに均衡に近くてもその均衡に戻ってこないのなら，その均衡は不安定である。そして，どんな初期状態であっても，同じ均衡へと収束するのなら，その均衡は大域的に安定である。

3.6　赤字覚悟のキャンペーンの効果

　モデル 4.1 の進化動学において，2 つの安定的な均衡 $(0,0)$ と $(1,1)$ のどちらに行くかは初期状態次第です。つまりこのモデルで描いたような状況が始まったときのお客さんとお店，それぞれの加盟率次第だというわけです。今まではあまり意識していませんでしたが，このモデルでの利得は手数料の割引もキャッシュバックもない通常モードを想定したものでした。なので，割引やキャッシュバックがない場合にどういう結果になるかをわれわれは見てきたわけです。

　もともとの関心は，PayPay のようなサービス提供時の大規模な

キャンペーンの意味を探ることでしたね。そのようなキャンペーンはどこかで終えないと，提供する会社は儲けがいつになっても得られないでしょう。いつかはこのモデルのような，割引やキャッシュバックのない通常モードに着地させないといけません。その通常モードに入ったときが本当のゲームの始まりだとすると，それまでのキャンペーンの間にどれだけ加入率・加盟率を上げられるかが，通常モードに入った後に $(1, 1)$，つまりみんなが使うようになる均衡になるか，あるいは $(0, 0)$，つまり誰も使わなくなる均衡になるかの分かれ目になるわけです。すなわち，下準備としてのキャンペーンは初期状態を変えるものだと言えます。

さらに，みんなが加入してくれる均衡を狙うとして，通常モードに入った最初から $(1, 1)$ でなくとも，ある程度高い加盟率，例えば $(0.41, 0.42)$ とかでも，$p = 0.4$，$q = 0.4$ という境目さえ超えれば，その後はお客さん・お店が勝手にどんどん入ってきてくれることになります。このことから，通常モードに入るときに境目を超すくらいのところまで持っていくことが，その後のビジネスの勝運を決めるわけです。このような境目を「決定打となる規模」という意味で**クリティカル・マス**（critical mass）と言います。通常モードの初期状態としてクリティカル・マスを超えるところまで持っていくことに，キャンペーンの意義があります。なので冒頭の PayPay の親会社の社長の発言は，現状がクリティカル・マスを十分超えているかは，まだ心もとないのだと解釈できます。

このクリティカル・マスさえ超えれば後は望ましい均衡へと収束してくれるという性質は，鹿狩りゲームのような協調ゲームに共通する性質です。なので QR コード決済やオンラインショッピングモールなどのプラットフォーム・ビジネスでも，クリティカル・マスを意識して意思決定をしていくことは大切になってきます。それゆえ，こうしたビジネスでは，立ち上げ時に赤字覚悟でキャンペーン

をドンと打ち出し，ある程度の人々を集めたうえで，ほかの人たちも勝手に加入してくれるようになったころでキャンペーンを終わらせ，手数料などで運営会社が利益を出し始めるというパターンが一般的に見られるわけです。

　また立ち上げのキャンペーンでは，プラットフォームの両サイドに働きかけるものであるべきです。例えば，お客さんに積極的にキャンペーンを仕掛けて，多くの利用客がいる状態 $(p, q) = (0.5, 0.1)$ からスタートしたとしましょう（図4-4）。確かに，最初はお客さんが多く加入してくれているので，加入するお店も多くいますが，いまいち利用できるお店は少ないまま，徐々にお客さんの方が抜け始め，結局は誰も利用しない $(0, 0)$ に向かってしまっていますね。現実を振り返ると，第2章のコンソール・ウォーズの事例において，ドリームキャストを立ち上げたセガは，総額1億円の現金を抽選でキャッシュバックをしたり，本体価格も下げたり，セガ自身も「バイオハザード」などのヒット作を投入するなど，ユーザーを呼び込むキャンペーンは大々的に行いました。しかし，なかなかほかのソフトウエアの開発業者がついて来てくれず，それゆえユーザー数の伸びも止まったために，セガは開発やキャンペーンの費用を回収できずに撤退しました。他方で，QRコード決済やオンラインショッピングモールは消費者だけでなく商店に対しても営業に出向き，宣伝や会計処理などで加盟店のビジネスを支援するような仕組みを整えています。ゲーム機に関しても，任天堂などのコンソールのメーカーは，今日ではソフトウエアの開発を支援するようなツールの提供，定期的な情報交換のイベントなどを行っています。このように，プラットフォームにお客さんだけではなく，お客さんとお店の両方の「仲間」を集めることは，特に立ち上げる当初では，成功の均衡に行くか，失敗の均衡に行くかを分ける決め手として重要です。ですから，冒頭のクイズの答えは c となるわけです。

なお，QR コード決済というのは新しい技術ですが，ゲーム機の
ように代替わりするときには，先代の開発業者やユーザーを次世代
機の立ち上げにあたっての「仲間」として残したいのは当然でしょ
う。ただそれに引きずられすぎると，先代との違いを出しづらくも
なります。その点で，PS4 のソフトウエアを PS5 でも使えるとい
うような互換性を維持するソニーと，互換性を切り捨てている任天
堂との違いは興味深いところです。

　もちろん，実際には，われわれのモデルで言う $p=0.4$，$q=0.4$ の
ような分岐点がどこにあるかはわかりにくいでしょう。よって，モ
デルで考えるほどにはたやすくなく，キャンペーンを終わらせてみ
たら，人々が離れてサービスが軌道に乗らず撤退してしまったとい
うことも，この章の第 1 節で紹介した Cmode のように多々ありま
す。あるいは思ったよりも，キャンペーンを仕掛けてもなかなか
人々が反応してくれず，分岐点を超すまでの赤字を堪えきれなくて
諦めるということもあります。したがって実践するとなるとより細
かい，そして具体的なマーケットの分析，そしてビジネスの勘とい
うのが必要であることは否めません。しかし，この立ち上げ時に分
岐点を超せるかどうかが勘所で，そこさえ乗り切れば利益が出る，
そしてそれがなぜかという背景は，ゲーム理論を丁寧に学ぶことで
理解できるのです。

4 「手荷物検査」再訪
螺旋を描く収束

▷ 4.1 事例 3.2 を振り返る

　第 3 章の事例 3.2 では Gon-K がこっそりモバイルバッテリーを
航空機内に持ち込もうとする話から，手荷物検査をめぐる空港警察
と乗客との間のゲームを考えました。特に，第 3 章 5.3 項では 9.11

のテロの後に手荷物検査の厳しさが紆余曲折を経ながら，新たな均衡に移る過程を議論しました。この「紆余曲折」という変化の過程こそ，この章で学んでいる進化動学が描くものです。ここではそれを前節で学んだ最適反応動学を用いて分析しましょう。表4-2に9.11後の手荷物検査のゲームの利得表（表3-7）を再掲しています。乗客が禁止物を持ち込み，空港が検査しなかったときの空港側の利得が，モデル3.2では−9であったものから，−19になっています。テロのリスクが高まったため，危険物を持ち込まれたときの利得が大幅に下がったということでしたね。

4.2 新しい均衡への過程

第3章第5節では混合戦略均衡を無差別条件から直接求めていました。ここでは最適反応動学でどう戦略が変わっていくかを特定するために，各プレーヤーの最適反応をきちんと求めていきましょう。第3章の4.1項でまとめた混合戦略に対する最適反応の求め方についての「ゲームの攻略法」を活用してください。まず Step 1 として，純粋戦略ごとの最適反応を求めます。これは表4-2の○で示したとおりです。次に Step 2 で無差別条件を考えます。まずは空港にとって「検査する」と「検査しない」が無差別になる条件を考えるために，乗客が禁止物を持ち込む確率を p としましょう。無差別条件として，検査することの空港にとっての期待利得を左辺に，検

表 4-2　テロ後の手荷物検査ゲーム

		空港警察	
		検査する	検査しない
乗客	持ち込む	−2, (−1)	(3), −19
	持ち込まない	(−1), −2	0, (0)

査しないことの期待利得を右辺にし，その両者の期待利得を等しくするように方程式を立てましょう。すると，

$$-1 \times p - 2 \times (1-p) = -19 \times p + 0 \times (1-p) \tag{1}$$

となります。これを解くと $p = 2/20 = 0.1$ です。これが検査の有無の間で空港の最適反応が切り替わる境目になっています。

Step 3 では，p がこの境目からずれたときに，どちらの純粋戦略が最適反応になるのかを Step 1 の結果から導き出します。表 4-2 に点線の○でつけた空港の最適反応を見ると，乗客は「持ち込む」のに対して空港は「検査する」のが最適反応です。つまり，混合戦略として解釈すると，$p = 1$ という純粋戦略で乗客が必ず「持ち込む」のなら空港は必ず「検査する」（$q = 1$）という純粋戦略が最適反応です。したがって，境目の $p = 0.1$ よりも p が高いのなら，$q = 1$ が最適反応になります。他方で，乗客は絶対に「持ち込まない」，つまり $p = 0$ なら，空港はまったく「検査しない」（$q = 0$）が最適反応なので，境目の $p = 0.1$ よりも p が低いのなら，$q = 0$ が最適反応になります。以上をまとめると，空港の最適反応は，

- $p < 0.1$ ならば，$q = 0$（まったく検査しない）
- $p = 0.1$ ならば，どの q の値でも最適反応
- $p > 0.1$ ならば，$q = 1$（必ず検査する）

となります。同様にして乗客の最適反応は，

- $q < 0.75$ ならば，$p = 1$（必ず持ち込む）
- $q = 0.75$ ならば，どの p の値でも最適反応
- $q > 0.75$ ならば，$p = 0$（絶対に持ち込まない）

となります。図 4-6 では以上のように求めた乗客の最適反応を黒の実線で，空港の最適反応を灰色の実線で表しています。ちなみに 9.11 以前の状況として利得がモデル 3.2 で定めたとおりであれば，空港の最適反応が切り替わる境目は $p = 0.2$ でした（第 3 章第 5 節参照）。つまり，テロのリスクがまだ低く，危険物を持ち込まれる空

図 4-6 手荷物検査ゲームでの最適反応動学

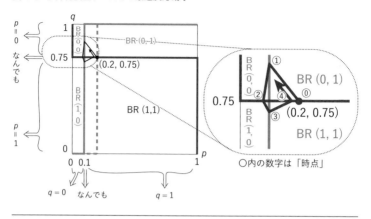

○内の数字は「時点」

港側の利得が−19 ではなく，−9 であったときの境目ですね。$p=$ 0.2 の境目も参考までに灰色の点線で図示しています。乗客の利得はモデル 3.2 から変えていないので，乗客の最適反応は変わらず，第 3 章第 5 節の (3) 式で求めていた境目の $q=0.75$ も変わりません。

図 4-6 では $(p, q) = (0.2, 0.75)$ で黒の実線と灰色の点線が交わっていますね。もしもテロ前のモデル 3.2 の状況なら，この点が均衡であり，お互いに最適反応をとっているのですから，最適反応動学のように戦略を調整しうるとしても，$(p, q) = (0.2, 0.75)$ から動きません。このように，ある点に到達した後，それ以上はもう動かない点を**定常状態**（stationary state）にあると言います。最適反応動学では定常状態とナッシュ均衡が一致します。

しかし 9.11 によってテロの可能性が増したことで，表 4-2 のようにゲームが変わりました。それに伴い空港の最適反応も灰色の実線へ移り，この $(p, q) = (0.2, 0.75)$ は均衡でなくなりました。$q=$ 0.75 に対しては乗客はどんな p でも，特に今の $p=0.2$ でも最適反応です。しかし，$p=0.2$ に対しては空港の最適反応は $q=1$ へと変わりました。乗客が禁止物を持ち込む確率が変わらなくても，テロ

の可能性が増したので，空港にとって「検査しない」ことは望ましくないからです。したがって，最適反応動学では，検査する確率 q が上昇し，(p, q) は $(0.2, 0.75)$ から上へ向かいます。これをスタートとして時点 0 と呼びましょう。

　図 4-6 の最適反応のグラフによると，ひとたび q が 0.75 よりも大きくなると，乗客にとっての最適反応は $p=0$ になります。つまり，検査の確率が上がってくると，乗客は禁止物を持ち込まないことが得になり，p は下がっていきます。したがって最適反応動学のもとでは，(p, q) は $(0, 1)$ へと向かっていきます。つまり，時点 0 の一瞬だけ真上へと動きますが，その後は左上隅の方へと進んでいくのです。このまま進んでいくと $p=0.1$ で空港の最適反応のグラフを通り過ぎますね。この瞬間を時点 1 と呼びましょう。このときもまだ $p=0$ が乗客の最適反応のままなので，p が低くなり続け左へと進むのですが，他方で警察の最適反応は $q=1$ から $q=0$ へと切り替わります。乗客が持ち込む可能性が十分に減ったので検査をする必要性が低下したからです。したがって，時点 1 からは (p, q) は $(0, 0)$ へ，つまり左下隅へと向かっていきます。

　そして，今度は $q=0.75$ で乗客の最適反応のグラフを通り過ぎますね。この瞬間を時点 2 と呼びましょう。このときもまだ $q=0$ が空港の最適反応のままなので，q が低くなり続け下へと進むのですが，他方で検査確率が下がると乗客は持ち込むようになってきます（最適反応は $p=0$ から $p=1$ へ）。したがって，時点 2 からは (p, q) は $(1, 0)$ へ，つまり右下隅へと向かっていきます。

　すると，また $p=0.1$ で空港の最適反応のグラフを通り過ぎます。この瞬間を時点 3 と呼びましょう。時点 1 とは逆に左から右へと進んでおり，持ち込む乗客の割合が増えているので空港は検査をするようになります（最適反応が $q=0$ から $q=1$ へ）。乗客の方の最適反応は $p=1$ のままなので，(p, q) は $(1, 1)$，つまり右上隅へと向かっ

ていきます。

するとどうでしょう。$q=0.75$ での乗客の最適反応のグラフへと戻ってきました。この瞬間を時点 4 と呼びましょう。時点 0 と同じように，この瞬間では真上に行きますが，すぐに $(p, q) = (0, 1)$ へと向かっていきます。後はこれまで議論したのと同じように最適反応動学での向かう先が，$(0, 1)$ → $(0, 0)$ → $(1, 0)$ → $(1, 1)$，そしてまた $(0, 1)$ に戻り，$(0, 1)$ → $(0, 0)$ → $(1, 0)$ → $(1, 1)$ と繰り返し，経路もぐるぐると回っていくことになります。ただ，よく目を凝らすと，時点 4 では時点 0 よりも新しい均衡 $(p, q) = (0.1, 0.75)$ に近づいていますね。つまり，ぐるぐると螺旋を描きながらも，新たなナッシュ均衡へと収束していっているのです。

以上の分析と第 3 章 5.3 項でのわれわれの議論を照らし合わせてみましょう。「テロ直後の反応として空港の最適反応が $q=1$ に変わり，徹底して厳しい検査を行う」というのが議論の最初でした。これは時点 0 の瞬間では真上へと向かうことで確かめられます。ただわれわれの議論は「乗客の最適反応も $p=0$ へと変わり，厳しい検査を恐れて禁止物を持ち込まないようにする」と続けましたね。これは時点 0 のあとに $(p, q) = (0, 1)$ へと向かうことと合っています。そして「危険物を持ち込むことを選ぶ確率が $p=0.1$ まで下がれば，空港は検査を緩めることが最適になります」とまで予想しました。これが時点 1 以降では (p, q) の向かう方向が $(0, 0)$ へと切り替わることと対応しています。その後は「$(p, q) = (0.1, 0.75)$ 周辺で揺らぎながら，いずれこの均衡に落ち着く」とぼんやりと推測していましたが，以上の分析では最適反応が循環的に切り替わっていきつつ，均衡へと収束していくところを具体化させました。直観を理論が支えているとも，また数理的な理論が直観と合っているとも言えますが，どちらにしても以上の分析がグラフ上のお絵かきだけでなく，乗客と空港のインセンティブを反映したプロセスであることを

納得していただけたでしょうか。

　2点ほど補足をしておきましょう。第1に，前の PoyPoy の例ではまっすぐ純粋戦略均衡へと収束しましたが，ここではそう単純な話ではありません。最初の (p, q) がどんなところであっても，最適反応は結局 $(0, 1) \to (0, 0) \to (1, 0) \to (1, 1)$ の繰り返しになり，そしてやはり螺旋を描きながら均衡へと近づいていきそうですね。図 4-6 では $(0.2, 0.75)$ から始めてみましたが，皆さんも好きなところに初期状態を置いて，試してみましょう。ただし正確に最適反応へ真っすぐ向かう線を描かないと，螺旋になりはすれども均衡に近づいていかないかもしれません。実際に分析する場合には，方眼紙を用意するとよいでしょう。この章のオンライン・コンテンツでも方眼の図を用意しました。どこからでも $(p, q) = (0.1, 0.75)$ という均衡に収束するので，この均衡は大域的安定であると言えます。このように，混合戦略の均衡が安定的になり，またまっすぐではなく螺旋を描いて収束する場合もあるわけです。

　第2に，均衡と収束の関係について少し但し書きをつけておきます。これまでの2つの事例で，確かに各時点での最適反応へと徐々に調整していくことで均衡へとたどり着くことを見てきました。進化動学に基づくと，実際の観察に基づいて戦略を調整する過程の最終的な収束先として均衡を解釈することができます。最適反応動学については収束先，あるいは定常状態になるところでは必ず均衡になっています。本書で見てきた例のような，2人のプレーヤーそれぞれでとりうる選択肢が2つだけという2行2列の利得表で表されるゲームにおいては，最適反応動学では必ずいずれかの均衡へと収束します。ただし，より複雑なゲームや，最適反応ではない調整の仕方に基づく動学では，必ずしも均衡へ収束するとは限りません。進化動学の教科書である Sandholm (2010) に，よく知られている収束の条件と，収束しない状況が詳しく書かれています。

5 集団の違いがない状況での進化動学
車のルート選択

5.1 ゲームとしての渋滞

　ゴールデンウィークやお盆など，大きなイベントがあると鉄道や近隣の道路網でひどい混雑や渋滞が生じます。特に道路の渋滞は到着時間の遅れにつながり，日本全体での時間の損失は延べで約50億時間，乗車している時間の約4割にも上るそうです（国土交通省，2015）。実は混雑というのは私たちの目に見えていない空の上でも起きているのです。どこかわかりますか。携帯電話などの電波が実は道路の車のように混雑することがあるのです。例えば年末年始やコンサート，あるいは事故・災害でみんながいっせいに携帯電話を使おうとすると，電波が入らないことがありますよね。電波は道路と同じように，さばける容量に上限がある電話の基地局に，みんなが押しかけ混雑しているのです。このような交通などの混雑を取り扱う社会工学の中では，進化動学を扱うゲーム理論が標準的な分析手法の1つになっています。本節では，最も単純なモデルを考えながら，進化動学の応用を見ていきましょう。

　ここまでの事例では2つの（純粋）戦略から選ぶような状況を考えてきました。道路の経路を選ぶというのは，一般道であれば交差点ごとにどちらの道を行くかを随所で選ぶわけですから，現実的には膨大な選択肢がありえます。ただこの問題は，多少混みそうでも高速道路のような大きな道を選ぶか，あえて下道に行くかという二者択一で捉えられます。具体例で考えるために，舞台を福島県の相双地域に移しましょう。この地域は阿武隈高地と太平洋に挟まれた「浜通り」という回廊に位置します。そのため道路でのアクセスは，国道6号線と常磐自動車道に絞られます。このことを踏まえ観光客

のルート選択を考えてみましょう。

　混雑というのは実はゲーム理論，特にポピュレーションゲームの進化動学がとてもよくあてはまる状況です。まず，どの道で渋滞を避けられるかは，ほかの人たちがどのような道を選ぶかによりますね。みんなが高速道路を使うのなら，自分だけ下道の一般道を使うというように，渋滞を避けるにはほかの人があまり選んでない方をとるべきでしょう。そして，ここで考えるような渋滞は 1，2 台の車の問題ではなく，たくさんの車が同じ道に来てしまい詰まっているような状況です。したがって，ポピュレーションゲームとして，各道路を選ぶ車の割合を分析します。そして，道の選択というのは，

高速道路の入口なりその場で混み具合を見てから，実際にどういう道をとるかを柔軟に決めるものであるため，人々の意思決定をするタイミングはバラバラですし，観察に基づく選択をしているため，進化動学で分析すべき状況だと言えます。

　ということで先の事例をモデルにしましょう。以下では，利得表を用いずに，数式で利得を示していきます。

［モデル 4.2］押し寄せる観光客の車列

　無数のドライバーたちのポピュレーションゲームを考える。各ドライバーは常磐道か国道かを選ぶ。常磐道を選ぶドライバーの割合を p としたとき，常磐道を選んで得られる利得を $10-8p$，国道の利得を $4+p$ とする。図 4-8 のように，p が大きくなるほど，常磐道が混むので常磐道を選ぶ利得が下がり，また国道が空くので国道の利得は増える。もしも同じ道にほかのドライバーがいなければ，常磐道（$p=0$）なら信号がないだけスムーズに進みやすく利得は $10-8\times0=10$ で，国道で同様のとき（$p=1$）の利得 $4+1=5$ よりも高い。ただ，全員が同じ道を選んだ場合には，常磐道（$p=1$）の方が動かなくなりやすく，また抜けだすのは難しいため，利得が $10-8\times1=2$ と，国道で同様の場合（$p=0$）の利得 $4+0=4$ よりも低くなる。

図 4-8　モデル 4.2 での利得

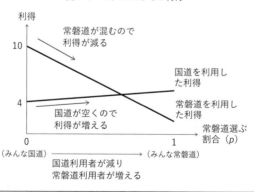

ではこのモデルでどのようにドライバーが道の選択を行うか，最適反応動学で分析しましょう。そのためにまずは各ドライバーの最適反応を求めます。Step 1 から言うと，まずドライバーみんなが常磐道を選ぶ，つまり $p=1$ ならば，常磐道は大渋滞でその利得は 2，国道はガラガラで利得は 5 となるので，ほかのドライバーを避けて国道を選ぶのが最適反応です。逆にみんなが国道を選んでおり，$p=0$ なら，ガラガラの常磐道の利得は 10，大渋滞の国道の利得は 4 なので，常磐道を選ぶのが最適反応です。渋滞を避けるためにほかの車と違う道を選びたいという事例ですから，選ぶ人の割合が高い道とは逆の道を選ぶという最適反応は自然なことですね。

最適反応が切り替わる境目として，常磐道と国道の利得が等しくなるような p を求めましょう (Step 2)。つまり，前者の利得を左辺，後者の利得を右辺にした方程式

$$10-8p=4+p$$

を解きます。すると，$p=2/3$ が解として出てきます。Step 3 として以上をまとめると，

- $p<2/3$ ならば，常磐道
- $p=2/3$ ならば，どちらの道でも
- $p>2/3$ ならば，国道

が各ドライバーの最適反応となります。

さて，これまでは p と q の 2 つの確率が出てきていました。でも，今のモデルには q は出てきません。モデル 4.1 では，お客さんの行動が p，お店の行動が q の値を定めていました。一方でこのモデルでは，みんなドライバーとして同じ p を決める人たちしかいません。つまり，モデル 4.1 ではあった「違う側（サイド）」がないわけです。なので，上でまとめたような個々のドライバーの最適反応は，「現在の p の値に応じて，p 自身がこれから先にどういう方向に変わっ

ていくか」を示しているのです。つまり、現在の p が 2/3 未満なら、今これから道を選ぼうとしているドライバーは常磐道を選んでいく。したがって、ここから常磐道を選ぶドライバーの割合 p は増えていくというように、個々のドライバーの新たな選択から p 自身の変わる方向を導くと、最適反応動学で p の向かう先は以下のようにまとめられます。

- $p<2/3$ ならば、常磐道が最適なので、p は増えていく。
- $p=2/3$ ならば、どちらの道も無差別なので、p は増えるとも減るとも変わらないともどちらとも言える。
- $p>2/3$ ならば、国道が最適なので、p は減っていく。

これまでのようにグラフにしたいですね。ただ、ここでは変数が p だけなので図 4-9 のように 1 本の直線上の動きになります。

　これを見ると、p が 2/3 より小さくとも大きくとも、$p=2/3$ へと収束していきます。$p=2/3$ ではどちらに動くこともありうるのですが、ひとたび $p=2/3$ から離れても、また戻されるので、結局は $p=2/3$ にとどまるしかありません。したがって、$p=2/3$ というのが大局的に安定な定常状態だと言えます。念のために確認すると、$p=2/3$ では、常磐道を通る利得は $10-8×2/3=14/3$、国道を通る利得も $4+2/3=14/3$ となり、利得が等しくなるので、ナッシュ均衡だと確かめられます。

図 4-9 モデル 4.2 での最適反応動学

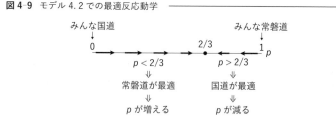

このような混雑のゲームにおいては，初期状態がどこであっても，1つの混合戦略均衡へと収束していきます。しかし，それは望ましいことなのでしょうか。ここでは社会的な望ましさとして，ドライバー全員の平均利得を考えてみましょう。混合戦略均衡においては，結局みんなが 14/3 という利得を得るので，平均利得はもちろん 14/3＝4.66…です。他方で，もし p=0.5，つまり常磐道と国道とが半々だとしたらどうでしょう？ 均衡に比べると常磐道はやや空くので利得は高くなり 10−8×0.5＝6 となり，他方で国道はやや混むので利得は低くなり 4+0.5＝4.5 となります。それぞれ半々なので，ドライバー全体の平均利得は 0.5×6＋0.5×4.5＝5.25 となります。つまり，均衡よりもドライバー全体としてはこの p=0.5 の方が望ましいのです。

しかし，p=0.5 は均衡ではありません。1人1人のドライバーにとっては常磐道の方が利得は高いので，人々はそちらを選んでいき，p が高くなっていきます。常磐道は混みあってくるので，この新たに入ってきた人だけでなく，すでに常磐道を選んでいた人たちもみんなが，渋滞で不利益，つまり利得の減少を被ります。その結果，ドライバー全体の平均利得が低くなってしまうわけです。このように個々人の行動がほかの人々の利害へ影響を及ぼすことは，経済学では**外部性**（externality）と言い，戦略的相互依存によって起こる典型的な問題の1つです。

代表的な外部性の解決法として，**ピグー税**（Pigovian tax）という考えが知られています。ピグーというのは，20世紀初頭にこのアイデアを出したイギリスの経済学者です。ピグー税とは，ほかの人々へ影響する分を税金，あるいは料金として徴収することで，行動を起こす本人の選択に外部性を反映してもらおうというアイデアです。モデル 4.2 でも，常磐道の通行料を導入すれば，常磐道を使

う利得が減ることで人々に国道を選ばせやすくなりますね。なのでこの通行料をうまく調整すれば，望ましい $p = 0.5$ を達成できるはずです。この点は，練習問題 4.3 で試しましょう。

これまで，日本では高速道路の料金は建設費を補うという名目で課せられてきました。しかし，東名高速道路など主要な道路の建設費がすでに賄われている今日では，このピグー税の考え方に基づき混雑緩和のために料金を徴収し続けるべきだという議論が行われています。渋滞を緩和させるために通行料を混雑にあわせて調整することをピーク・ロード・プライシングと言いますが，海外で実験的に導入され，日本でも実務レベルの議論が始まっています。進化動学の理論では，望ましい状態があらかじめわからなくても，各時点でこの他人への影響を測り，それでその時点での税・料金を定め，そして随時それを更新していくことで，いずれ社会的に望ましい状態へと誘導できることが知られています（Sandholm, 2002）。

ここまで，進化動学を学習してきました。進化動学は，社会科学を超えた学問分野へ広がっています。例えば，生物学などでは，本書で学習した最適反応動学とは少し違った分析手法もとられています。本章で議論した最適反応動学では，プレーヤーは観察したほかのプレーヤーの戦略に対する最適反応を選択していました。しかし，そこまで計算高くなく，たんに社会の中でうまくいっている人たちの戦略を模倣する，などの行動も考えられますよね。模倣など，最適化から多かれ少なかれ外れた意思決定を**限定合理性**（bounded rationality）と言います。限定合理性は行動経済学という心理学を経済現象に応用した経済学の分野が発展する中で注目されていますが，進化動学の理論も，この限定合理性が社会の変化にどう影響するかを分析しています。この限定合理性を伴った進化動学は，社会科学でも用いられることはあります。同時に，進化動学は工学へも応用されています。本書では交通混雑の事例を見ましたが，交通工学は

まさにその代表例です。さらに AI を念頭に，社会を望ましい均衡へと導くために，どのように意思決定の仕方自体をデザインすべきかという問題へと進化動学の理論が応用されています（図斎，2023）。興味がある読者は，巻末のブックガイドを参照しつつ，進化動学の世界に足を踏み入れてみてください。

Exercise 練習問題

4.1（均衡の安定性） 第3章で取り上げた以下の（ⅰ）から（ⅲ）の例において進化動学での均衡の安定性を考えよ。（ア）〜（ウ）に答える形で議論すること。

（ア） 各プレーヤーの最適反応，そして均衡を求めて，図示せよ。

（イ） p と q のそれぞれの値を均衡から ± 0.05 ずらしたところ（(p, q) の組としては4つ）を初期状態として最適反応動学で (p, q) がどのように変わっていくかを描いてみよ。そして元の均衡に戻っていくか否かを示せ。

（ウ） 均衡が複数ある場合には（イ）をそれぞれの均衡で試し，どの均衡が安定かを判別せよ。均衡が混合戦略を入れても1つしかない場合，初期状態をもっと大きくずらしたり，いろいろな方向にずらしたりすることで，その唯一の均衡が大域的に安定か否か示せ。

（ⅰ） 表 3-1 の「PK 戦」 （ⅱ） 表 3-5 の「逢引きゲーム」

（ⅲ） 表 3-6 の（9.11 前の）「手荷物検査ゲーム」

4.2（歩くか止まるか） 本来はエスカレータでは止まって身を委ねるべきだが，かつてはエスカレータに乗りながらさらに歩く人々がいた。止まる人はほかの止まっている人のことは気にならず，歩む人もほかの歩む人は邪魔にならない。しかし，止まる人と歩む人はぶつかる可能性がある。それゆえ，左右で，歩く人と止まる人が分かれることがしばしば観察された。これは右の利得表のようなゲームにモデル化される。ここでは2人はともに右利きで，ぶつかりそうなら右に立ち右手で手すりにつかまりたいとしよう。よって，ともに右側を選んだ方が，ともに左を選ぶより利得が高くなっている。

		歩く人	
		左	右
止まる人	左	2, 2	4, 8
	右	6, 7	3, 3

（ア）　各プレーヤーについて混合戦略での最適反応，そしてナッシュ均衡を見つけて図示せよ。p を「止まる人が左を選ぶ確率」，q を「歩く人が左を選ぶ確率」とする。

（イ）　このゲームをポピュレーションゲームとし，混合戦略を戦略分布として解釈する。つまり，p は「止まる人たちの中での左に立つ人の割合」，q は「歩く人たちの中での左に立つ人の割合」と読み換える。そのうえで最適反応動学を考えよ。そして，前問で見つけたそれぞれの均衡について，安定的かどうかを判断せよ。現実に引き付けて考え，この安定性を議論せよ。

4.3（ピグー税のアイデア）　常磐道は有料高速道路なので通行料が必要である。この通行料を $d>0$ としよう。つまりモデル 4.2 において，常磐道を使うドライバーの割合 p によらず，常磐道を使うときの利得が一定の値 d だけ減るものだとする。

（ア）　$d=3$ として，新たに均衡を求め，そしてその最適反応動学での安定性を判断せよ。

（イ）　逆に望ましい状態を均衡にさせるように通行料 d の値を決めてみよう。つまり，$p=0.5$ が均衡になるような d の値を見つけよ。そして，その均衡の最適反応動学での安定性を判断せよ。

信じられる脅し

部分ゲーム完全均衡

Quiz クイズ

「他店よりも1円でも高ければ値下します」という最低価格保証を売りにして成長した家電量販店があります。では，ゲーム理論に基づくと，最低価格保証は価格競争をどのように変化させると考えられるでしょうか。

家電量販店広告などで見られる
価格対抗保証の例

a. ライバル店は値下げをし，自社は対抗値下げをしない。

b. ライバル店が値下げをし，自社も対抗値下げをする。

c. ライバル店が値下げをせず，自社は対抗値下げをする。

d. ライバル店が値下げをせず，自社も対抗値下げをしない。

Chapter structure　本章の構成

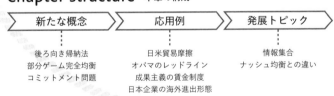

新たな概念	応用例	発展トピック
後ろ向き帰納法 部分ゲーム完全均衡 コミットメント問題	日米貿易摩擦 オバマのレッドライン 成果主義の賃金制度 日本企業の海外進出形態	情報集合 ナッシュ均衡との違い

1 大統領の約束

　日常生活で「脅し」は決してよいことではありません。暴力をちらつかせた場合は脅迫罪などの罪に問われることもありますし，上司が部下に「こんな仕事もできないんだったら辞めちまえ！」などと怒鳴れば，パワハラにもなります。たとえ法に触れなかったとしても，「○○してくれないと絶交する」などと脅しめいたことをいう人とは距離を置きたいものです。しかし，こうした威嚇や脅しは外交交渉では珍しいものではありません。例えば近年では，中国の台頭に警戒感を隠さない米国が，経済制裁をちらつかせながら「公正な」貿易を中国に要求しています。1960 年代から 90 年代まで，日本も米国と貿易摩擦が生じたときに，米国による脅しを用いた交渉術に直面していました。次の事例を見てください。今の米中貿易摩擦と重なって見えますが，かつての日米間で起きたことです。

> **【事例 5.1】日米貿易摩擦**
> 　1960 年末頃から，日本と米国では貿易問題が繰り返し浮上していた。日本からの輸入品が急増し，米国の産業と雇用を脅かしたためである。実際，繊維（1960 年代）や鉄鋼（1960～80 年代），カラーテレビ（1970 年代），自動車（1980 年代），半導体（1980 年代後半）などさまざまな製品で問題となっていた（小峰，2011）。
> 　こうした交渉の中で，米国の強力な武器は，1974 年に制定された通商法 301 条である。外国が不公正な貿易政策をしていた場合，この条項によって，大統領は輸入関税（輸入する際に徴収する税金）の引き上げなどの経済制裁が可能になる。日本からすると，この制裁は避けたいものである。日本製品の輸入関税が引き上げられると，日本企業の経費が増え，米国市場で不利な競争を強いられるからである。
> 　米国は，日本市場の閉鎖性（米国企業が日本市場に参入しにくいなど）を非難しつつ，経済制裁をちらつかせながら，通商交渉で日本の譲

歩を迫った。激しい攻防の結果，自動車の輸出台数を自主的に抑制することや，日米半導体協定では，政府が資金を出した技術に米国企業がアクセスすることを保証するなど，日本は米国に妥協する道を選んだ。米国による脅しは一定の成果を得たのである。

　この事例では米国の脅しは日本政府の行動を変えることができましたが，相手の行動を変えることができなかった脅しもあります。太平洋から中東に目を移してみましょう。バッシャール・アル＝アサド大統領が統治しているシリアでは，国民からの民主化の要求が高まり，これがきっかけで2011年ごろからシリア内戦が始まりました。その内戦において，アサド政権が化学兵器を用いる意図があるという情報を，米国のバラク・オバマ大統領（当時）はつかみます。シリア内戦とは距離をおいていたオバマ政権ですが，ここで一歩踏み込みます。

【事例5.2】オバマ大統領のレッド・ライン

　シリアによる化学兵器使用の可能性を察知したオバマ大統領は，2012年8月に，大量の化学兵器の輸送と使用は，米国にとってのレッド・ライン（越えてはならない一線）であり，その一線を越えた場合には「私の計算を変えることになる」と発言した。これは，化学兵器の運

演説するオバマ元米大統領
（2012年8月，写真提供：EPA＝時事）

搬・使用により武力行使を行うという，シリアのアサド政権に対する明確な脅しと解釈できる。しかしアサド政権は，その脅しを無視し，発言の1年後の2013年8月に，反体制派の市民の多かったダマスカス近郊のグータ地区を，化学兵器であるサリンで攻撃した。正確な死者数は不明だが，何百人もの市民が亡くなったとされている。アサド政権による化学兵器を用いた大量虐殺は，明らかにオバマ大統領の言う「レッド・ライン」を越えたものであった。しかし，オバマ大統領はシリアへの武

力行使に逡巡する。最終的にロシアが，シリアの化学兵器廃棄に向けて仲介役として介入すると提案したことを契機に，オバマ大統領は軍事介入を諦めることなる（Warrick, 2021）。

　この2つの事例は，同じように外交交渉で「脅し」を使っていますが，成果は対照的です。日米貿易摩擦では日本の妥協を促しましたが，シリアではうまくいきませんでした。では，どのようなときに脅しはうまくいくのでしょうか。

　この問題の重要なポイントの1つは，「日本やシリアが要求を拒否したら，米国はどう対応してくるか」という点です。日本やシリアなど米国の相手国の立場になって考えてみてください。相手国としては米国の要求を受け入れたくありません。例えば，当時の日本はさまざまな産業が好調で，輸出制限をかけて好調な輸出に冷や水を浴びせたくないという背景がありました。また，アサド政権もシリア内戦の最中で，政権維持のために化学兵器を使用したいと考えていました。

　だからと言って，要求を拒否すればよいという単純なものではありません。米国が制裁や軍事介入を発動しなかったらよいのですが，もし発動された場合には，日本経済やアサド政権に大きなダメージとなるからです。つまり，自国の対応（受諾するか拒否するか）によって，米国がどのように対応するか（制裁や軍事介入が発動されるか否か）を考慮する必要があります。米国による脅しを信じることができるか否かは，この米国の将来の行動に関する予想に依存して決まるわけです。

　本章で取り扱う特徴はこの点にあります。これまでの章では，プレーヤーが同時に意思決定をする状況を考えてきました。「囚人のジレンマ」ゲームでは，相手が自白と黙秘のいずれを選択しているかを知らないまま，意思決定しなければなりませんでした。これに対して，本章では，時間の経過があり，プレーヤーは過去の行動を

知ることができる状況を考えます。貿易摩擦の事例では，日本が受諾するか否かの決断をした後に，米国が対応を決めるという順序があり，米国は日本の出方に応じて，制裁発動の是非を決めることが可能です。つまり，時間の経過を考慮した逐次手番ゲームになっています。

　では，この時間の経過をどのようにモデルで表現すればよいのでしょうか。「相手の行動によって対応を変える」という戦略的相互依存関係は結果にどのような影響を与えるのでしょうか。本章ではこの問題を考えていきましょう。

2 逐次手番ゲーム
貿易摩擦

▭▷ **2.1 「時間の経過」を表現する**

　冒頭で紹介した事例 5.1 を次のようにモデル化して考えてみましょう。

［モデル 5.1］貿易摩擦

　A 国と J 国で生じた貿易問題の交渉を考える。A 国が J 国に対する要求を示した後，次の順番で各国が意思決定を行う。

　(1)　J 国は A 国の要求を受け入れるかどうかを決める。

　(2)　J 国の対応を見た後，A 国は経済制裁を発動するかどうかを決定する。

　J 国が要求を拒否し，A 国が経済制裁を発動しなかった場合には，現状から変わらないため，利得はどちらの国も 0 としよう。一方で，A 国の要求を J 国が受け入れると，J 国の利得は −2 に低下し，A 国の利得は 4 に増加する。ただし，経済制裁が発動されると，J 国も A 国も国内経済に損害が生じるため 6 の費用がかかるとしよう。

　このモデルにおけるプレーヤーは A 国と J 国であり，すべての結果に対して両プレーヤーの利得が与えられています。この 2 つは

これまでの章で分析した同時手番ゲームと同じです。これまでと大きく違う点は，「J国の決定の後，A国が制裁発動の是非を決める」という意思決定の順序です。なお，厳密にいうと，A国の要求が最初ですが，この点は省略し，要求が行われた後の状況を本モデルでは考えます。

　このような順序を表現するために，ゲーム理論では図 5-1 のような**ゲームの木**（game tree）を使います。事例では，J国が先に行動し，A国が 2 番目という順序がありました。図 5-1 では，上の点でJ国が意思決定し，下の 2 つの点でA国が決定するというふうに，上下で時間の流れを表現します。各点から出ている線は**枝**（edge）と呼ばれ，プレーヤーの行動を表します。最初の**点**（node）ではJ国の意思決定が行われ，受諾と拒否の 2 つの行動が選べます。この 2 つの選択肢を，「受諾」の枝と「拒否」の枝で表現しています。次の点ではA国の意思決定が行われ，「経済制裁する」と「制裁しない」の枝が伸びています。最後の点に示されている数字は各プレーヤーの利得で，上の数字がJ国の利得，下がA国の利得です。プレーヤーの利得は，意思決定を行う順番に並べることが通例となっています。

図 5-1　ゲームの木

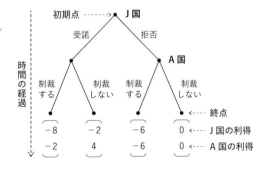

このようにゲームの木は，点と枝から構成されます。最初の点を**初期点**（initial node）もしくは**根**（root），最後の点を**終点**（terminal node）と呼びます。また，意思決定が行われる点は**意思決定点**（decision node）と呼びます。

▭▷ **2.2　解を求める**

では，この状況でどのように結果を予測すればよいでしょうか。時間の経過があるため，以下の2つの点が同時手番ゲームから変わります。

(1) 後手のプレーヤーは，先手の行動を見たうえで意思決定できる。よって，先手の選択によって自身の選択をどう変えていくかという行動計画を事前に練ることもできる。

(2) 先手のプレーヤーは，<u>後手のプレーヤーの行動を予想して</u>意思決定する。

分析で難しい点は，後手の行動を先手はどのように予想するかです。J国の立場になってみると，「拒否して，A国が経済制裁してきたらどうしよう」と不安になりますが，この不安は，「A国は本当に経済制裁をする」というJ国の予想が正しければもっともなものですが，「制裁しない」ならば，単なる杞憂に終わります。そこで，(1) の「後手がどのような行動をとるか」を最初に考え，その後，先手プレーヤーの予想の問題に進みましょう。

＜後手のプレーヤー＞

後手のプレーヤーであるA国は，先手のJ国の選択を観察したうえで意思決定できます。「相手が受諾したら経済制裁しないが，拒否した場合は経済制裁しよう」など，先手の各行動に対して異なった選択をすることもできるわけです。もう少し厳密に説明しましょう。図5-2 (a) では，2つの枠線があります。左枠は「J国が受諾した場合」で，右枠は「J国が拒否した場合」です。こうした2

図 5-2 後ろ向き帰納法

(a) 先手の行動を見てから後手は選択　　(b) 後手の行動を予想し，先手が選択

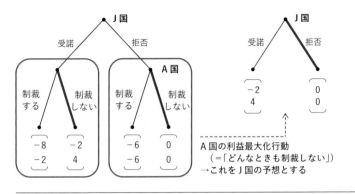

つの場合に分けて J 国は自身の行動を検討することになります。以降では，このように使い分ける戦略を，

　　　　（受諾した場合の行動, 拒否した場合の行動）

　　　　　＝（制裁しない, 制裁する）

という形で表記します。ここでは，「受諾しなかった場合のみ制裁する」という戦略を例として表しています。この行動の組が，後手のプレーヤーが決定をする戦略になります。A 国の選択肢は，左枠で 2 通りあり，右枠で 2 通りあるため，2×2 で 4 つの戦略を後手は有しています。同時手番ゲームの場合には，「制裁する」か「制裁しない」の 2 つの戦略しかなかったわけですから，相手の行動を観察できることで選べる戦略が増えています。

　では，4 つの戦略のうち，どの戦略が A 国にとって最も利得が高いものでしょうか。J 国が受諾した場合には，

　　　　（「制裁しない」の利得）＝4＞−2＝（「制裁する」の利得）

となり，J 国が拒否した場合には，

　　　　（「制裁しない」の利得）＝0＞−6＝（「制裁する」の利得）

になります。したがって，A 国にとって，いずれの場合にも制裁しない——先ほどの表記を使うと（制裁しない，制裁しない）——が最適な戦略になります。

<先手のプレーヤー>

次に先手の J 国の行動について考えましょう。J 国は A 国の反応を予想しながら，受諾するかどうかを決定します。繰り返しになりますが，J 国にとって A 国の行動予想は重要です。拒否した場合，A 国に制裁をされなければよいですが（利得 0），制裁をされてしまうとその損害は大きいからです（利得−6）。J 国は A 国の反応を見極めたうえで決めなければなりません。

では，J 国はどのような予想をするべきなのでしょうか。ゲーム理論では「後手プレーヤーは自分の利得を最大化した行動をとる」と先手プレーヤーは予想すると考えます。ややこしいですね。図 5-2 に戻ってください。先ほどの議論から，「いずれの枠線でも経済制裁をしない」が A 国の利得を最大化する戦略だとわかりました（図 5-2 (a) の太線）。これが J 国の予想となります。これは第 2 章で学習した事後実現的な予想に近い考え方になります。事後実現的な予想では，実際の選択を正しく予想できるので，先手は後手の利得最大化行動（＝実際の選択）を予想として用います。

こうした予想を組み込んだものが，図 5-2 (b) になります。この図では A 国の意思決定点が省略されています。「いずれの場合も経済制裁しない」と予想するので，経済制裁しない場合の利得を終点に記載しています。受諾すると利得−2，拒否すると利得 0 なので，J 国は拒否することになります。

以上の議論から，図 5-3 の太線のように「J 国は要求を拒否し，A 国は常に経済制裁をしない」が両プレーヤーにとって最適な選択となっています。この戦略の組を

（J 国の戦略，A 国の戦略）＝（拒否，（制裁しない，制裁しない））

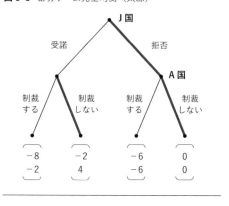

図5-3 部分ゲーム完全均衡（太線）

と表記しましょう。このように求められた解を**部分ゲーム完全均衡**（subgame perfect equilibrium）と呼びます。

この均衡で選択されている戦略は，ナッシュ均衡と同じように「自己拘束的な戦略」になっています。ゲーム理論がナッシュ均衡をゲームの解として考えるのは「ほかのプレーヤーの選択を予想したうえで，この予想のもとでは，このプレーヤーが戦略を単独で変更するインセンティブを有さないこと」という性質があるからでした。(拒否，(制裁しない，制裁しない)) という結果に至った場合，行動を変える動機がすべてのプレーヤーにありません。A 国が (制裁しない，制裁しない) を選んでいる場合，J 国が「拒否」から「受諾」に変更すると利得は 0 から−2 に減少してしまいます。J 国が拒否する場合には，A 国は (制裁しない，制裁しない) から (制裁しない，制裁する) に変更すると，利得が 0 から−6 に減少します。したがって，いずれのプレーヤーも戦略変更の動機を持たず，自己拘束的であることがわかります。ただし，ナッシュ均衡と部分ゲーム完全均衡は同じ概念ではありません。この点は第 5 節で再び考えます。

ここで部分ゲーム完全均衡について 2 点補足しておきましょう。1 点目は，解の名前にいきなり「部分ゲーム」という言葉があって戸惑ったかもしれませんが，この名称は解の導出方法に由来しています。再び図 5-2 (a) を見てください。A 国の最適行動を求めると

きに，右の枠線と左の枠線に分けて，最適行動を求めました。これ
は，図5-2(a)の枠線を独立した「ゲーム」と捉えていることにな
ります。例えば，「J国が受諾するかどうかを決めた後，A国が制
裁するかどうか」という全体のゲームから，「J国が受諾した場合，
A国が制裁するかどうか」という左の枠を取り出して，左枠の最
適行動を求めています。図5-1のように後手が先手の行動を観察で
きるゲームでは，ある1つの意思決定点を選び，そこから後ろにつ
ながっているすべてを取り出したものを**部分ゲーム**（subgame）と
呼びます。部分ゲームは全体のゲームも1つの部分ゲームとして数
えるため，部分ゲームは

　左の枠線：J国が受諾した後のA国の意思決定点から続くもの

　右の枠線：J国が拒否した後のA国の意思決定点から続くもの

　全体のゲーム：J国の意思決定点から続くもの

の3つあります。時間の経過があるゲームでは，全体のゲームを部
分ゲームに分解して，それぞれの部分ゲームの解を導出しているの
で，「部分ゲーム」完全均衡と呼ばれます。

　2点目は，部分ゲーム完全均衡は「図5-3の太線のすべて」であ
ることに注意してください。部分ゲーム完全均衡は，（拒否，制裁し
ない）ではなく，（拒否，（制裁しない，制裁しない））です。形式的
な注意に見えるかもしれませんが，部分ゲーム完全均衡が自己拘束
的であることと関連しています。J国が拒否しない理由は「拒否し
た場合にA国が制裁しない」からではなく，「受諾しても拒否して
も制裁しない」ことを改めて確認してください。J国は拒否するか
どうかを，以下の式に従って計算しました。

　　　　（受諾した場合の利得）＝−2＜0＝（拒否した場合の利得）

このJ国の利得は，受諾しても拒否してもA国は制裁しないとい
う予想が前提にあります。もし，「制裁がある」と予想すると，利
得は上記から−6されていなければなりません。したがって，J国

が拒否する理由は，「受諾しても拒否しても A 国は制裁しない」ことが前提ですから，A 国の行動をすべて書く必要があるのです。

＜後ろ向き帰納法＞

では，部分ゲーム完全均衡の求め方をまとめましょう。

(1) 後手（A 国）の意思決定点について考える。それぞれの点について後手（A 国）の利得を最大化する行動を選ぶ。

(2) 先手（J 国）の意思決定点について考える。(1) で選ばれた行動が行われると予想して，それぞれの点についてプレーヤーの利得を最大化する行動を選ぶ。

より複雑なゲームでも部分ゲーム完全均衡を求められるように，この方法を一般的に表現すると，以下のようになります。

定義 5.1　後ろ向き帰納法

(1) 終点の 1 つ前の意思決定点を考える。それぞれの点についてプレーヤーは利得を最大化する行動を選ぶ。

(2) 終点から 2 つ前の意思決定点を考える。(1) の行動が行われると予想して，それぞれの点についてプレーヤーは利得を最大化する行動を選ぶ。

(3) 終点から 3 つ前の意思決定点を考える。(1) と (2) の行動が行われると予想して，……
　　以上を初期点に到達するまで繰り返す。

この解法は，（最後の意思決定点からスタートして）1 つ手前の結果を用いながら順に初期点に向かって解いていくため，数学的帰納法に似ています。そのため，**後ろ向き帰納法**（backward induction）と呼びます。この考え方を使うと，3 人以上のプレーヤーが順に意思決定をするゲームについても均衡を見つけることができます。図 5-4 を見てください。どんな文脈のゲームでも解けるように，あえて文脈を与えない抽象的なゲームにしています。

このゲームでは，朝子さん，昼子さん，夕子さんが順に決定をし

ています。後ろ向き帰納法を用いて均衡を求めてみましょう。まず，夕子さんを考え，4つの点のそれぞれについて，図5-4 (a) のように夕子さんの利得を最大化する行動に太線を引きます。太線が引かれた行動が夕子さんの最適な選択です。次に，「夕子さんが太線を選択する」と昼子さんは予想しますので，昼子さんの意思決定は図5-4 (b) のようになります。同様に昼子さんの利得最大化行動に太線を引きます。最後に，朝子さんは，昼子さんの行動を予想して利得最大化行動に太線を引きます。こうして，図5-5の太線が引かれ

図5-4 後ろ向き帰納法（3人）

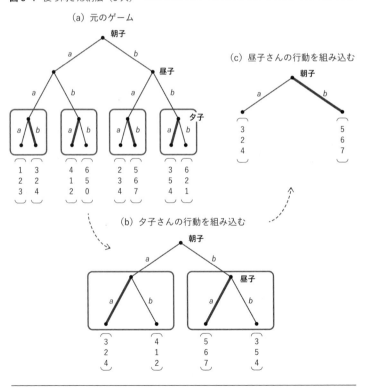

(a) 元のゲーム

(c) 昼子さんの行動を組み込む

(b) 夕子さんの行動を組み込む

図 5-5 部分ゲーム完全均衡

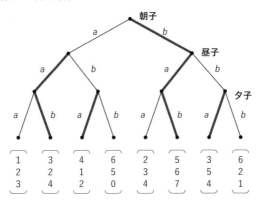

た行動が部分ゲーム完全均衡になります。（朝子の選択, 昼子の選択, 夕子の選択）という形で表すと, $(b, (a, a), (b, a, b, a))$ となります。

2.3 コミットメント問題

ここまで, 時間の経過をゲームの木で表現し, 後ろ向き帰納法で部分ゲーム完全均衡を求めました。このように時間の経過のあるゲームでは, 「最初によいと思ったことを, 後から選択しなくなる」という新しい戦略的相互依存関係が生まれます。冷静なときにはダイエットをした方がよいとわかっていたとしても, 時間が経過しておなかが減ってしまうとついつい食べ過ぎてしまう。こんなことが時間の経過によって生まれます。本項では, 2種類のケースを紹介し, その理由を考えましょう。

<① から脅し>

貿易摩擦の事例に戻りましょう。このゲームでは, （拒否, （制裁しない, 制裁しない）） が部分ゲーム完全均衡でした。この均衡では J 国にとって最も望ましい状態が成立しています。A 国は自国経済

への悪影響を避けるために制裁を発動しないので，J国は安心して要求を拒否できるからです。

しかし，A国にとってこの結果は望ましいものではありません。J国に要求を受け入れさせられないからです。では，A国はどうにかしてJ国に受け入れさせられないでしょうか。そこでA国は次のように考えます。

「J国が要求を拒否できたのは，わが国（A国）が経済制裁をしないからだ。拒否したら経済制裁をすると脅すことで，J国に要求を受け入れさせられないだろうか」

このA国の考えをゲームの木で表現したのが図5-6です。「拒否するとA国が経済制裁をする」と仮定すると（線で囲った部分），J国は拒否すると利得は−6となってしまうので，要求を受け入れることになります。結果，A国は（部分ゲーム完全均衡の）利得0よりも高い利得4を選ぶことができます。確かに，A国が「拒否すると制裁をするぞ」という脅しは，J国が行動を決める前には利得を高めます。

しかし，部分ゲーム完全均衡では，このようなA国の目論見はうまくいかないと考えます。というのも，J国が拒否を決めた後では，制裁の発動は自国経済の悪化を通じてA国の利得を低下させるだけです。枠線の部分で「制裁する」を選ぶと利得は−6になってしまいます。そうなると，やはり制裁は

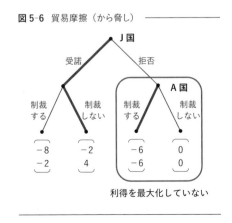

図5-6 貿易摩擦（から脅し）

利得を最大化していない

発動されないとJ国は予想しますので，J国は要求を拒否することになります。つまり，「拒否したら制裁をするぞ」という脅しは，J国が拒否を決めた後ではA国の利得最大化行動ではないので，J国に信頼されません。このように信憑性のない脅しを**から脅し**（empty threat）と呼びます。

　この議論のポイントは，時間の経過によってA国の最適行動が変化していることにあります。「拒否したら経済制裁をするぞ」という脅しは，J国が諾否を決める前ではJ国の行動を変える可能性があるため最適行動でした。これに対して，J国が諾否を決めた後では，こうした可能性がないため，自国経済を悪化させるだけのものとなっており，制裁の発動は信憑性がありません。このように，時間の経過によって最適行動が変化し，ある行動の履行に信憑性が欠けていることを**コミットメント問題**（commitment problem）と言います。このコミットメント問題は，時間の経過を考えなかった同時手番ゲームでは分析できませんでした。コミットメント問題を分析できることは，逐次手番ゲームの重要な特徴の1つなのです。

＜② 信憑性のない約束＞

　別のタイプのコミットメント問題をあげましょう。以下は，2000年代以降，活発に日本企業で導入が進められている成果主義賃金制度をモデル化したものです。

【モデル 5.2】成果主義賃金制度

　企業と従業員の2人のプレーヤーがいる状況を考える。従業員が一生懸命努力した場合には，企業に収益として50の利得をもたらすが，サボって努力しなかった場合の利得は0となる。そのうえで，次のような順に意思決定が行われると考えよう。

(1) 従業員が「努力する」「努力しない」を選ぶ。「努力」を選ぶと従業員は疲れてしまい，10の費用が発生すると考える。「努力しない」を選ぶと費用は発生しない。

(2) 従業員が選択した後，企業は従業員に高い評価を与えるか，低

い評価を与えるかを決める。高い評価の場合には 20 のボーナスを支払うが，低い評価の場合にはボーナスを支払わない。

　図 5-7 (a) では，この状況をゲームの木で表現し，後ろ向き帰納法で解を求めています。従業員の選択によらず「低評価」が企業にとっては最適な選択であるため，従業員は努力をしないことを選択します。よって，（努力しない，(低評価, 低評価)）が部分ゲーム完全均衡になります。従業員がサボってしまう最大の理由は，その努力が報われないと予想しているからです。企業が評価する段階では，従業員はすでに働いてしまっています。企業が従業員にボーナスを与えようが与えまいが，従業員が働いてしまった事実は変わりません。できるだけ従業員に報酬を払わずに，儲けを手元に残したい企業としては，努力の有無に変わりがないのであるならば，ボーナスを与えない方が得になります。しかし，このような企業の行動を従業員は事前に予想していますから，従業員は「どうせ低評価になるのなら」とサボってしまいます。

図 5-7　成果主義賃金

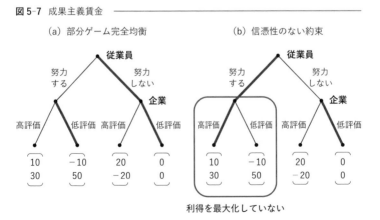

（a）部分ゲーム完全均衡　　　　　（b）信憑性のない約束

ところが，このような状態では両者の利得は0になってしまうので，従業員が働く前ではどちらにとっても望ましいものではありません。もし，「従業員が努力したら企業が高い評価を与える」ことが可能であれば，図5-7（b）のように従業員は利得10，企業は30となるからです。そのため，従業員が働く前の時点では，この約束は「から脅し」のときと同様に企業はコミットメント問題に直面することになります。「従業員が努力したら企業が高い評価を与える」という行動は，（b）の枠線を見ると，従業員が働いた後では最適ではないため，従業員に信頼されないからです。このような約束を**信憑性がない約束**（non-credible promise）と呼びます。単純なモデルですが，成果主義賃金制度で評価システムの適正な運用がいかに難しいかを端的に表現しています。

　ここまで，時間の経過によって生じるコミットメント問題を2種類紹介しました。1つは，貿易摩擦のゲームのように，先手に特定の行動をとらせないために脅しを活用するものです。「拒否してきたら制裁をするぞ」と宣言し，拒否をさせないようにするものです。もう1つのタイプは，成果主義賃金のように先手に特定の行動をとってもらうために約束を必要とするものです。「懸命に努力したら高評価をします」と宣言し，努力してもらおうとします。いずれのケースも，先手が行動した後では最適行動ではありませんから，先手プレーヤーに信じてもらう工夫が必要です。

▷ **2.4　コミットメント問題の解決策**

　では，どうすれば先手プレーヤーに信じてもらえるのでしょうか。コミットメント問題は先手の行動の前と後で最適行動が変わることが原因でしたから，事前に最適な行動を事後的にも自己拘束的にすれば解決できます。このアイデアを反映したものが図5-8です。このゲームでは，J国が決定する前に，A国が何かしらの行動を選択

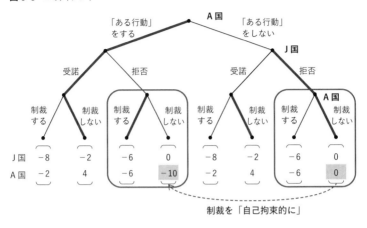

図 5-8 コミットメント

A 国

「ある行動」をする　　　　　　　　　　　　「ある行動」をしない

J 国

受諾　　　　拒否　　　　　　　　　　　受諾　　　　拒否

制裁　　制裁　　制裁　　制裁　　　　　制裁　　制裁　　制裁　　制裁
する　　しない　する　　しない　　　　する　　しない　する　　しない
A 国

J 国　　 −8　　 −2　　 −6　　　0　　　　−8　　 −2　　 −6　　　0
A 国　　 −2　　　4　　 −6　 −10　　　 −2　　　4　　 −6　　　0

制裁を「自己拘束的に」

することができて，その行動をとると，（J 国が拒否した場合には）経済制裁が A 国の最適行動になっています（左の枠線）。こうした状況では J 国は A 国の経済制裁を信じられますから，J 国は要求をのむことになります。実際，後ろ向き帰納法で解いた部分ゲーム完全均衡は太線の部分になっています。

　では，具体的に A 国の行動とはどのようなものなのでしょうか。ヒントを探すために事例 5.1（日米貿易摩擦）を考えてみましょう。この事例で，米国は経済制裁をちらつかせ譲歩を勝ち取っていますので，日本に制裁発動を信じさせる何かしらの方法がありそうです。例えば，1981 年の自動車に関する交渉では，米国への輸出を 168 万台/年に抑えることでまとまりました。こうした結果の背景には，ドナルド・レーガンが選挙中に「自動車産業の救済」を公約にして大統領選に勝利し，1981 年に大統領に就任したことがあげられます。「ジャパン・バッシング」と言われる反日感情の高まりの中で，公約を掲げたにもかかわらず制裁を科さないとしたら，国民から大

きな非難を受ける可能性があります。米国のこうした状況は，日本に制裁発動を信じさせた可能性が大いにあります。つまり，この状況では，「大統領選の公約に入れる」ことで，経済制裁に信憑性を与えていたわけです。

　ただし，このような手法には国民の支持が必要です。貿易摩擦の事例では日本製品の排斥に対して，当時の多くの米国国民は賛成していましたが，事例5.2のシリアでは状況が違います。シリアのアサド政権がレッド・ラインを越えたとき，多くの米国国民はシリアへの軍事行動を望んでいませんでした。2013年のギャロップ社の調査によれば，シリア開戦を支持していた人は全体の36%のみだった一方で，過半数の51%は反対していました。これは，イラク戦争時やアフガニスタン戦争時に比して，低い支持率です（Dugan, 2013）。また，米国議会も軍事介入には否定的であり，化学兵器が使用された後には軍事介入を容認する声は少し出てきましたが，早急な介入には否定的でした（Hudson and Shachtman, 2013）。そのため，オバマ政権も，軍事介入を諦めざるをえなくなります。アサド政権は，そのことを見越したうえで，化学兵器による大量虐殺を断行したのでしょう。つまり，オバマ大統領による脅しは信頼できるものではなかったのです。

　ここまで，利得を変化させて脅しに信憑性を持たせる方法を説明してきました。別のタイプの解決策として，「選択肢を減らす」方法があります。貿易摩擦の事例では，1989年と90年に限定的に導入された「スーパー301条」がこれにあたります。スーパー301条とは，不公正な貿易政策の是正を求める交渉をし，一定期間内に満足できる結果とならなかった場合に制裁が発動されます。この条項の特徴的な点は，事例5.1に紹介した通商法301条と違い，交渉後に自動的に制裁が発動されることです。通商法301条では最終的には大統領が実施の有無を決められましたが，スーパー301条ではそ

うではないのです。つまり，図5-8の2回目のA国の決定のうち，「拒否した場合に制裁をしない」という選択肢をなくし，実質的には意思決定をしない状況にしていることになります。となると，経済制裁が現実味を帯びることになります。このようにコミットメント問題の解決策には，(1)「大統領選の公約」のように，利得を変化させ事後的な最適行動を変えるもの，(2)「スーパー301条」のように選択肢を減らすもの，の2種類があります。

　こうした解決策は，外交交渉に限られません。家電量販店で「他店よりも1円でも高ければ値引きします」という販売キャンペーンを目にした人もいるのではないでしょうか。こうした宣伝文句を聞くと「激しい競争をしているな」と思うかもしれませんが，むしろ競争を回避するための方法と理解できます。図5-9は，スモールカメラと谷田電機の値下げ競争をゲームの木で表現したものです。(a)のケースを見てください。部分ゲーム完全均衡（太線）は谷田電機にとって望ましいものではありません。一定の顧客を抱えている谷田電機にとって現状の価格が激しい値下げ競争よりも望ましいので(8>4)，それを見越したスモールカメラは値下げを行い，谷

図5-9　値下げ競争

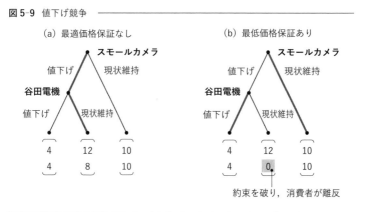

（a）最適価格保証なし　　　　　（b）最低価格保証あり

約束を破り，消費者が離反

田電機から顧客の一部を奪ってしまうからです（12＞10）。そこで，「最低価格保証」が威力を発揮します（図5-9 (b)）。「他店よりも1円でも高ければ値引きします」というキャンペーンは「値下げ」を保証するものです。しかも，この方法は信憑性も高いと考えられます。もし約束を破ったら，お客さんの怒りを買い，顧客の離反を招くことで，利得は0になるからです。とすると，谷田電機は追随値下げをしないわけにはいきません。それを見越したスモールカメラは，値下げ競争を回避するために，現状維持を選ぶことになります。よって，冒頭のクイズの答えは d となります。

モデル5.2（成果主義賃金制度）では，「従業員が努力したら企業が高い評価を与える」という約束に信憑性がありませんでした。これに対して，高い評価を与える基準を明確にして全社員に公表したり，労使で合意したりすることも有効かもしれません。こうしておけば，賠償リスクを嫌って企業は約束を履行するからです。

このように見ると，社会のさまざまな局面にコミットメント問題が潜んでいて，それを解決するため工夫が行われていることがわかります。次節では，本節で学習した「後ろ向き帰納法」「コミットメント問題」を使って，別の事例を分析してみましょう。

3 日本企業の海外進出

▷ 3.1 海外進出形態

グローバル化の進展に伴って，多くの日本企業も海外展開を進め，収益を確保しようとしています。例えば，皆さんご存じのユニクロは，海外企業との取引をうまく活用しています。ヒートテックやフリースなどユニクロの商品は，廉価な労働力を活用する外国メーカーに依頼し，安価に商品を調達しています。結果，優れた品質と購

表 5-1 アウトソーシング vs. 自社工場（単位：%）

	海外の現地企業	自社の海外子会社	ほかの日系企業
金型・治具の製造	50.08	32.43	17.49
部品・中間財の製造	48.59	33.73	17.66
最終製品の組立・加工	42.44	44.11	13.45

（出所）冨浦（2014）の表 5-2 を，一部業務を抜粋・再集計して掲載。

入しやすい価格が消費者に支持され，2022 年の日本国内のユニクロ事業で売上高 8102 億円，営業利益 1293 億円となり，アパレル業界のトップ企業に成長しています。

　では，海外で製品を作る場合，ユニクロのように海外企業に生産を任せるのが普通なのでしょうか。表 5-1 を見てください。この表は，ある業務を海外で行う際に，どのような方法をとっているかをまとめたものです。表中の「海外の現地企業」は，ユニクロのように現地の会社から必要な部品・製品を調達しているケースです（以下では，アウトソーシングと呼びます）。「自社の海外子会社」は，現地に自社工場を設立し，そこで作った製品を輸入しているケースになります（以下，自社工場）。最終製品の組立や加工の工程では，海外企業へのアウトソーシングは 42.44％，自社工場は 44.11％ となっています。これを見ると，海外企業から部品や製品を購入しているケースも多くありますが，生産工程の一部を海外に移す場合には自社工場で実施するケースもそれに匹敵するぐらい存在します。文化も法律も習慣も異なる外国で自社工場を運営するのは大変です。にもかかわらず，なぜ自社工場を海外に設立するのでしょうか。以下では Antras（2003）に基づいて議論します。

この問題を考えるために，以下のモデルで，海外企業にアウトソーシングをした場合を考えてみましょう。

[モデル 5.3] アウトソーシング

　日本企業であるジャパクロが，海外の現地企業のアウター社に商品を生産してもらい，日本で販売する状況を考えよう。ジャパクロは，1 着 2 万円の契約でアウター社から商品を仕入れ，日本の市場において 4 万円の価格で 10 万着の商品を販売できる。もし，アウター社がその商品を 1 着作るために，1 万円の費用がかかったとすると，利得は，

　　　（ジャパクロの利得）＝（4 万円－2 万円）×10 万着＝20 億円
　　　（アウター社の利得）＝（2 万円－1 万円）×10 万着＝10 億円

となる。

　このように生産をアウター社に完全に任せてしまって仕入れることもできるが，ジャパクロは現地企業アウター社に（最新の機械を提供する，生産ノウハウの提供などの）技術支援をして，質の高い商品を調達することもできる。もし，60 億円かけて技術支援をすると高品質の商品ができ上がるので，販売数が増えて 50 万着になるとしよう。この場合，当初の約束どおりに 1 着 2 万円であった場合，

　　　（ジャパクロの利得）＝（4 万円－2 万円）×50 万着－60 億円＝40 億円
　　　（アウター社の利得）＝（2 万円－1 万円）×50 万着＝50 億円

となる。

　ただし，このとき，アウター社は生産委託料金を 1 着 2 万円から 1 着 3 万円に値上げを要求できると考える。発展途上国は往々にして司法制度が整っておらず，契約をしていたとしても守られるとは限らない。しかも，技術支援が終わり生産を始めるまでには一定の時間が必要なため，人件費や原材料の高騰や生産工程の変更など多様な口実を見つけられるであろう。当初の約束のとおりであれば，ジャパクロの利得は 40 億円，アウター社は 50 億円となるが，値上げすると，ジャパクロの利得は 50－60＝－10 億円，アウター社は 100 億円になるとする。

　では，アウトソーシングでどのような問題が起きるでしょうか。まず，このモデルをゲームの木にすると，図 5-10 になります。前節で学習したように，後ろ向き帰納法で部分ゲーム完全均衡を導出

します。終点に最も近いプレーヤーはアウター社ですので，ここから考えます。アウター社は，

（値上げの利得）＝100億円＞50億円＝（維持の利得）

となるため，アウター社は「値上げ」が最適です。この結果を予想したジャパクロは，

（支援するの利得）＝－10億円＜20億円＝（支援しないの利得）

となり，支援しないことになります。値上げを予想するジャパクロは技術支援しないことを選んでしまうことになります。部分ゲーム完全均衡は（ジャパクロ，アウター社）＝（支援しない，値上げ）となり，実現する利得は，（20, 10）になります。

この結果は，全体の利益と個人の合理性の不一致という囚人のジレンマゲームに似た構図です。全体の利益を考えると，（40, 50）を実現する（支援する，維持）が望ましいわけですが，部分ゲーム完全均衡では（20, 10）というどちらにも望ましくない結果となってしまいます。このようなことがおきる理由は，価格の取り決めが「信憑性のない約束」であるためです。値上げを要求されたからといって，日本企業は一度伝えたノウハウを取り返すことはできませんし，別の取引先を探すのも大変です。現地企業はこうした状況にある日本企業の足元を見て値上げできるので，日本企業は支援をためらい，利益を低下させています。このようにいったん投資が行われると，投資先の要求を拒否できない状況に追い込まれることを**ホー**

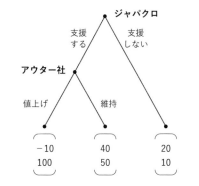

図5-10 アウトソーシング（片方の投資）——

ルドアップ問題（hold-up problem）と呼びます。日本企業は「お手あげ」の状況においこまれるからです。

　このようなホールドアップ問題を解決するためにどのようにすればよいでしょうか。1つの方法は，現地企業に頼らず自社工場を設立する方法です。

［モデル5.4］自社工場

　日本企業であるジャパクロは現地に自社工場を設立し，技術を移転するかどうかを検討している。ジャパクロの利益の構造はモデル5.3と同一である。現地自社工場では1着1万円の費用で商品を生産して，1着4万円の値段を設定し，日本で販売する。60億円をかけて現地自社工場に技術を移転した場合には販売数は50万着だが，移転しなかった場合には10万着となるとしよう。ただし，モデル5.3の状況と違い現地企業の協力を得られないため，K億円だけ異文化への対応の費用が余分に必要になる。異なる文化や習慣の中，自力で工場を運営するのは人事制度の改変などさまざまな障害が予想されるためである。

　モデル5.4のプレーヤーはジャパクロだけです。ですので，ジャパクロは自社の利得だけを考えて技術移転をする／しないを決定します。技術移転の有無に応じて，ジャパクロの利得を計算すると，

（技術移転するときの利得）＝（4万円－1万円）×50万着

$$-60 \text{億円} -K \text{億円} = (90-K) \text{億円}$$

（技術移転しないときの利得）＝（4万円－1万円）×10万着

$$-K \text{億円} = (30-K) \text{億円}$$

となります。技術移転をした場合の利得が高いため，ジャパクロは技術移転を行い，$90-K$億円の利得を得られます。現地企業と取引する場合と異なり，ホールドアップ問題が生じていないことに注意してください。すべての自社で生産するので価格交渉の必要がないからです。そのため，ジャパクロは現地の自社工場に安心して技術を移転でき，高品質な商品の販売が可能です。

　では，海外進出をする際に，アウトソーシングと自社工場のどち

らがよいでしょうか。ジャパクロの利得を比較すると，自社工場を選ぶ条件は，

$$（自社工場の利得）＝90-K 億円$$
$$＞20 億円＝（アウトソーシングの利得）$$

つまり　　　$90-20>K$

となります。この式は，自社工場のメリット・デメリットを表しています。自社工場だとホールドアップ問題が起きないため，日本の技術を現地の工場に移転できます。すると，アウトソーシングよりも高品質の商品が生産でき，利得が大きくなります（90＞20）。これが自社工場のメリットです（左辺）。これに対して，自社工場では，現地の文化に適応した仕組みを独力で構築する必要がありますから，K 億円の費用が必要です。これが自社工場のデメリットで，現地企業のノウハウが使えないことに起因しています。したがって，自社工場で海外進出するかどうかは，ジャパクロが持つ技術とアウター社が持つノウハウの重要性によって決まることになります。

▷ 3.3 データと照合してみる

前項の議論からわかったことは，表5-2 にまとめられます。アウトソーシングは現地企業（アウター社）のノウハウを有効に活用できるというメリットがある一方で，ホールドアップ問題によって日本企業（ジャパクロ）の技術支援は行えません。他方，自社工場は日本企業の技術を活用できますが，自社工場なので現地企業のノウ

表5-2　メリットとデメリット

	アウトソーシング	自社工場
日本企業の技術	活用できない	活用できる
現地企業のノウハウ	活用できる	活用できない

ハウは活用できません。したがって，日本企業の技術が重要であれば自社工場という形態で取引が行われ，現地企業のノウハウが重要であればアウトソーシングが選ばれる。このようにゲーム理論は現実を予測します。

では，実際にこのようなメカニズムによって企業の進出形態は決まっているのでしょうか。冨浦（2014）は日本のデータを使ってこの点を確認しています。自社工場という形態で進出する企業は，日本企業からの高度な技術が重要であることから，高度な技術を反映して高価な設備を活用している企業が多いと考えられます。他方，現地企業にアウトソーシングをする企業は，現地企業のノウハウがより重要になる多くの労働者が必要な製品を扱う企業だと考えられます。多くの労働者を管理するためには文化に配慮した経営が求められ，現地企業の助けが必要だからです。

ここで高価な設備の活用状況を捉えるために，資本集約率を使います。資本集約率とは，費用に占める設備投資などの資本の占める割合のことで，設備が高価であるほど資本集約率は大きくなります。

2つの企業群の資本集約率の差

（自社工場企業群の資本集約率）

－（アウトソーシング企業群の資本集約率）

表 5-3 資本集約率の差

	中国	ASEAN
全体	28.74	42.22
製造業のみ	31.43	43.49

（注）自社工場企業の平均からアウトソーシング企業の資本集約度の平均を引いた値（いずれも対数）の％表示。
（出所）冨浦（2014）の表 5-3 の一部を抜粋。

を計算すると，その数字は理論的にはプラスになると予想されます。前記の議論から，資本集約率が高い企業ほど自社工場設立を好むと考えられるので，第1項の方が大きいと考えられるからです。

表 5-3 は，進出先（ASEANもしくは中国）と産業に分けて

資本集約率の差を計算したものです。データを見ると，中国や ASEAN といった進出先や産業にかかわらず，数字はすべてプラスになっています。つまり，自社工場企業群の資本集約率は，アウトソーシング企業群よりも高くなっているのです。ホールドアップ問題による理論的説明と整合的になっています。

4 完全情報と不完全情報

ここまでの議論では，「後手のプレーヤーは先手の行動を観察可能である」と仮定して議論してきました。貿易摩擦のモデルでは，J 国が要求を受け入れるかどうかに応じて，後手の A 国は制裁するかどうかを決めていたわけです。では，逆に，後手のプレーヤーが先手の行動を観察できない場合はどのように考えればよいでしょうか。そして相手の行動が観察できないことは，結果にどのような影響を与えるのでしょうか。本節ではこの点を考えてみましょう。

▷ 4.1 情報集合

相手の行動が観察できるかどうかを，ゲームの木で表現することを考えましょう。図 5-11 を見てください。この図は第 2 節で紹介した J 国と A 国の貿易摩擦ゲームですが，このゲームの木には以前にはなかった①〜③の枠があります。この枠のことを**情報集合**（information set）と呼びます。図 5-11 (a) の②の枠では，点 b と c が 1 つの枠で囲まれています。これには，2 つの意味があります。1 つは，A 国は b と c のどちらの意思決定点に自分がいるかがわからないこと，言い換えれば，J 国が受諾した後か（点 b），拒否した後か（点 c）がわからないことを表しています。A 国は J 国の行動を観察できないのです。もう 1 つの意味は，A 国は枠②に到達し

図 5-11 情 報 集 合

（a）J国の行動を観察不可能

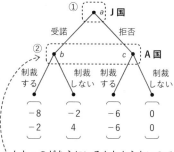

（b）J国の行動を観察可能

ていること，つまり，J国は何かしらの意思決定はしていることを知っているということです。2つの意味をまとめると，「J国が何かしらの意思決定をしたことをA国は知っているが，実際に受諾したか拒否したかはわからない」となります。わからない意思決定点を枠で囲んであげることで，プレーヤーが観察できないことが表現できます。

　逆に，J国の行動がわかっているときはどのように表現すればよいでしょうか。図5-11（b）のように，枠を②と③の2つに分割します。どの枠に到達したかはわかるので，2つに分割するとJ国が受諾した点 b と拒否した点 c を区別できるからです。情報集合の定義をまとめておきましょう。

定義 5.2　情 報 集 合　各プレーヤーの意思決定点を枠で囲み，この枠を情報集合と呼ぶ。情報集合は，次の意味を表現している。
（1）　プレーヤーはどの情報集合にいるかを知っている。
（2）　プレーヤーは情報集合内部のどの点にいるのかを知らない。

図 5-11 (a) のようにある情報集合内の意思決定点が 2 つ以上あるゲームを**不完全情報ゲーム**（imperfect information game），図 5-11 (b) のように，すべての情報集合が 1 つの意思決定点しか含まないゲームを**完全情報ゲーム**（perfect information game）と呼びます。なお，情報集合の点が 1 つしかない場合には，情報集合（破線枠）を省略できます。

　情報集合に慣れるために，第 1 章で学習した囚人のジレンマゲームを再び取り上げましょう。第 1 章では図 5-12 (a) のような利得表を使っていました。この同時手番ゲームは情報集合を使うと，図 5-12 (b) のようにゲームの木を用いても表現できます。プレーヤー・行動・利得の各要素は (a) と (b) ともに同一です。プレーヤーは容疑者 X と容疑者 Y ですし，行動は，「黙秘」「自白」の 2 つですし，利得も同じです。2 つの図表の違いは，「相手の行動がわからないまま，意思決定する」という状況の表現方法です。同時手番ゲームでは，たとえ本当に同日同時刻に意思決定を行うわけではなかったとしても，2 人の容疑者が別々の部屋で決定を下すので，あたかも「同時に意思決定する」状況だと解釈しました。別室にいて相手の意思決定がわからないため，時間の経過を表現する必要がないからです。しかし，実際に同じタイミングで意思決定をするとは限らないので，その時間的な経過を明示的に表したのが，図 5-12 (b) のゲームの木です。容疑者 X が先に行動し，容疑者 Y が次に行動します。加えて，「容疑者 Y は容疑者 X の行動を観察することができない」ということを表現しなくてはなりません。このため，図 5-12 (b) では，先ほど学習した情報集合を使って，容疑者 Y の意思決定点を 1 つの枠で囲っています。これで容疑者 X が自白したか黙秘したかがわからないことが表せました。どちらも同じゲームですが，表現方法が違います。左の利得表を用いたゲームの表現を標準形と呼んでいたのに対し，ゲームの木を用いた表現を**展開形**

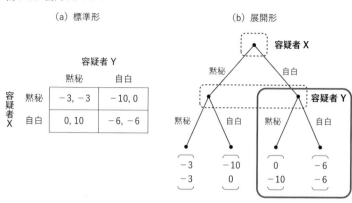

図5-12 囚人のジレンマ

(a) 標準形

容疑者 Y

		黙秘	自白
容疑者 X	黙秘	−3, −3	−10, 0
	自白	0, 10	−6, −6

(b) 展開形

容疑者 X

黙秘　自白

容疑者 Y

黙秘　自白　黙秘　自白

−3　−10　0　−6
−3　0　−10　−6

(extensive form) での表現と呼びます。

　このような不完全情報ゲームでは，部分ゲームの取り出し方に注意が必要です。例えば，図5-12 (b) の灰色の実線で囲んだ部分は，部分ゲームではありません。全体のゲームの情報集合の枠の一部分しか取り出せていないので，本来考えたい容疑者 Y の意思決定の状況とは異なってしまうからです。このゲームでは，容疑者 X の行動がわからない状況で容疑者 Y は決断をしているはずです。ところが，取り出したゲームでは，容疑者 X が自白した後の意思決定だけになっているため，容疑者 X が自白していると知ったうえで行動を決めることになってしまいます。これでは，本来分析すべき容疑者 Y の意思決定が分析できません。このように，部分ゲームを取り出すときには，(1) ある1つの意思決定点を選び，そこから後ろにつながっているすべてを取り出すだけではなく，(2) 取り出したときに，元のゲームでの情報集合を切断していないという条件も必要です。結局，図5-12 (b) のゲームの部分ゲームは，全体のゲームだけになります。

▷ **4.2 戦略の定義**

このように情報集合を導入すると，プレーヤーの「選べること」が観察可能性に依存して変化していることがわかります。貿易摩擦の事例に戻って図 5-11 (b) の A 国に注目してください。この場合，J 国の諾否を A 国は観察できますから，相手の行動に応じて自身の行動を変化させることができます。つまり，A 国は以下の 4 つから 1 つを選ぶことになります。

(1) J 国の選択にかかわらず，経済制裁をする。

(2) J 国が受諾した場合は経済制裁をするが，拒否した場合は経済制裁をしない。

(3) J 国が受諾した場合は経済制裁をしないが，拒否した場合は経済制裁をする。

(4) J 国の選択にかかわらず，経済制裁をしない。

情報集合を使って，（情報集合②での選択, 情報集合③での選択）で表現すると，

（制裁する, 制裁する）（制裁する, 制裁しない）

（制裁しない, 制裁する）（制裁しない, 制裁しない）

です。つまり，プレーヤーが選べる戦略とは，<u>すべての情報集合に対して，選択する行動を定めた行動計画</u>となります。

これに対して，図 5-11 (a) は J 国の行動がわからない状況ですので，情報集合は②の 1 つしかありません。したがって，相手の出方によって使い分けることはできないので，ここでの戦略は，1 つの情報集合に対応した「制裁する」もしくは「制裁しない」の 2 つになります。相手の行動がわからないことで戦略の数が 4 から 2 に減っています。

同時手番ゲームでは行動（選択肢）と戦略は同じように扱われていましたが，本質的に違うものだということに注意をしてください。第 1，2 章で取り扱っていた同時手番ゲームでは，「高価格」や「低

価格」という行動は戦略と一致していました。これは，すでに述べたように，相手の行動が見えなかった（情報集合が1つだった）からです。これに対し，相手の行動が観察できると，行動は「高価格」と「低価格」の2つですが戦略は4つになります。情報集合が2つに分割され，相手の行動に応じて自分の行動を決める行動計画だからです。

4.3 有利なのは先手？ 後手？

ここまで，「行動を観察できる／できない」ということを情報集合で表現し，観察できると相手の行動に応じて自分の行動を変えられるため，戦略の数が増えるということを説明してきました。では，「相手の行動を観察できない先手」と「観察できる後手」だとどちらが有利なのでしょうか。相手の行動がわかるので後手が有利だと考えてしまいますが，必ずしもそうではありません。第1～3章で紹介した以下の4つの例を使って考えてみましょう。

図5-13は今まで分析した同時手番ゲームを，完全情報の逐次手番ゲームに書き換えたうえで，部分ゲーム完全均衡を太線で記載したものです。完全情報ゲームなので情報集合を省略している点に注意してください。

囚人のジレンマでは，先手の行動が観察できても均衡は変化しません。もともと，囚人のジレンマゲームでは「自白」が支配戦略でした。つまり，最適な戦略は相手の戦略に依存していなかったので，相手の行動が観察可能になっても行動を変える理由はないわけです。

これに対して，残りのゲームでは結果が変わります。逢引きゲームやチキンゲームの同時手番ゲームでは，均衡が複数ありました。例えば，逢引きゲームでは（図書館, 図書館）と（コンピュータ室, コンピュータ室）の2つが純粋戦略の均衡です。このゲームを逐次手番にすると先手にとって好ましい均衡が選ばれることになります。

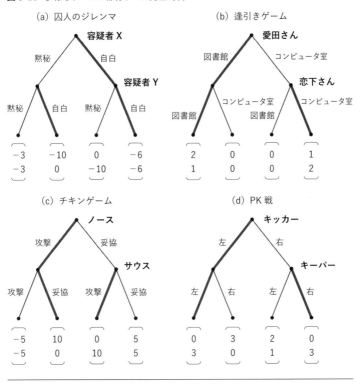

図5-13 多様なゲームの部分ゲーム完全均衡

(a) 囚人のジレンマ

容疑者 X — 黙秘 / 自白 — 容疑者 Y

黙秘 / 自白　黙秘 / 自白

-3　-10　0　-6
-3　0　-10　-6

(b) 逢引きゲーム

愛田さん — 図書館 / コンピュータ室 — 恋下さん

図書館　コンピュータ室 / 図書館　コンピュータ室

2　0　0　1
1　0　0　2

(c) チキンゲーム

ノース — 攻撃 / 妥協 — サウス

攻撃 / 妥協　攻撃 / 妥協

-5　10　0　5
-5　0　10　5

(d) PK戦

キッカー — 左 / 右 — キーパー

左 / 右　左 / 右

0　3　2　0
3　0　1　3

後手の恋下さんにとって最も嫌なことは別々の場所で勉強することですので，愛田さんが勉強しているところで勉強しようとします。先手の愛田さんは，恋下さんが自分に合わせてくれることを予想しているので，自分が落ち着いて勉強できる図書館を選びます。ここまで予想できるなら「さっさと告白して待ち合わせ場所を決めればいいのに」と思わなくもないですが，奥ゆかしい2人はこのような推論の結果，先手の好む結果が実現します。チキンゲームでも同様に，先手に有利な結果になっていますね。もし，逢引きゲームやチ

キンゲームであれば，自分が先手をとることが重要なのです。

　ただし，常に先手が有利になるとは限りません。純粋戦略ナッシュ均衡が存在しない PK 戦では，相手と同じ行動がキーパーにとって得になり，キッカーにとって損になっています。キッカーの行動を観察できるならば，キーパーは相手と同じ方向に飛んでゴールを防げますから，後手が有利になっています。じゃんけんで，「後出しじゃんけん」を禁じ手とするのも，これが主な理由だと言えます。なお，図 5-13 (d) ではキッカーが左にシュートする均衡を図示していますが，右にシュートする場合の均衡もあります。

　このようにゲームのタイプによっては，同時手番を考えるか，先手と後手を分けて逐次手番を考えるかで，分析結果は大きく変わることがあります。現実をモデル化する場合には，行動の観察可能性について慎重に見極める必要があります。

5　ナッシュ均衡と部分ゲーム完全均衡の違い

　ここまで不完全情報ゲームで部分ゲーム完全均衡を求める手順を解説しました。この部分ゲーム完全均衡は，図 5-14 が示すように，ナッシュ均衡と同一というわけではありません。部分ゲーム完全均衡である戦略の組み合わせは常にナッシュ均衡ですが，ナッシュ均衡である戦略の組み合わせは部分ゲーム完全均衡とは限りません。両者が食い違うものの 1 つが，「から脅

図 5-14 ナッシュ均衡と部分ゲーム完全均衡の関係

し」を均衡と考えるか否かです。結論から言うと，部分ゲーム完全均衡では生じなかった「から脅し」は，ナッシュ均衡では生じることになります。なぜでしょうか。

5.1　完全情報ゲームの標準形表現

　貿易摩擦ゲームのナッシュ均衡を求めるために，標準形でゲームを表現しなおしましょう。貿易摩擦のゲームを標準形で表現すると図 5-15 (b) のようになります。2 つの点に注意してください。1 つは，後手の A 国の戦略は「制裁する」と「制裁しない」の 2 つではなく，4 つあることです。完全情報ゲームでは先手の J 国の行動に応じて，後手の A 国は行動を変えられるので，A 国の戦略は，(受諾したときの選択, 拒否したときの選択) となるからです（第 4 節 4.2 項参照）。先手の J 国は A 国の行動を観察できないため 2 つのままです。

　もう 1 つは利得の求め方です。標準形で表現した場合の利得は，初期点から終点までつながっている部分が「実現する利得」となります。図 5-15 (b) の灰色の利得は，図 5-15 (a) の太線のうち，初期点から終点まで到達する経路「受諾→制裁しない」のときの利得になり，J 国の利得は−2 になります。J 国は拒否しないので，拒否したときのときの利得（−6）は実現しないからです。同じように，J 国が拒否し，A 国は (制裁する, 制裁しない) を選んだ場合には，図 5-15 (b) の利得は，(0, 0) になっています。展開形に線を引いてみると，「拒否→制裁をしない」が初期点から終点をつなぐ経路になっています。結果，J 国が拒否し，A 国が経済制裁をしない場合の利得 (0, 0) となります。

　初期点からつながっていない行動を変更しても利得は変わらないことに注意してください。例えば，図 5-15 (a) で②のように A 国の戦略を (制裁しない, 制裁しない) に変えたとしましょう。(J 国

図 5-15 完全情報ゲームを標準形で表現する

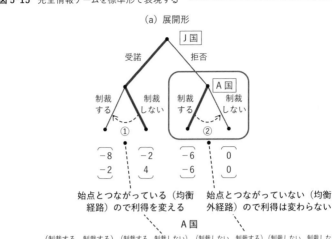

(a) 展開形

始点とつながっている（均衡経路）ので利得を変える

始点とつながっていない（均衡外経路）ので利得は変わらない

(b) 標準形

が選ばなかった）「拒否」したときの A 国の行動を，「制裁する」から「制裁しない」に変更しています。この場合も，実現する経路は「受諾→制裁しない」となりますので，図 5-15 (b) ②のように利得は変わりません。逆に，A 国の戦略を（制裁する，制裁する）に変えると（①），A 国の利得は −8 になります。J 国が選んだ「受諾」したときの A 国の行動を変えているからです。

　この標準形ゲームを使って，最適反応に○をつけ，ナッシュ均衡を求めると，

　（受諾,（制裁しない,制裁する）),（拒否,（制裁する,制裁しない））

　（拒否,（制裁しない,制裁しない））

の３つがナッシュ均衡であることがわかります。このゲームの部分

ゲーム完全均衡は（拒否,（制裁しない,制裁しない））だけだったことを思い出してください。とすると，図5-14のように，確かにナッシュ均衡と部分ゲーム完全均衡は一致せず，ナッシュ均衡だけど部分ゲーム完全均衡ではないものがあります。特に，第2節では，（受諾,（制裁しない,制裁する））は「から脅し」であり，部分ゲーム完全均衡ではないと説明しましたが，ナッシュ均衡であることがわかります。

▷ 5.2 「実現する利得」と「仮想的な利得」

なぜ，このような違いが生じるのでしょうか。これを理解するためには，均衡経路と均衡経路外の区別が重要です。ナッシュ均衡の戦略に従ってプレーヤーたちがゲームを最初からプレーする，つまり行動を選んでいくことを考えてみましょう。これは，ゲームの木の上で，プレーヤーたちは初期点から1つずつ枝を選んでいくことに対応します。そしてこのゲームで最後の選択をしたとき，ゲームの木の上では，初期点からどれか1つの終点まで1本の道ができています。この道の上にある意思決定点を**均衡経路**（on-equilibrium path）と呼びます。他方でゲームの木の上で到達しなかった枝がいくつもあるでしょう。これら均衡の戦略に従うと到達しない意思決定点を**均衡経路外**（off-equilibrium path）と呼びます。図5-15の「から脅し」のナッシュ均衡を考えてみましょう。この均衡では，先手のJ国は要求を受諾していますので，J国が拒否した後のA国の決定（図5-15 (a) の枠線）は，初期点からつながっていませんので均衡経路外になります。反対に，J国が受諾した後のA国の決定は均衡経路になっています。

ナッシュ均衡では，均衡経路上で実現する利得のみに注目します。A国が（制裁しない,制裁する）から（制裁しない,制裁しない）と，枠線の部分の行動を変更することを考えましょう。J国は要求

を拒否しませんから、実現する（初期点からつながっている）利得は、
（制裁しない,制裁する）の利得＝4＝（制裁しない,制裁しない)の利得
となり、いずれの行動も利得最大化行動だと考えます。初期点から
つながっている利得は、J国が受諾し、A国が制裁しない経路だか
らです。つまり、ナッシュ均衡で問題にしているのは初期点からつ
ながっている均衡経路上の利得のみです。

これに対して部分ゲーム完全均衡では、均衡経路上の利得に加え
て、均衡経路外の部分ゲームが仮想的に実現した場合の利得も考慮
します。仮にJ国が拒否したとしたら、

$$（制裁しない,制裁する）の利得＝-6$$

$$<0＝（制裁しない,制裁しない）の利得$$

となるので、（制裁しない,制裁する）は利得を最大化していない戦
略であると考えることになるのです。均衡上ではJ国は拒否しませ
んから、「J国が拒否したら」という想定はあくまでも仮想的なも
のです。つまり、ナッシュ均衡は実現する利得だけを考えています
が、部分ゲーム完全均衡は、それに加えて均衡経路外の部分ゲーム
で実現する仮想的な利得も考えています。

なぜ、仮想的な利得まで考えるべきなのでしょうか。ナッシュ均
衡だけだと、均衡が満たすべき条件の1つである事後実現的な予想
（定義2.4［68頁］）が満たされていないからです。第2章では、事後
実現的な予想とは、ほかのプレーヤーの行動を結果として正しく予
想できていることと説明しました。逐次手番ゲームでは、後手は先
手の行動を観察できるので、先手のJ国が後手のA国の行動を正
しく予想できているかどうかが問題です。「から脅し」の均衡では、
J国は、「A国は拒否すると制裁をし、受諾すると制裁をしない」
と予想しています。しかし、J国が拒否した場合、A国が制裁する
ことは見込めません。A国にとって制裁すると利得が低下してし
まうからです。そうだとすると、J国の「拒否した場合制裁するだ

ろう」という予想は，A国の実際の選択と一致しておらず，正しく予想できていないことになります。

まとめると，部分ゲーム完全均衡では，考慮する利得の範囲が広がっています。ナッシュ均衡では均衡経路上の利得を基準として利得最大化行動を考えているのに対して，部分ゲーム完全均衡では，均衡経路外の部分ゲームが仮想的に実現した場合の利得も問題にします。結果として，部分ゲーム完全均衡は，「から脅し」のようなコミットメント問題をより正面から取り扱っていることになります。

/// **Exercise** 練習問題 ///

5.1（部分ゲーム完全均衡） 以下の（ア）〜（エ）のゲームの部分ゲーム完全均衡を求めよ。

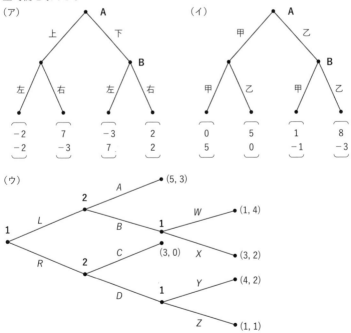

（エ）

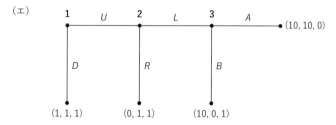

5.2（Gon-K ネット販売に挑戦する！） そこそこの再生回数をかせぐように
なった Gon-K は，再生回数を活かしてネット販売に挑戦することにした。
商品は SNS でたびたび紹介している質の良いコーヒー。「やっぱ，お金ほ
しいっしょ。」田中権助はそう言ってネット販売を始めるのだった。以下の
問いに答えよ。

（ア） Gon-K が販売動画をアップした後，次のゲームに直面している。
最初に視聴者が購入するかどうかを選ぶ。その後，Gon-K は送る
商品を高品質にするか，低品質にするかを決める。視聴者にとっ
てみると，1000 円/g のコーヒーは高品質であれば割に合う商品だ
が，低品質であれば割に合わない。ただ，低品質は仕入れ値が安
いので，Gon-K からすると儲けは大きくなる。「でも，バレないっ
しょ」と Gon-K は再び思うのであった。本当だろうか。部分ゲー
ム完全均衡を求めたうえで，コミットメント問題の観点から議論
せよ。

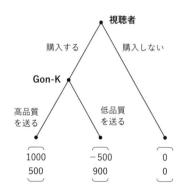

（イ） ネット販売をしたものの販売は振るわなかった。困ってしまった

Gon-K はネット検索を繰り返すと，コミットメント問題の対処法として「返品保証」があることを発見した。返品保証とはこの状況では，「購入した人が低品質商品で満足できなければ，申し出て購入代金を返金する」というものである。ここでは「視聴者が返品を申し出たら両者の利得は 0」になるとしよう。ゲームの木を書き，部分ゲーム完全均衡を求めたうえで，なぜ，この仕組みによって，販売できるようになるかを説明せよ。

5.3（チェーンストア・パラドックス）「から脅し」を説明するため，ゲーム理論の教科書でよく使われるのは「チェーンストア・パラドックス」である。ある街にアオンが進出するかどうかを検討している状況を考えよう。この街にもともと店舗を構えていた関東スーパーはアオンの参入に対してどのような対応をすべきかを検討している。参入前には，関東スーパーは 10 の利得を得ていたが，参入後はこのような利得は見込めない。もし，アオンに対して協調的に対応すると，顧客を分け合うことになるので両企業の利得は 5 となる。敵対的対応をとり，価格を引き下げると，関東スーパーの利得は 2，アオンは −3 になる。以下の問いに答えよ。

（ア）　部分ゲーム完全均衡を求めよ。
（イ）　このゲームを標準形で書き換え，ナッシュ均衡を求めよ。
（ウ）　このゲームにおける「から脅し」のナッシュ均衡がどのようなものかを説明したうえで，このナッシュ均衡が部分ゲーム完全均衡でない理由を答えよ。

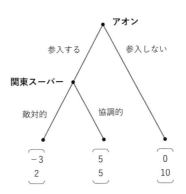

情けは人の為ならず

繰り返しゲーム

Quiz クイズ

企業間の競争を促し，税金を効率的に活用するために，公共事業の発注先は原則として複数の業者間での入札を通して決定される。その入札において，違法になりにくいものは，以下のうちどれか？

© kazuma seki/iStock

- **a.** 小さな村でみんな顔なじみなので，入札の前日に相談がてら居酒屋に飲みに行く。
- **b.** これまでの入札額などから相手の出方を探って，あまり攻撃的にならないように程よい金額で入札しておく。
- **c.** 事前に当番制として，次回の入札で誰が落札するのかを決めておく。
- **d.** 入札前に，役所の担当者と業者たちとで，きちんと工事の見積もり額を相談しておく。

Chapter structure 本章の構成

新たな概念	応用例	発展トピック
有限と無限の繰り返しゲーム 割引現在価値 トリガー戦略	入札談合 経済的相互依存論	不完全観測 フォーク定理

第 6 章オンライン・コンテンツ

1 血みどろの競争か，仲良き共存共栄か

　みんなにとって望ましい結果があるにもかかわらず，個々人にとって最適な選択を選んでしまうと，みんなにとって望ましくない結果に陥るという状況を多く見てきました。囚人のジレンマはその典型例ですね。戦略的相互依存のもとでは，利得最大化行動の結果，このような望ましくない結果に陥る可能性を示していることが，ゲーム理論の1つの大きな含意でもあります。他方で，われわれ人類は太古の昔から他人と協力してきました。いかに屈強な人物であっても，ちっぽけな人類1人でマンモスと戦うことは無理ですが，集団で前後から攻めれば，マンモスを狩ることができるわけです。狩りの集団，農耕する村落，近代の国民国家，そしてわれわれの現代社会と，人は団結しお互いに協力する輪を広げながら，生き残り，そして発展してきました。実はゲーム理論は，そのような協力が維持される，あるいは逆に崩壊する理由を説明する理論としても幅広く社会科学・社会工学全般で活用されています。

　われわれが周りの人々へ協力する理由を端的に表す言葉が日本語にはあります。すなわち，「情けは人の為ならず」です。「情けなんてかけたら，その人のためにならない」という意味であると誤解されることが多いですが，正しくは「情け」，すなわち人に良いことをしておけば，将来は自分にもその善意が巡ってくる，だからこそ良いことを周りの人にしてあげましょう，という意味です。日々，家族や友人といった自分の周りの人たちと生活する中で，意思決定をわれわれはしています。そのときに，ほかの人の自分に対する過去の選択を振り返り，それによって今日の対応を変えることがあるでしょう。だからこそ，周りの人に善意を持って行動すればそれが

報われると期待でき，身勝手な振る舞いで迷惑をかけると先々に仕返しされるだろう，と考えられるわけです。これはまさに，前章の逐次手番のゲームです。先々に相手がどういう対応をするかを織り込んで，戦略的に今何をするべきか決めていることになります。

　さて前置きはこのくらいにして，事例に入りましょう。本章の事例は，談合です。われわれはできるだけ安価でモノを買いたいと考えています。そのためには，複数の売り手が競争し，よいモノを安く提供できる売り手が生き残ってくれることが，好ましいように思えます。しかし業者たちも人間ですから，何度も顔を合わせるうちに仲良くなることもあるでしょう。そのうちに自分だけ競争に勝つために身（利益）を削るよりも，お互いに価格競争を避けて話し合いで利益を分けあおう，と考えるかもしれません。その結果生じるのが，談合です。

【事例 6.1】談　　合

　学校や図書館などの公共施設を国や地方自治体が建設・維持するために業者を選ぶときには，候補を広く募ったうえで引き受ける価格を提出（入札）してもらう。そして基本的に最も低い価格を入札した業者に発注する。業者としては入札額を高く維持したいところだが，他方でライバルに仕事を奪われないためには価格を下げないといけない。しかし，何度も同じ業者たちが候補として集まるのなら，お互いに入札を高く維持する約束をする，あるいは仕事を譲り合うことで，利益を確保し共存共栄しようとするだろう。そのように実際に話し合いをして価格を意図的に高くするのが談合である。入札金額をもとに談合の有無を推定した大規模な統計分析によると，2000 年代初頭の国土交通省発注の工事に限っても，談合と疑われる入札は全体の約 4 割強，約 1000 社，額は約 8600 億円にも上っている（川合・中林，2014）。

　談合は公共事業に関わる建設業者だけに限りません。日本企業だけでも，食品添加物の味の素・協和発酵，タイヤのブリヂストン，自動車部品の矢崎総業・デンソーなど名だたるメーカーが国際的な

談合で摘発され，中には何百億円もの罰金が科されるケースや，役員が刑務所に送られるケースもありました。

　ただ談合を摘発するためには，話し合いをした証拠が必要です。味の素・協和発酵はアミノ酸の1つであるリジンの価格の釣り上げを狙い，1990年代に米韓の企業と国際的な談合を行っていました。その話し合いは東京，パリ，メキシコシティとまさに世界を股にかけて行われました。しかし，米国ADM社の役員がFBIに寝返り，証拠となるビデオを隠し撮りしていたことにより，摘発されました。なんともドラマのような展開で，本当に『インフォーマント！』というマット・デイモン主演の映画にまでなりました。

　しかし，話し合いを実際にせずとも，「暗黙の了解」で高価格を維持することもありえます。冒頭で述べたように，人間は「協力」しあう動物ですから。「情けは人の為ならず」という諺も，わざわざ頼まれなくても，自ら他人を助け，それが後に自らを助けるという意味でした。このように業者間も今は相手を助け，後にお返しを期待するという暗黙のうちの絆があれば，話し合いをしなくても高い価格を維持できるかもしれません。もしも話し合いがないならば，罪に問いようがありませんよね。事例6.1で紹介した研究では，談合の疑いがある約1000社を見つけましたが，実際に摘発されていたのは28社だけだったことから，目に見えない談合が多いことがうかがえます。

　この章では，お互いに持ちつ持たれつの中で協力が維持される状況を，ゲーム理論を用いて考えていきます。大事な点は，関係が長く続くことです。お返しがあるからこそその「情けは人の為ならず」

ですから，その場かぎりの関係はもちろん，関係の終わりが見えていて，これ以上のお返しが見込めないなら，協力は続きません。つまり，協力が続くか否かは，両者の関係に終わりが見えるか，見えないかに大きく影響されるということです。日々の協力は逐次手番のゲームであると述べましたが，前章ではそれを解くために後ろ向き帰納法を使いました。つまり，ゲームの終点から最適な手を見つけていったのです。しかし，もし「終わり」が見えないのだとしたら，後ろ向き帰納法をスタートするゲームの終点が存在しないため，後ろ向き帰納法は使えません。それでは，どう分析したらよいのでしょう？ このような「終わりの見えない」状況をきっちりと分析できる方法を学ぶのが本章の最終目標です。

2 有限繰り返しゲーム

▷ 2.1 入札のジレンマ

それでは，談合をモデル化しましょう。単純化のために，2社の建設会社のゲームを考えます。2社しかない地域というわけで，どこかの海にぽっかり浮かぶ架空の島を想像しましょう。

[モデル 6.1] 入札のジレンマ

ポッポウ島には電気工事業者が真光電設と真暗電設の2社しかいない。島の小学校の電気設備の更新時期が近づいている。もちろん競争入札を通してどの業者がこの更新工事を担うかが決定される。村役場に集まり，2社それぞれが封筒に入札額を入れて，低い額を書いた事業者が落札する。ただし2社が同額をつけた場合には，くじ引きでどちらかの会社が仕事を引き受ける。もちろん高い価格で落札できれば利益も高くなるのだが，2社ともそうすると仕事を取れるのは五分五分の確率になってしまう。それなら自分は入札額を低くして，少し小さくなっても利益を独り占めした方がよい。だが，2社とも低くしたら，仕事を取れる

確率はやはり五分五分となり，利益も小さくなってしまう。

　この状況を描くために，真光電設と真暗電設がそれぞれ入札価格を「低」くするか「高」くするかを戦略として決めるとする。自社のみ「低」を選び，相手が「高」を選ぶ場合，自社は確実に落札し得（＝利益）として 80（万円）を独り占めするが，相手の利得は 0 となる。もしも 2 社とも「低」を選ぶならば，この低い価格でも仕事を取れるのは確率 50% になる。不確実性があるので利益の期待値を計算すると 0.5 ×80＝40 万円となるので，このときの各社の利得を 40 とする。そして，2 社ともに「高」を選んだならば，やはり確率 50% でしか仕事は取れないが利益は高くなるので，各社の利得を 60 としよう。

　このモデルの利得表は表 6-1 に示してあります。利得の大小関係に注目すると，このモデルは実は「囚人のジレンマ」と同じです。真光も真暗もそれぞれ「低」が強く支配する戦略になっており，(低, 低) が唯一のナッシュ均衡になります。どの業者も相手よりも低い価格をつけて，自身が落札しようとします。均衡では 2 社とも「低」を選んだ結果として，価格が下がってしまい，業者の利得は下がってしまうわけです。しかし，この (低, 低) よりも (高, 高) の方がどちらのプレーヤーもより高い利得を得られます。つまり，ナッシュ均衡はパレート最適になっていません。プレーヤーたちはお互いに協力を維持できれば高い利得を得られるにもかかわらず，それぞれが独立して最適な手をとる結果として低い利得に陥っているわけです。

表 6-1　モデル 6.1 の利得表 ──

真暗

		高	低
真光	高	60, 60	0, (80)
	低	(80), 0	(40), (40)

2.2　繰り返しゲーム

　本章の冒頭で，協力関係を築くためには，その関係が続くことが大事だと述べました。入札が 1 回だけなら両者ともに低価格をつけて談合への「協力」が起きにくい

としても，入札が何回も続くのならば，協力への望みが出てきそうですね。ということで，何回か同じゲームを繰り返す状況を考えましょう。

[モデル6.2] 来年も補修

かつては漁業と観光で栄えたポッポウ島の公共施設はすでに耐用年数を超え，いずれもこれから設備の更新が必要となる。今年の小学校を皮切りに，来年には中学校でも，電気設備を含む各施設の更新工事が予定されている。中学校の工事も小学校と同程度の規模になる。小学校と中学校の工事はそれぞれの年度の初めに別個に入札にかけられる。つまり，真光と真暗はモデル6.1のゲームを2回繰り返すことになる。各入札後に2社それぞれの入札額は公表される。したがって，1回入札が終わるごとに2社の入札額はお互いに知ることになる。

このように同じプレーヤーたちが同じゲームを何度も繰り返すことで作られる大きな逐次手番ゲーム全体を**繰り返しゲーム**（repeated game）と呼びます。また，繰り返す回数が2回や10回など事前に決まっているゲームを，**有限繰り返しゲーム**（finitely repeated game）と言います。そこで，繰り返されるゲームの1つを切り離したものを**ステージゲーム**（stage game）と呼びます。英語で「ステージ」というのは第1幕＝The first stage のような「第〇幕」の「幕」という意味もあります。上記の例では，モデル6.1を何度も繰り返すモデル6.2が繰り返しゲームであり，モデル6.1がステージゲームです。ステージゲームは同時手番ゲームですが，ステージごとに過去の全プレーヤーの選択が観察できるのならば，繰り返しゲームの全体は逐次手番ゲームになります。

モデル6.2のゲームが2回繰り返すだけなので，あまり変わらないのではないかと思われるでしょう。しかし，1回限りのときと違って，過去の相手の行動を参考にできる機会があるので，戦略は大きく広がります。2年目の中学校の入札のとき，「相手が小学校の

入札では高めにつけてくれていたから，今回はこちらも高めの入札をしよう」とか，「小学校の入札で低い入札をしてきたから，今回はうちも低い入札でやり返そう」というように，これまでの経過に応じて行動を決めることが可能なわけです。

　このように，繰り返しゲームにおける「戦略」は，低価格と高価格のどちらかにするかという単純な行動の選択ではありません。混同を避けるために，これからはステージゲームだけを見た場合の選択肢は，「戦略」ではなく「行動」と呼ぶことにしましょう。各年に選択される「低」と「高」は「行動」です。一方で，繰り返しゲーム全体での「戦略」は，これまでの途中経過に応じた行動の計画を指します。例えば，前の年に相手が協力をしなかったならば，今年は前の年の相手と同じように非協力を選ぶ一方で，協力してくれたなら同じように協力をするという戦略は，自然に思いつくものでしょう。「やられたら，（同じことを）やり返す。そのまま返しだ！」というものです。この戦略を**しっぺ返し戦略**（tit-for-tat strategy）と呼びます。あるいはもっと厳しく，どんな昔であったとしても，一度でも協力関係が崩れ，（高, 高）が成り立たないことがあったら，未来永劫二度と協力しないという極端な仕返しも考えられます。倍返しどころじゃないですね。「一生許さない」というものです。これを（**容赦ない**）**トリガー戦略**（grim trigger strategy）と呼びます。英語の trigger というのは日本語だと「引き金」のことですが，最初は高価格をつけて協力していたとしても，一度でも低価格をつけて裏切ったら，それが引き金となって二度と協力しないという意味になります。英語の grim は「容赦ない」という意味ですが，「二度と」許さないという容赦のない戦略であることを指しています。また，過去の行動に依らず，無条件で低価格をつけることを繰り返し，絶対協力しないというのも１つの「戦略」ではあります。これをわれわれは**無条件非協力戦略**と呼びましょう。非協力は囚人のジ

レンマでの「自白」，つまり寝返り（defect）にあたるので，よく**all-D戦略**とも呼ばれます。

　しかし，これらの戦略はほかの繰り返しゲームでも考えやすい代表的なものです。モデル6.1は囚人のジレンマゲームとして解釈できることから，これらの戦略を以下のように定義しておきます。「非協力」な行動とは囚人のジレンマでの「自白」，つまりナッシュ均衡での行動を指します。「協力」が「黙秘」，つまりナッシュ均衡ではないものの両者ともに利得が高くなる行動です。モデル6.1では「低」が非協力で，「高」は協力です。

定義6.1　代表的な繰り返しゲームの戦略　2人のプレーヤーがそれぞれ協力的な行動と非協力的な行動の2つから1つの行動を選ぶ，囚人のジレンマのようなステージゲームの繰り返しを考える。
- **しっぺ返し戦略**：最初のステージでは自らは協力的行動をとる。その後は直前のステージで相手が選んでいた行動と同じ行動をとる。
- **トリガー戦略**：最初のステージでは自らは協力的行動をとる。それからは，過去のすべてのステージで2人とも協力的な行動をとっていた場合のみ，次のステージでも協力的な行動をとる。一方で，過去に一度でも非協力的な行動をとるプレーヤーがいた場合は，その後のすべてのステージで非協力的な行動をとる。
- **無条件非協力戦略**：最初のステージから，過去の2人の行動によらず，非協力的な行動をとりつづける。

　もちろん戦略はこれらに限られません。各ステージにおいて，これまでに観察されてきた行動の履歴に対してどんな行動を今のステージでとるべきかを，すべてのステージ，そしてすべてのありうる行動の履歴に対してきっかり定めていれば，それは「戦略」です。後で均衡を考えますが，そのときにある戦略が均衡かどうかを確認するために，ほかにより利得を高めることができる戦略がないかを考えます。このようなときに，これら代表的な戦略だけを考えるわ

けではないことに注意しておきましょう。

　繰り返しゲームは逐次手番ゲームなので，前章で学んだように後ろ向き帰納法で解きます。そのためにはゲームの木を描けばよさそうです。しかし，モデル6.2のような繰り返しゲームでは，それぞれのステージゲームは同時手番になっています。つまり，現在のステージの中での相手の選択は見えません。第5章の最終節を振り返ると，厳密にゲームの木を使って同時手番ゲームを表現するなら，それぞれのステージの中でも，例えば真光が先で真暗が後というように恣意的に行動を決める順番を定めないといけません。そのうえで，後の真暗が意思決定するときには先の真光の選択を見られない，そして2社ともに選択を決めた後にはお互いの選択が見られるようになるということを，情報集合で表現することになります。そのゲームの木が図6-1になります。

　なんともややこしいですね。各ステージがこの木でどこになるかは一目ではわかりづらいでしょう。そこで本章では，ステージゲームを利得表で表すことにしましょう。図6-2のように展開形に利得表を混ぜた図示の仕方を，ここでは「半展開形」とでも呼んでおきましょう。ただ，ゲーム理論的にはこれはあくまで展開形を図示する方法の1つでしかないことを留意しておいてください。つまり，半展開形でも，われわれは後ろ向き帰納法でこのゲームを解きます。

　この半展開形が何を表しているのか見ていきましょう。一番上の表が最初のステージゲームです。普通の標準形の利得表と同じように，行と列を組み合わせて定まる1つのマスが2社のこのステージでの行動の組み合わせに対応します。この段階ではまだゲームは終わっていないので，マスに利得は書き込まれません。展開形のゲームの木でも終点に着くまでは利得は書きませんね。

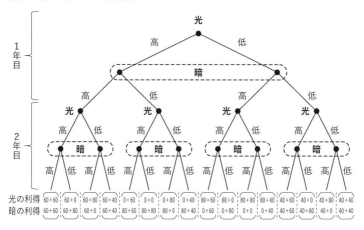

図 6-1 繰り返しゲームの展開形

図 6-2 半展開形での 2 期間の入札のゲームの木

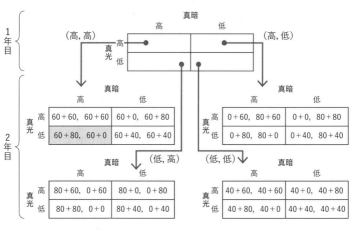

代わりに，それぞれのマスから線が伸びて，2段目の表のいずれかに行っています。この表それぞれが2年目のステージゲームを表しています。ここで利得表が4つあるのは，この2年目までの途中

経過，つまりこれまでの2社の「行動の履歴」が2×2＝4組ありえたからです。普通の展開形のゲームの木と同様に，行動の履歴が異なるごとに，各社が改めて行動を選択する独立した部分ゲームとして捉えるために，4つに分けてステージゲームを描いています。

そして，この最後のステージゲームの表では，各マスに2社の利得が書き込まれています。例えば灰色のマスを見てください。この表に来る矢印を上にたどると，1年目では2社ともに「高」をつけています。そして，このマスのある2年目の表において，真光は「低」を，真暗は「高」をつけています。その結果，1年目には2社それぞれ60の利得を，2年目には真光は80の利得を，真暗は0の利得を得ます。これら1年目，2年目の利得を各社について足したものがこの灰色のマスの数字です。これはまさに，展開形のゲームの木の最後に，プレー全体で得る利得を書くのに相当しています。以上のような計算から，最後のステージの利得表に，この2年間の利得の合計を各社について書き込みます。各マスで左側の数字が真光電設の，右側が真暗電設の利得です。

このゲームを後ろ向き帰納法で解きましょう。ただ，ここでは定義5.1（182頁）の後ろ向き帰納法をそのままはあてはめることはできません。特に，意思決定点はどこにあるのかと戸惑うでしょう。ここでは，定義5.1を改めて，半展開形のゲームへと後ろ向き帰納法を拡張させてみましょう。後ろ向き帰納法を用いて展開形で記述されたゲームが解けたのはなぜだったでしょうか。まず第1段階として，ゲーム全体ではなく，最後の意思決定に焦点を合わせるのでした。そこでは，ほかのプレーヤーの行動を予想することなく，最も単純にその意思決定者の利得だけ見比べてどのような選択をするかを見定めることができたのですね。そして第2段階として，その見定めた最適な選択を，この1つ前の意思決定における予想として取り込むのでした。そうすることで，この1つ前の意思決定の問題

があたかも最後のものとして，第1段階と同様に解くことができた
のです。第5章の図5-2や図5-4を振り返ってみてください。この
ように1つ前の結果を予想として組み込むという作業を順繰りに行
うことで，ゲームの木の頂点である初期点まで到達します。その頂
点にたどり着いたときに最終段階としてゲームの木全体でたどった
道を振り返ると，各時点の途中経過のすべてのケースについて意思
決定問題を解ききっていることになり，均衡となる各プレーヤーの
「戦略」を示すことができるのでした。

　半展開形に以上の分析をあてはめるならば，「最後の意思決定」
というのは最終年（2年目），つまり中学校の入札のゲームになるで
しょう。前年の結果として4つのケースがあるために，最終年では
4つの利得表，つまり4つの部分ゲームがあるわけですが，それぞ
れナッシュ均衡を見つけることで，それぞれの部分ゲームで2社が
どのような選択をするかを見定められますね。図6-3では，例によ
ってそれぞれの最適反応を○で囲っています。ですので，2社とも
○がつくところが，その部分ゲームでのナッシュ均衡です。この図
では各部分ゲームでの均衡の戦略をさらに白抜きの文字にしていま
す。これが上述の第1段階です。どの部分ゲームでも（低, 低）が
ナッシュ均衡になっていますね。つまり前の年で選んだものは影響
していません。これはこの最終年で何を選ぼうが前の年からでの選
択や利得はもう変えようがないからです。そしてこの最終年の利得
も，前の年の選択に関係なく中学校の入札だけで決まります。なの
で，単純に中学校のみの1回きりの入札のゲームで均衡となる（低,
低）が，この最終年のどの部分ゲームでも選ばれるのです。

　第2段階ではそれぞれの部分ゲームで解いた結果を，小学校の入
札の段階のゲームへと反映させます。2年目のステージゲームそれ
ぞれは1年目での選択の組に相当するのでしたね。なので2年目の
各ステージゲームで見つけたナッシュ均衡での利得を，図6-2で対

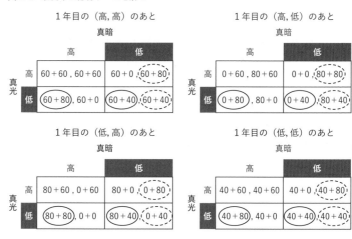

図 6-3 最終年の部分ゲームを解く

1年目の（高, 高）のあと

真暗

		高	低
真光	高	60＋60, 60＋60	60＋0, 60＋80
	低	60＋80, 60＋0	60＋40, 60＋40

1年目の（高, 低）のあと

真暗

		高	低
真光	高	0＋60, 80＋60	0＋0, 80＋80
	低	0＋80, 80＋0	0＋40, 80＋40

1年目の（低, 高）のあと

真暗

		高	低
真光	高	80＋60, 0＋60	80＋0, 0＋80
	低	80＋80, 0＋0	80＋40, 0＋40

1年目の（低, 低）のあと

真暗

		高	低
真光	高	40＋60, 40＋60	40＋0, 40＋80
	低	40＋80, 40＋0	40＋40, 40＋40

応する1年目の選択の組のマスに書き込んでいきます。図6-4の灰色の太点線で囲ったところでは，そのように2年目の結果をすべて1年目の利得表に反映させています。

　この1年目に反映した利得表だけを見て，ほかの部分を紙で隠してみてください。この太点線の枠の中だけ見ても，1年目に2社が選んだ行動の組ごとに，結局は2年間の合計でどれだけの利得をそれぞれ得られるかがわかりますね。ここだけ見るのは第5章の後ろ向き帰納法で後の方の結果から，選ばれないとわかった枝を切り落とし，上に残った部分だけにまとめたのに相当しています。このまとめた利得表から，またナッシュ均衡を求めることができます。ここでもまた（低, 低）が唯一のナッシュ均衡になります。ここでどこのマスでも＋40というのが真光と真暗の両方の利得に書かれていますね。これはどちらも2年目の部分ゲームすべてで（低, 低）を選び，それぞれ利得40を獲得することに対応しています。つまり，1年目の選択は2年目の結果には影響していません。1年目に

図 6-4 後ろ向き帰納法の解

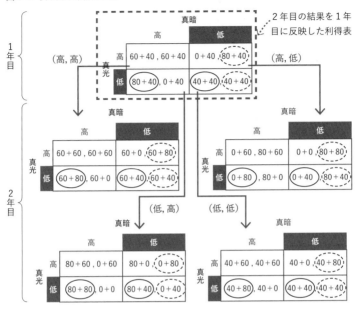

どちらも「低」を選ぶのは，この＋40 の前に書かれている利得，つまり 1 年目の利得で差がついているからです。

　ここまでの分析の結果として，各社が 1 年目，そして 2 年目のそれぞれのステージゲームで何を選ぶべきかが，図 6-4 で白抜きにしたように完全にわかりました。すなわち，もともとの 2 年間の繰り返しゲーム全体に関していえば，各プレーヤーの「戦略」が完全に定められたということです。この白抜きにしている各ステージでの選択をまとめると，どこでも常に「低」＝非協力を選ぶ，つまり無条件非協力戦略をとっていることがわかります。なので，（無条件非協力, 無条件非協力）がこの 2 回の入札の繰り返しゲームにおける，後ろ向き帰納法の唯一の解，つまり唯一の均衡であるというわけです。以上の手順をまとめましょう。

Step 1　ゲームの木の最後にくるステージゲームを考える。最後のステージゲームそれぞれでは，プレーヤーたちはナッシュ均衡になる行動の組を選ぶ。

Step 2　最後から1つ前のステージゲームを考える。Step 1 で選んだ行動が行われると予想して，1つ前のステージゲームそれぞれでは，プレーヤーたちはナッシュ均衡になる行動の組を選ぶ。

Step 3　最後から2つ前のステージゲームを考える。Step 1 と 2 で選んだ行動が行われると予想して，……
　　　　以上を最初のステージゲームに到達するまで繰り返す。

▷　2.4　なぜ繰り返しても同じ結果なのか

　あれれ，本来はしっぺ返し戦略やトリガー戦略のように前の入札結果にあわせて協力を促すような戦略をとれるはずなのに，結局は無条件非協力，つまりこれまでの入札結果に関係なく無条件にステージゲームの均衡戦略だった「低」をとるという解になってしまいましたね。これは同じゲームを繰り返す回数が2回と短いからではなく，10回でも，100万回でも同じなのです。それがなぜなのか，これまでの最適反応を振り返って考えてみましょう。

　まず第1段階として最後のステージでは，これまでの過去を変えようがなく，また次のステージがなく未来への影響もないため，その最後の時点だけの損得で選択を決めています。例えば，前の期で仮に協力していたとしても，最後のステージで協力をするインセンティブはありません。つまり，未来への影響を考えずに済むなら，この期の行動を選ぶにあたってその期だけの利得最大化を考えればよいのです。第2段階として，その1つ前のステージに視点を移すと，次の「最後のステージ」ではどんなときも必ず非協力の結果となり，未来を変えることができません。つまり，この「1つ前のス

テージ」で協力しても，次の期で相手の協力が期待できません。なので，この「1つ前のステージ」でも，やはり未来の影響がないので，この期だけの利得最大化を考えればよいのです。現在のことだけを考えて過去や未来を気にしないことを「刹那的」と言いますが，以上の論理はまさに最後の選択が刹那的になり，さらに，後ろ向き帰納法によってその前のステージでも刹那的になる，というようにどんどん刹那的な選択が前倒しに広がっていくことを示しています。

　これまで小学校，中学校と2回だけの繰り返しを考えてきました。しかし，何回繰り返したとしても有限であるかぎり，この刹那的な選択が広がっていきます。したがって，もしも繰り返す回数が，2回だけでなく1万回でも同じことです。つまり，以下のように話は延々と続いていくわけです。

- 「終わり」に何を選択するかは，過去によらず決まる。
- 「終わり」の1つ前のステージにおいては，そこで何をするかによらず「未来」は決まっているため，そのステージのことだけを考える。
- 「終わり」の2つ前のステージにおいては，そこで何をするかによらず「未来」は決まっているため，そのステージのことだけを考える。
- 「終わり」の3つ前のステージにおいては……。

このように何回繰り返そうが，（無条件非協力, 無条件非協力）が後ろ向き帰納法に基づく解となるわけです。

　以上の議論から，ステージゲームを何回も繰り返したとしても，結局はステージゲームでのナッシュ均衡を繰り返すだけだと言えます。ただし，今の論理には2つの大きな前提条件が隠されています。第1に，これ以上の「未来」がない「最後」のステージがはっきり存在していることです。そうでなければ，そもそも後ろ向き帰納法で最初に解くべきところがわからないので，後ろ向き帰納法では解

きようがありません。第2に，ステージゲームでのナッシュ均衡が
ただ1つだけ存在することです。例えば，ステージゲームのナッシュ均衡が2つあるとしましょう。この場合，ゲームの最後のステージゲームにおいて，均衡になる行動の組み合わせは2通り出てきます。この場合，最初の期の意思決定を通して，次の期の結果に影響を与えることが可能です。例えば，2つの均衡 A と B がある場合に，「協力したら均衡 A を実現させるけど，協力しなければ均衡 B を実現させるぞ」と言う戦略をとれるからです。1つの例は練習問題6.3で示しているので，試してください。では，この2つの前提条件を明示して，以上の議論をまとめましょう。

> 🎮 ゲームの攻略法
>
> ナッシュ均衡が1つだけあるようなステージゲームを繰り返すゲームを考える。また，プレーヤーたちの行動の選択によらず，ある一定の（有限の）回数でこの繰り返しが終わると仮定する。この仮定のもとでは後ろ向き帰納法ではただ1つだけ解がある。この解において各プレーヤーの戦略は，無条件非協力戦略である。つまり，どんな行動の履歴に対しても，各プレーヤーは元のステージゲームでのナッシュ均衡において選ぶ戦略を無条件に選ぶ。

3 無限の彼方へ

後ろ向き帰納法を通して，両者の関係に終わりが見えてしまうと，両者の間での「協力」は最初から起こらなくなってしまうということがわかりました。本章の冒頭で，終わりが見えないときにこそ，人々は協力しあうのだということを指摘しました。本節では，この「終わりの見えない関係」があるゲームを分析していきます。終わ

りの見えないゲームを表現する際に，ゲーム理論ではステージゲームを無限に繰り返す，**無限繰り返しゲーム**（infinitely repeated game）を用います。このゲームでは明確な最後の期がないため，後ろ向き帰納法は使えないことになります。なので，「協力しない」とは違った結論が得られそうですね。でも，どのように分析していくのでしょうか。考えていきましょう。

[モデル 6.3] 終わりのない仕事

　ポッポウ島には街路灯がある。この街路灯の点検や電球の付け替えも年度ごとに 2 社の間の競争入札で決まる。各年の街路灯の点検・付け替えの仕事も 1 年間の総額としては小学校の設備更新と同程度の規模が見込まれている。各年の入札後に各社の入札額は公表される。設備更新と違って一度限りではなく，この仕事は未来永劫続く。つまりモデル 6.1 をステージゲームとして無限に繰り返すゲームになる。

▷ **3.1　総利得の現在価値**

　モデル 6.2 では，各回のステージゲームで獲得する利得を単純に足し合わせたものを，2 回繰り返しゲームの総利得として分析しました。一方で，モデル 6.3 の無限繰り返しゲームでは，永遠，つまり無限にステージゲームが続くわけです。このとき，すべての期の利得を単純に足し合わせたものを無限繰り返しゲームの利得として用いることには，大きな問題があります。永遠に利得 5 を得る場合と，永遠に利得 1 を得る場合では，もちろん前者を好む人の方が多いでしょう。しかし和をとると，5+5+5+… も 1+1+1… も ∞（無限大）となってしまい，数学上は同じとみなされてしまうのです。そのため，単純に利得の総和を使ってしまうと，なんでもかんでも∞になってしまい，総利得の大小関係を比較できなくなります。つまり，最適な戦略は，利得を単純に足し合わせただけでは決めることができなくなってしまうのです。

さらに，無限繰り返しゲームでは，はるか先の未来も考えなくてはいけません。でも，「50年後に1万円をあげる」と言われても嬉しくないですよね。それなら，「今日9000円をあげる」と言われた方がまだ嬉しいでしょう。同じ金額でも先の未来に得た場合は，今すぐ得た場合よりも魅力的ではないでしょう。足し合わせたら無限になってしまうし，そもそも先延ばしで価値は下がるし，なかなか無限繰り返しゲームにおける総利得の表現は大変そうです。

　この2つの問題を一気に解決するアイデアが（**割引**）**現在価値**（present value）です。これは将来得られる利得の価値を割り引いたうえで，現在の価値として換算したものです。「100年後の100万円」は今の100万円とは価値が異なります。先延ばしで価値の減少分を割り引いて，計算するということです。この現在価値を求めるために，**割引因子**（discount factor）を用います。モデル6.3では両社は1年ごとに入札することから，「年」を時間の単位にしています。よって，以降では1年あたりの割引因子を考えていきますが，一般には「時間の単位あたり」の割引因子と考えてください。例えば時間の単位が1日なら，1日あたりの割引因子ですし，時間の単位が10年なら10年あたりの割引因子です。

　割引因子を d で表し，$0 \leq d \leq 1$ としましょう。この割引因子は，1期後の利得の価値を割り引いた後に，現在の価値として残る方の割合を示しています。例えば，$d = 0.8$ としましょう。この場合，1年後に得られる利得の20%の価値（$1 - d = 1 - 0.8 = 0.2$）は，現在の価値に置き換える段階で消えてしまうことを意味します。例えば，1年先にもらえる10万円の現在価値を計算するときには，$10d = 10 \times 0.8 = 8$万円となります。20%にあたる2万円分だけ価値が下がり，残りの80%が現在の価値として残ります。この結果は「1年後の10万円」と「今すぐにもらえる8万円」の価値が同じであることを意味します。それでは，「2年後に10万円を得る」の現在価

値を計算してみましょう。まずは1年分割り引くために d を一度掛けた後で、さらにもう1年分割り引くために d をもう一度掛ける必要があります。つまり、d を2回掛けることになります。$d =$ 0.8 ですから、$d \times d = d^2 = 0.8^2 = 0.64$ ですね。これを10万円に掛けるわけですから、「2年後の10万円」の現在価値は、$10d^2 = 10 \times 0.64 = 6.4$ 万円だとわかります。「今すぐに6万4000円をもらえる」と同じ価値ですね。3年先の利得の現在価値を算出するためには d^3 を掛け、4年先なら d^4 を掛けます。つまり、n 年先の利得を現在価値にするためには d を n 回掛けた d^n を掛けることになります。当然、n が大きくなるほど、d^n は小さくなります。よって、この割引因子を用いることで、「未来の利得の価値は低い」ことがモデルとして表現できます。実際に $d = 0.8$ のとき、100年後となると $d^{100} = 0.00000000020370360$ ですから、100年後の100万円の価値は今の1円の価値にも満たなくなります。

　さらに、これは無限期間の利得を足し合わせると無限になってしまう問題も解決します。なんと永久に一定の利得をもらい続けたとしても、年ごとにどんどん割り引いてから和をとることで、無限ではない有限の数になるのです。例えば、毎年1万円をもらい続ける場合を考えてみましょう。今年も1万、来年も1万、再来年も1万ともらい続けるので、毎期もらえる利得が並んでいることになります。これを利得の**流列**と言います。それでは、永遠に毎年1万円もらうという利得の流列の現在価値を計算しましょう。まず今年もらう1万円は割り引きません。そして、1年後の1万円の現在価値は $1 \times d = d$ 万円であり、2年後の1万円の現在価値は $1 \times d^2 = d^2$ 万円になります。これがずっと続くわけですから、無限期間の現在価値の合計は $1 + d + d^2 + d^3 + \cdots$ 万円になります。この…の中には、d^4 以降永遠と続く d^n が入ります。単位である「万円」は計算の邪魔になるので、以降では省略します。この割り引かれた利得の流列の

合計である総利得を S としましょう。つまり，

$$S = 1 + d + d^2 + d^3 + \cdots$$

です。ここで，この両辺に d を掛けると $dS = d + d^2 + d^3 + d^4 + \cdots$ となります。この dS の式を S の式から引いてみましょう。

$$
\begin{aligned}
S &= 1 + d + d^2 + d^3 + \cdots \\
-\,)\ dS &= d + d^2 + d^3 + d^4 + \cdots \\
\hline
(1-d)S &= 1
\end{aligned}
$$

右辺では，$1 + d + d^2 + d^3 + \cdots$ のうち，$d + d^2 + d^3 + \cdots$ をすべて消すことができていますね。この最後の式 $(1-d)S = 1$ の両辺を $1-d$ で割れば，$S = 1 + d + d^2 + d^3 + \cdots$ という無限に続いた利得の総和として示した総利得の現在価値が，

$$S = \frac{1}{1-d}$$

と簡単に表現できることがわかります。例えば $d = 0.8$ なら $1/(1-d)$ は $1/(1-0.8) = 1/0.2 = 5$ ですね。なので，延々と 1（万円）をもらい続けるとしても，その現在価値の合計は 5 という有限の数になるわけです。すべて無限になってしまうわけではなさそうですね。ほかにも，毎年 5（万円）を得る場合の現在価値の合計は，

$$5 + 5d + 5d^2 + 5d^3 + \cdots = 5(1 + d + d^2 + d^3 + \cdots) = \frac{5}{1-d}$$

になります。$d = 0.8$ なら，$5/(1-0.8) = 5/0.2 = 25$ です。毎年 1 万円をもらうときの総利得の現在価値であった 5 よりも大きいので，永遠に 5 万円もらい続ける方が，永遠に 1 万円をもらい続けるよりも総利得の現在価値が高い，という結論になります。私たちの感覚とも合致していますね。このように，無限に続く利得の流列を現在価値の和として 1 つの数字にまとめることで，利得の流列同士の優劣を判断できるというわけです。総利得の現在価値の計算方法をまとめましょう。

> **🎮 ゲームの攻略法**
>
> 　最初の期から利得 A を得続けた場合，割引因子 d での総利得の現在価値は以下になる。
>
> 　　現在価値の公式①　$A+Ad+Ad^2+\cdots = \dfrac{1}{1-d}A$

　毎期同じ利得を得るという利得の流列ばかりではありません。例えば，「最初だけ 7 万円を得て，あとは永遠に 4 万円を得る」場合を考えてみましょう。最初に 7 （万円）を受け取り，後は毎年 4 （万円）を受け取るため，割引利得の合計は，$7+4d+4d^2+4d^3+\cdots$ ですね。そこでまずは，$4d+\cdots$ 以降を d でくくり，

$$7+4d+4d^2+4d^3+\cdots=7+4d(1+d+d^2+\cdots)$$

としましょう。この（　）の中は，1 （万円）を永遠に得ていく利得の流列の現在価値になっていますね。よって，$1/(1-d)$ と書き換えることができます。なので，「最初の年だけ 7 万円を得て，あとは永遠と 4 万円を得る」を選んだ場合の総利得の現在価値は，

$$7+4d(1+d+d^2+\cdots)=7+\frac{4d}{1-d}$$

となります。$d=0.8$ なら，これは $7+4\times\dfrac{0.8}{1-0.8}=7+\dfrac{3.2}{0.2}=7+16=23$ です。これを「最初の年から永遠に 5 万円を得る」場合と比較してみましょう。毎年 5 を得ることによる総利得の現在価値は $5/(1-d)$ でした。$d=0.8$ なら，25 になることは計算したとおりです。23 より大きいわけですから，$d=0.8$ の場合，最初に 7 万円をドンッともらってから後は 4 万円をもらい続けるよりも，5 万円をもらい続けた方がよいということになります。

　しかし，d の値が変わると両選択肢の優劣が変わります。例えば $d=0.2$ なら，「毎年 5 万円を得る」場合の現在価値は $5/(1-0.2)=5/0.8=6.25$ です。$d=0.8$ よりも割り引くため，$d=0.8$ のときより

も現在価値はずっと小さくなります。一方で，「最初だけ7万円を得て，あとは永遠に4万円を得る」場合の現在価値は$7+4\times0.2/(1-0.2)=7+4\times0.2/0.8=8$となります。よって，「最初だけ7万円を得て，あとは永遠に4万円を得る」方が，よくなりますね。割引因子が低く将来のことを気にしない人は，今すぐ多くの利得をもらえる方がよいと考えるということです。少し変則的な利得の流列に対する，総利得の現在価値の計算方法をまとめておきましょう。

🎮 ゲームの攻略法

　最初の期に利得 B を得，その次の期からは利得 C を得続けた場合，割引因子 d での総利得の現在価値は以下になる。

現在価値の公式②　$B+Cd+Cd^2+\cdots=B+\dfrac{d}{1-d}C$

　割引因子を用いることで，先延ばしで価値が低くなることを反映させ，かつ総利得が無限大になることを避けることができました。この割引因子に対しては，複数の解釈が可能です。第1に，これまで述べてきたように，同じ金額なら将来に得るよりも，今すぐ得た方がよいという異時点間の好みを表しています。利得を得るタイミングが先延ばしにされる分だけ，その価値が割り引かれます。この場合，将来を重視する我慢強い人ほど，割引因子は大きくなります。

　第2に，プレーヤーが得る利得が金銭だとすると，早くに受け取ることができれば，投資して利子収入を得ることができます。例えば，少し非現実的ですが，1年の（インフレを除いた実質の）利子率が25%の投資があるとしましょう。今年100万円を受け取ったうえで投資をすれば，1年後には125万円になっています。このとき，25%の利子率のもとで金銭的利益だけを考えれば，今の100万円と1年後の125万円は同価値ということになります。125に0.8を掛けると100になるので，25%の利子率に相当する割引因子は d

＝0.8 ということになります。利子率が高まるほど，早くそのお金を受け取った方がもっと投資で増やせるため，割引因子は低くなります。しかし現実の日本では低金利が続いているため，利子率を理由とした割引は実感がないかもしれませんね。

第3に，ゲームが本当に次に続くか確実でなく，ステージごとにそこで終わってしまう可能性があると解釈することもできます。つまり，次のステージにゲームが続く確率が d である，と解釈するわけです。例えば，2回目のステージまで続いた場合，2回目のステージで利得5がもらえるとしましょう。ただ，$1-d$ の確率で2回目に行かず，そこでゲームが終わり，利得が0になってしまうとします。この場合の期待利得を計算すると，$5 \times d + 0 \times (1-d)$ となり，結果として $5d$ になりますね。2回連続でゲームが続き，3期目まで到達する確率は d^2 です。したがって，各期の利得の現在価値は，その期までゲームが続く確率をその期の利得に掛け合わせた期待利得を示していると言えます。そして，ゲームが続く可能性が高いほど，割引因子は高くなります。

無限の繰り返しというと「人には寿命があるので，未来永劫ゲームをプレーし続けるなんてありえない」と思われるかもしれません。モデル6.3については，人ではなく会社がプレーヤーなので，寿命は自明ではありません。それでも1億年後にも会社が存在すると考えるのは，楽観的すぎるでしょう。また，街路灯ももう使っていないかもしれません。このことから「無限繰り返しゲームなんて非現実的だ」と思われることがあります。そこで，割引因子の3番目の解釈が重要になります。この場合，d はゲームが続く確率です。寿命が尽きるなど，ゲームが終わる可能性がどの期でもあることになります。しかし，明示的に誰もがわかっている最後の期はなく，いつ終わるかは確率的に決まります。この解釈に基づけば，無限繰り返しとは「未来永劫に続く」状況に限らず，「終わりはあるけれども，

それがいつなのかがわからない」という状況も表現していることになります。

　一方で，有限繰り返しゲームは，終わる時期が明確にわかっている状況を考えています。例えば，10回繰り返すゲームであれば，「ちょうど10回だけ同じゲームを行う」ということを全プレーヤーが知っているということです。モデル6.3において10回繰り返しゲームとした場合，それは「ポッポウ島で街路灯の公共事業の入札が10回ちょうど行われた後はいっさい入札が行われない」ことを両業者が知っていることを意味します。そして，この「最後」が明確だというのが，2.4項で述べたように後ろ向き帰納法で解くための決め手でした。しかし，ある定まったときにゲームが，つまりプレーヤーたちの関係がすっぱり終わると言い切れることは，あまりないでしょう。終わりの時期を明確に認識しているという決定的な点を考えると，有限繰り返しゲームの方が非現実的になる場合が多いと言えます。終わりの時期がわからない場合には，無限繰り返しゲームが適したモデルなのです。

3.2　協力が維持される均衡

　無限に続く利得の流列について，現在価値の考え方がわかりましたね。それでは，モデル6.3の均衡を見つけてみましょう。もうお察しでしょうが，終わりが見えない無限繰り返しでの談合のゲームでは両者が協力しあって「高」を毎年選ぶことが均衡になる可能性が出てきます。ただし，相手も協力してくれると純粋無垢に信じて，どんな状況でも高価格をつけてというわけではありません。このような，すごくお人好しな人は，すぐに相手に裏切られてしまいます。なぜなら，無条件に高価格をつけてくれる人に対しては，相手は低価格をつけて高い利得を独り占めできるわけですから。なので，高価格の談合を維持させるためには，こんなお人好しな戦略を選んで

いてはダメで，相手が低価格へと裏切るのを防ぐような脅しが必要になります。つまり，裏切った相手になんらかの罰が下るような戦略を工夫しないといけません。いろいろな工夫がありえるのですが，ここでは最も厳しいトリガー戦略を考えましょう。定義6.1を振り返ってみてください。図6-5 (a) で図示したように，ずっとみんなで協力するのが続いたら，また協力を選ぶ（スマイリー😊）けれども，一度でも非協力が出たら，それが「トリガー」（引き金）になって，もう絶対に協力しない（鬼👹）というのがトリガー戦略でしたね。

また，裏切りに対する脅しがあることで談合を維持しようとするインセンティブを事業者が持つためには，裏切ろうとする者が将来の罰を気にしていないといけません。もし将来をまったく気にしない事業者であり，割引因子 d が0に近いならば，脅しはまったく効かなくなってしまい，談合が維持できなくなります。以下の議論では，談合が維持できるかできないかを分ける境目の d の値を，具体的に均衡の条件から計算します。談合が維持できなくなる d の値が十分に小さいならば，多くの業者がその値以上の割引因子を有する可能性が高いため，談合は生じやすいと言えるでしょう。一方で，境目となる d の値が大きいならば，談合は生じにくいと言えます。

では，お互いにトリガー戦略を使うのが均衡になるための条件を求めてみましょう。均衡というのは，相手がとっている戦略を正しく予想したときに，自らはほかの戦略に変えても利得が上がらないということでしたね。つまり相手がトリガー戦略をとっているなら，自分だけそこから外れても得にならないということです。

まず誰もトリガー戦略から外れなかったときの利得を求めましょう。2人ともトリガー戦略を選んでいるかぎり，誰も裏切ることがないので，ずっと協力関係が続くことになります。具体的には，ト

図6-5　2社ともトリガー戦略をとるのが均衡になるか

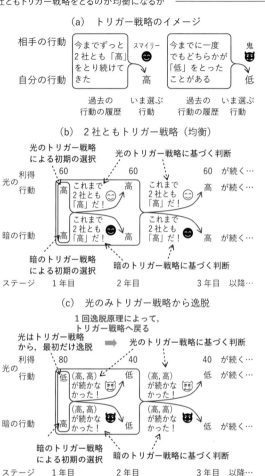

（a）　トリガー戦略のイメージ

相手の行動

| 今までずっと 2社とも「高」をとり続けてきた | スマイリー 😊 | 今までに一度でもどちらかが「低」をとったことがある | 鬼 👹 |

自分の行動

高　　　　　　　　　　　　低

過去の　　いま選ぶ　　過去の　　いま選ぶ
行動の履歴　行動　　　行動の履歴　行動

（b）　2社ともトリガー戦略（均衡）

光のトリガー戦略による初期の選択　　光のトリガー戦略に基づく判断

光の利得・行動

暗の行動

暗のトリガー戦略による初期の選択　　暗のトリガー戦略に基づく判断

ステージ　　1年目　　　2年目　　　　　3年目　以降…

（c）　光のみトリガー戦略から逸脱

1回逸脱原理によって，トリガー戦略へ戻る

光はトリガー戦略から，最初だけ逸脱　⇒　光のトリガー戦略に基づく判断

光の利得・行動

暗の行動

暗のトリガー戦略による初期の選択　　暗のトリガー戦略に基づく判断

ステージ　　1年目　　　2年目　　　　　3年目　以降…

リガー戦略下では，「最初の選択」ではプレーヤーは高価格をつけるのでした。そこから誰も外れないので，1年目のステージゲームの結果は（高，高）となり，ともに60の利得を得ます。そして2年目も，図6-5（a）で「スマイリー」の場合にあたり，また高価格を

つけることになります。それ以降も，図6-5 (b) で示したように，ずっと協力が維持され（高, 高）という結果が生じ，それぞれ60の利得を得る状態が続きます。したがって，この戦略から誰も外れなければ，それぞれの総利得の現在価値は，

$$60+60\,d+60\,d^2+\cdots = \frac{60}{1-d} \qquad (1)$$

となります。

　トリガー戦略をとることが均衡であるかをチェックするためには，相手がこのトリガー戦略を維持していると想定したうえで，自分1人がほかの戦略に変えたときに，自身の利得が上がるか否かを確認すればよいわけです。このモデル6.3，そしてステージゲームの表6-1では，この2者は対称的（入れ替えても同じ）なので，1社の行動を分析するだけで十分になります。なので，以下では，真光電設を「自分」として戦略を変えるインセンティブを考えましょう。さて，この場合，真暗電設がトリガー戦略を選択すると想定しつつ，真光電設が戦略を変えることで利得を $60/(1-d)$ から増やすことができれば，トリガー戦略は均衡にはなりません。一方で，増やすことができなければトリガー戦略は均衡になります。それでは，具体的にインセンティブを計算してみましょう。

　真光電設がトリガー戦略から逸脱しうると言っても，具体的に，どんな戦略に変えるべきでしょうか。ここで1回逸脱原理（one shot deviation principle）という定理を使います。均衡の条件を導くために均衡戦略から逸脱するプレーヤーの利得を求めるうえでは，「1期目だけ行動を均衡戦略から変え，そして2期目以降はまた均衡戦略に戻る」という戦略を考えれば十分だという定理です。1回逸脱原理を使うと，真光電設は1年目だけ行動を「低」に変えますが，その後はトリガー戦略に戻ると考えればよいわけです。1年目については，真暗電設はトリガー戦略に従い高価格をつけるので，

1年目の結果は（低, 高）となり真光電設は裏切りの利得80を得ます。2年目以降ですが，1回逸脱原理によれば両社ともにトリガー戦略に従います。ただしすでに（高, 高）は崩れたので，図6-5 (c) のように「鬼」のトリガーが引かれてしまいました。それゆえ両社ともに2年目以降はずっと「低」をとり続けることになります。したがって，2年目以降の各ステージでは（低, 低）という結果になり，真暗も真光も利得が40となります。つまり，真光電設は1年目で裏切り，80という利得を得ても，2年目以降は利得が40と低くなってしまいます。短期的に大きな利得を得る代わりに，未来永劫続く罰として利得が低くなり続けるわけですね。これらをまとめて総利得の現在価値を計算すると，

$$80 + 40d + 40d^2 + \cdots = 80 + \frac{40d}{1-d} \tag{2}$$

となります。

　われわれはトリガー戦略が均衡で選ばれる割引因子 d の条件を求めようとしています。つまり最初に式 (1) で求めたずっと（高, 高）が維持されたときの割引期待利得の方が，式 (2) で求めた（低, 高）と裏切り，そして（低, 低）が続く割引期待利得よりも高くなる条件を計算したいのです。式で書くと，

$$\frac{60}{1-d} \geq 80 + \frac{40d}{1-d} \tag{3}$$

を成り立たせる d の条件を求めることになります。両辺に $1-d$ を掛けると，$60 \geq 80(1-d) + 40d = 80 - 40d$ となり，$40d \geq 20$ と書き換えられます。よって，この条件を満たす d は，

$$d \geq 0.5$$

であるとわかります。したがって，割引因子 d が十分に高く 0.5 以上であれば，真暗電設がトリガー戦略を選択するのだという予想のもとでは，真光電設もまたトリガー戦略を自ら最適な戦略として選

ぶのだとわかりました。そして，真暗電設も同様に割引因子 d が
0.5 以上であれば，同じ理由からトリガー戦略を最適な戦略として
選びます。ですから，2 社の割引因子 d が 0.5 以上に高ければ，両
社ともにトリガー戦略を選択することが均衡になります。つまり，
長期的な利益を考えるプレーヤーであれば高価格をつけ続けるとい
う協力関係が実現します。

　この結果は，協力から逸脱するインセンティブが，短期的損失と
長期的利益によって決まっているからです。(3) 式を書き換えると，

$$(60-40)\frac{d}{1-d} \geq 80-60$$

となります。右辺は高価格から低価格に逸脱したときの短期的利益
を表しています。このときには相手を出し抜いて落札できるので，
その期だけは $80-60=20$ という利益が生じます。しかし，いった
ん逸脱するとみんなずっと低価格を入札し続けるということになり
ます。この長期的損失が左辺で表されています。協力関係が実現す
るときに比べると，1 期あたり $60-40=20$ という損失が生じます。
これに $d/(1-d)$ が掛けられているように 2 年目から永遠に続くこ
とになるのです。この不等式全体としては，逸脱すると，この左辺
の長期的損失が右辺の短期的利益 20 を上回るということを表してい
ます。なので，逸脱してもトータルでは損なので，協力しようと
なるわけです。つまり，協力を維持するにはプレーヤーが長期的な
損得を重んじる必要があるということを示しています。

　ところで，今まで「均衡」の条件を求めてきたのですが，これま
でに習ったどの均衡の概念を使っていたのでしょうか。相手が戦略
を変えないという前提で，自分だけ別の戦略にして利得が高くなる
かどうかを見ていたので，ナッシュ均衡になります。一方で，トリ
ガー戦略を選ぶことは，部分ゲーム完全均衡として示すこともでき
ます。しかし，無限繰り返しゲームでは後ろ向き帰納法が使えない

のに，どうやって部分ゲーム完全均衡が求められるのでしょうか。この点に関しては深い話になっていくため，オンライン・コンテンツで触れることにします。それでは，ナッシュ均衡の解き方をまとめておきましょう。

🎮 ゲームの攻略法

　無限繰り返しゲームでのナッシュ均衡は以下のように求められる。

Step 1　毎期協力した場合の総利得の現在価値を計算する

Step 2　最初の期に裏切って高い利得を得たうえで，その後は罰として低い利得となる場合の，総利得の現在価値を計算する

Step 3　Step 1 と Step 2 で計算した現在価値の値を比較して，Step 1 の値の方が高くなるような d の条件を示そう！

　このようにトリガー戦略による脅しで協力し，高価格をつけるという談合が維持される理由は，「無限」に続く，つまり終わりが見えないからこその結果です。ゲームが終わる時期が定まっている有限の繰り返しゲームにおいては，割引因子がどれだけ高くても，またその終わりがどれだけ先でも，談合は生じません。また無限に繰り返す場合でも，割引因子 d が低く，未来の価値を大きく割り引かれるのならば，トリガー戦略は均衡になりません。目先の利得のために非協力を選んだことに対する罰は，将来の利得を低くすることでした。しかし，d が低く将来を気にしない人にとっては，この罰の効果は小さくなってしまうからです。

　さらに注意しておくと，無限繰り返しゲームでは均衡がたくさん出てきます。特に，割引率がどれだけ高くても，有限繰り返しゲームと同様に無条件非協力戦略をお互いにとることも1つの均衡として残ります。実際，相手がこの戦略をとるのなら，こちらも「低」を選んで 40 の利得を確保するしかないですよね。こちらが「高」を選んだら，そのステージでの利得は0とさらに悪くなります。そ

して，相手は「無条件非協力戦略」なのですから，こちらが「高」を選んだからといっても，相手が「低」をとり続けることは変わりありません。なので，こちらも無条件非協力戦略をとるのが，相手の戦略に対する最適反応となります。

談合という文脈でこれらの結果は何を意味するのでしょうか。まず談合が維持されるためには同じ業者がずっと付き合い続けることが必要です。すぐに市場から出ていくような業者なら談合破りをしても，ほかの業者は仕返しをできませんからね。冒頭で述べたような世界レベルで起こった談合でも，食品添加物にしろ自動車部品にしろ，大手の業者が限られており，そう簡単に消えてなくなる業界ではないために，談合が生じたとも言えます。一方で，はっきりした終わりが見えないとしても，不景気な業界で，各社がいつつぶれるかわからないという状況は，割引因子 d が低いと解釈できます。そのような業界だと談合は起きにくいと言えるでしょう。

事例 6.1 では，談合と疑われる事例は多い一方で，その多くは違法行為として捕まえることは難しいと指摘しました。その理由も，このモデルは示しています。談合の維持に必要なことは，お互いの戦略の読み合いです。理論的には，そもそも話し合いをしなくても，お互いの入札の仕方から「空気を読む」ことができれば，高価格を維持しえます。そして，どのような入札・価格付けをするかは自由であるため，ほかの企業と話し合ったのでもなく，自己判断で高い価格をつけただけならば，処罰されることもないでしょう。

ただ「空気を読む」のはそう簡単なことではありません。第 4 章で学んだ進化動学の考えでいけば，お互いに試行錯誤しながらなんらかの均衡へと収束していくでしょう。しかし，そもそも，均衡というだけなら無条件非協力戦略をみんなが選び，価格が下がっていくのだって，均衡ではあるのです。となると，やはり高価格を維持するためには，「お互い仲良くしようよ，しかし，裏切ったら血で

血を洗う闘いになるからな」と明示的に話したくなるでしょう。このようにどの均衡に持っていくかというところ，つまり価格維持が崩れたときにどうなるかという予想をすり合わせるところでこそ，業者が「談」して「合」わせる意味が出てくるのです。

4　金の切れ目が縁の切れ目
経済的相互依存

　経済的利益を生む関係を永らく持ち続けることが見越せる場合に，お互いに協調するインセンティブがあるのは，企業だけではありません。国と国の間でも，貿易などを中心とした経済的関係を長きにわたって持ち続けると予想できる場合には，できるだけ両国間の紛争や対立を避け，協調していくようになる可能性があります。このような考えを政治学では，**経済的相互依存論**あるいは**商業的平和**（capitalist peace）と言います。

【事例 6.2】経済的相互依存論
　経済的相互依存論とは，「経済的交流が深まることによって共通の利益が生まれやすくなり，国家間に協調の契機が見出せる」と主張する考えである（久米ほか，2011，167 頁）。貿易などを通して相互依存関係が深まれば深まるほど，武力行使などを通して両国間の関係を断ち切ろうとするインセンティブは下がると考えられるからだ。過去のデータ分析でも，貿易などの経済的相互依存が武力衝突を減らすことを示しているものは多くある。しかし，そうではないという研究もあり，両者の関係はそれほど定かではない（Gartzke and Zhang, 2015）。また，貿易を行うことで武力行使が減るのか，あるいは武力行使が将来行われないことを見越せるから深い経済的関係を築くのか，その因果関係も明確ではない。さらに，2 つの世界大戦など，経済的相互依存があった国家間であっても戦争となる事例もあり，経済的相互依存は必ずしも戦争や武力衝突の抑制につながるものではないとも考えられている。

貿易などの経済的利益を生む関係が常に武力衝突を抑制できるわけではないなら，どのような条件下で武力衝突を抑制できるのでしょうか。その条件を考えるために，繰り返しゲームを用いて分析していきましょう。第2章で議論した「安全保障のジレンマ」のモデル2.5を思い出してください（$c=2$，$b=10$ に相当します）。

［モデル 6.4］経済的相互依存の中の安全保障のジレンマ

　ノース国とサウス国という隣接する2国が緊張関係にある。各期に各国は対立をするか否かのいずれかを選択する。両国が対立することを選択した場合の利得は両国ともに1とする。もしも，1国のみが対立を選択した場合，この国がなんらかの理由で相手国に対し優位な立場になり，相手国に政策的妥協を強いることができると考える。例えば，対立が軍事拡大を意味するならば，相手国に対し軍事的に優位に立てる。あるいは外交上の対立であれば，準備不足の相手国に妥協を強いることができるかもしれない。この政策上の妥協から，対立を選択した国はこの期において8の利得を得て，その相手国の利得は妥協を強いられることで0となると考えよう。両国が対立を選ばなかった場合には，貿易などの経済活動を通してサウス国は x の利得を，そしてノース国は y の利得を得るとする。この状況を囚人のジレンマとして考えるため，$1<x<8$，および $1<y<8$ が成立していると仮定しよう。このステージゲームが2国間でずっと続く，つまり無限繰り返しゲームになる状況を考える。2国ともに割引因子を d とする。

　利得表は表6-2に示しています。このモデルも前節と同様に囚人のジレンマゲームになるため，やはりステージゲームを1回行うだけでは非協力，つまり対立を両国とも選びます。しかし無限に繰り返すならば，割引因子が十分に高く，未来の利益を重く見るときに，協力を続けるという結果が出てきます。ここでも，両国の戦略としてトリガー戦略を考えましょう。両国ともトリガー戦略をとるのが均衡になるための割引因子 d の条件を求めます。

　そのためには，トリガー戦略に従って「否」を選び続けたときの利得と，トリガー戦略をとらず「対立」を最初に選んだときの利得

表6-2 経済的相互依存のもとでの安全保障
　　　 のジレンマ ─────────────

		サウス	
		対立	否（協力）
ノース	対立	1, 1	8, 0
	否（協力）	0, 8	x, y

を比べるのでしたね。この
ときに，相手国の方はトリ
ガー戦略に従い続けると仮
定します。以下では，ノー
ス国がトリガー戦略に従う
条件を考えましょう。「相
手国」となるサウス国はト
リガー戦略に従うと仮定します。まず，ノース国もトリガー戦略に
従うのなら，ずっと対立は生じず，ノース国は利得 x を毎期得ます。
割引因子は d なので，このずっと続く各期の利得 x を合計した割引
価値は $x+dx+d^2x+\cdots=x/(1-d)$ となります。

　他方で，もしもノース国が最初の期に対立を選んだとします。こ
のときにサウス国はまだ「否」を選んでいるので，ノース国はこの
期だけ利得 8 を得ます。しかし次の期から，サウス国はトリガー戦
略に従い，協力，つまり「否」から，非協力，つまり「対立」を選
び続けます。ノース国はこれを予想しますが，そこでノース国がで
きることは，同じく「対立」を選び，ステージゲームでのナッシュ
均衡を実現させるだけです。つまり，ステージゲームの均衡利得 1
を各期で確保するくらいしかできません。したがって，ノース国が
トリガー戦略をとらなかったときの利得の割引価値は $8+d×1+d^2$
$×1+\cdots=8+d/(1-d)$ となります。

　この2つを比べると，ノース国がトリガー戦略に従う条件は，

$$\frac{x}{1-d} \geq 8+\frac{d}{1-d}, \quad すなわち \quad d \geq \frac{8-x}{7}$$

となります。ちなみに左の式の両辺に $1-d$ を掛けると $x \geq 8(1-$
$d)+d=8-7d$ となることから，右の式が導き出せますね。サウス
国がトリガー戦略に従う条件も同様に求められます。ただし注意す
べき点は，両国ともに「対立」を選ばなかったときのサウス国の利

得は x ではなく y になっていることです。そのため，上の条件の x を y に置き換えた $d \geq (8-y)/7$ はサウス国がトリガー戦略を選択する条件であるとわかります。以上をまとめると，2国ともにトリガー戦略をとることが均衡となる条件は，

$$d \geq \frac{8-x}{7} \text{ および } d \geq \frac{8-y}{7}$$

だとわかります。

　それでは，この結果を分析していきましょう。まず，両国の経済的相互依存が深くなるということは，x と y の値が大きくなることを意味します。対立がない平和的関係において得られる経済的利益の大きさが x と y だからです。そこで，$x=y=3$ の場合と，$x=y=6$ の場合を比べてみましょう。後者の方が，両国の相互依存関係は深いことになります。$x=y=3$ の場合，協調が生じる条件は，$d \geq 5/7$ です。一方で，$x=y=6$ の場合，協調が生じる条件は，$d \geq 2/7$ です。つまり，x と y が大きい方が，たとえ割引因子が小さくても条件を満たしやすくなるという意味で，協調関係が成立しやすくなることがわかります。つまり，貿易などの経済的相互依存がより深くなるほど，両国間の対立を避けやすくなるわけです。

　次に，割引因子に関して考えてみましょう。割引因子である d が高くなるほど，両国の協調するインセンティブが強くなると言えます。例えば，$d=1/7$ では，$x=y=6$ という強い相互依存関係であっても，両国は対立を選びます。一方で，$d=6/7$ であれば，両国の相互依存関係が比較的希薄な $x=y=3$ の場合でも，対立が選ばれることはありません。Copeland（2015）はさまざまな事例分析を通して，経済的相互依存が戦争や武力衝突を抑制できるか否かは，各国の政治的リーダーの将来の見通しに強く依存することを指摘しています。政治的リーダーが貿易や投資の見通しに悲観的になり，近いうちに縮小される，あるいは経済制裁などで相互依存関係が終わ

る可能性が高いと予想しているならば，どんなに深い経済的相互依存であっても抑止力にはならないということです。割引因子 d の1つの解釈が「ゲームが続く確率」でした。つまり，d が低いということは，この繰り返しゲームが終わる可能性が高いことを意味します。両国の政治的リーダーが，近いうちに経済的相互依存の関係が終わる可能性が高いと考えることは，d の値の低下を意味します。その結果，両国間の対立が生じることになるわけです。

　以上の数値例では両国とも同じ利得を経済的依存関係から得ている場合を考えてきました（$x=y$）。しかし，現実には両国の関係は対称的とは限りません。片方の国がより大きく相手国に依存している非対称的関係も考えられます。例えば，先進国と発展途上国の間では，発展途上国の方が先進国に圧倒的に依存している関係になっています。発展途上国は先進国からの投資に大きく依存していますが，発展途上国から先進国への投資はほとんど行われない，などの理由からです。このように非対称な関係ではどうなるでしょうか。ここではサウス国の方がノース国に強く依存しており，$y=6>x=3$ となっている場合を考えましょう。このとき，2つの条件式が出てきます。まずサウス国が協調するインセンティブを有する条件は，

$$d \geq \frac{2}{7}$$

です。一方で，ノース国が協調するインセンティブを有する条件は，

$$d \geq \frac{5}{7}$$

になります。両国間で条件が異なっていますね。もちろんこの2つの条件をともに満たす必要があるのですが，両国の割引因子がともに d と仮定するなら協調が生じる条件として両方を記す必要はありません。なぜなら，後者の $d \geq 5/7$ が成立しているときには，必ず前者の $d \geq 2/7$ が成立しているからです。一方で，前者が成立し

ていても，必ずしも後者が成立しているわけではありません。もし，$d=1/2$ など，$2/7<d<5/7$ であった場合は，前者の条件が満たされても，後者の条件が満たされません。つまり，この2つの条件は，後者のノース国が協調する条件のみにまとめられます。つまり，この設定下でトリガー戦略を通して協調をする条件は，

$$d \geq \frac{5}{7}$$

という1本の式で表されます。

　ノース国の意向のみ重要で，サウス国の意向は大して重要じゃないみたいですね。現に，経済的に強くノース国に依存しているサウス国は，対立を避け，経済的依存関係を維持するインセンティブが強いです。一方で，それほどサウス国に依存していないノース国は，相手を裏切って一時的利得を得るインセンティブが強いです。よって，「ノース国が裏切らない」ということが「サウス国が裏切らない」ということよりも，両国の協調関係の維持にとって重要だと言えます。このように相互依存関係が非対称である場合には，依存度が高い方が依存度の低い方に大きな妥協を強いられると指摘されています（久米ほか，2011，185頁）。先進国と発展途上国の関係を見ても，その力関係は明白です。このモデル6.4でも $y=6>x=3$ の場合は $d=1/2$ だとノース国は協調してくれません。経済的交流を維持するためには，サウス国は自国の利益を削ってでも政策的妥協を行い，ノース国の利得 x を高くする必要があるのです。利得が対称的になるほど，協調は生じやすいと言えます。分析を振り返ると利得が非対称だと，両国で境目となる割引因子の値が異なりました。そのような場合には，より厳しい条件のみを用いるのだと覚えておきましょう。

5 繰り返しの奥深い話

▷ 5.1 不完全観測

　本章では，過去のステージで各プレーヤーが何を選択したかは，お互いに観察できるものだと仮定してきました。つまり前の年に談合が破られた場合，確実に来年には誰が破ったのかがバレる，ということです。2社ならば自社が高価格をつけたのに落札できなかった場合，もう1社が低価格をつけたのだとわかりますね。しかし3社以上ならば，自社が落札できなかったというだけでは，（会社ごとの入札額が公表される，あるいは他社の仕事ぶりをよく見ているのでなければ）ほかの会社のうちのどれが低価格をつけたのかわからないでしょう。そうすると，談合破りを罰すると言っても，誰を罰すればいいのかが自明ではありません。このような状況を**不完全観測**（imperfect monitoring）と言います。不完全観測下であると，あるプレーヤーに裏切られたと誤って認識してしまうことがあります。そこで（容赦のない）トリガー戦略を用い，その後二度と協調しないという戦略は，誤って罰してしまう可能性があり厳しすぎるでしょう。この場合には，永遠にではなく，一定期間のみ罰する戦略が有効だったりします。不完全観測に関する分析については，神取（2015）が詳しく説明しています。

▷ 5.2 複数均衡とフォーク定理

　無限繰り返しゲームには無数の均衡が存在し，またそれだけプレーヤーたちの利得もいろいろありえます。例えば，この章で見た2つのモデルのように「囚人のジレンマ」を無限に繰り返すゲームを考えましょう。このときには無条件非協力戦略をお互いにとるのは，

割引因子がどんな値であっても均衡になっています。このもとでは，たんに結果としてステージゲームのナッシュ均衡が繰り返されるだけです。談合のモデルではステージゲーム（モデル 6.1）の均衡利得は 40 でした。なので，この無条件非協力戦略の均衡では両者の割引期待利得はたんに $40/(1-d)$ となるだけです。

しかし，いろいろな均衡がありえるといっても，両者はもちろんのこと，どちらか片方だけでもこの $40/(1-d)$ を下回るような均衡は存在しません。つまり，ステージゲームのナッシュ均衡での利得は，無限繰り返しゲームでいろいろな均衡がありえる中での最低限で保証されている利得なのです。他方で，両者の利得を等しく高くしたいなら，トリガー戦略のように「高価格」を維持することで $60/(1-d)$ という割引期待利得を実現できます。なんと，先の $40/(1-d)$ と，この $60/(1-d)$ の間，例えば $50/(1-d)$ なんていうのを両者に与えることも，混合戦略を考えると均衡で実現できます。このように利得に焦点をあてることで，無限繰り返しゲームでどんな結果がありえるのかをきっかり絞り込む定理が，繰り返しゲームの理論における**フォーク定理**（folk theorem）として知られています。フォークというのは，食べる道具でも球種でもなく，民族伝承（folklore）からきています。ゲーム理論の専門家の中で長く，なんとなく予測されていた「伝承」だったからです。

理論上はいろいろな均衡が存在するからこそ，その中で人々が実際に選ぶ戦略は何かを考えることが大切になってきます。本章と同様に，多くの応用研究ではトリガー戦略やしっぺ返し戦略を用いる均衡に焦点をあてています。これらの戦略は単純であると同時に，現実に選ばれそうであり，かつ冒頭で触れたような「情けは人の為ならず」という協力関係を支える理由を明確に分析できるからです。また，実験や実証分析を通して，選ばれやすい戦略を探っていくことも必要になってきます。例えば，囚人のジレンマの繰り返しゲー

ムにおいて，より利得が高いなどの理由から人々に選ばれる「強い」戦略は何かを，コンピュータのシミュレーションで探ったり，コンテストで募ったりという試みは広く行われてきました（アクセルロッド，1998）。まさに現実にプレーしながら，試行錯誤してより強い戦略を見つけようという「進化」の考え方が，繰り返しゲームを舞台に進められてきました（中丸，2020）。

/// **Exercise** 練習問題 ///

6.1（均衡の割引因子の計算） 以下の利得表それぞれをステージゲームとする無限繰り返しゲームを考えよう。(高, 高) を均衡経路で実現するようなトリガー戦略を各プレーヤーについてきちんと記述し，そしてその戦略が均衡になるような太郎，次郎それぞれの割引因子の範囲を見つけよ。

（ア）　　　次郎

		高	低
太郎	高	2, 2	0, 4
	低	4, 0	1, 1

（イ）　　　次郎

		高	低
太郎	高	3, 4	0, 7
	低	5, 0	1, 2

6.2（戦略の工夫：無限） 大手ゼネコンの全日本建設と新日本建設とで，全国の道路補修工事に関して毎年以下のような入札のゲームを繰り返しているとする。「高」「中」「低」は，本社から全国の支社に対して指示される，入札後の利益率の高さとする。そのため，「高」い利益率の指示を受けていたとしても，コスト面で優位であるなどの理由から，落札できる可能性が少しはあるとする。そのため，例えば相手が「中」をつけ自分が「高」をつけていても，利得は 0 ではなく，少しは得ることができる。割引因子はどのプレーヤーも等しく，d としよう。以下の問いで考える均衡の候補となる戦略では，いずれも最初のステージは「高」を選ぶとする。

新日

		高	中	低
全日	高	60, 60	20, 80	0, 50
	中	80, 20	50, 50	20, 30
	低	50, 0	30, 20	10, 10

（ア）　これまでずっと (高, 高) が続い

ていれば自らは次も「高」を選び，一度でも（高, 高）とは異なる結果
が生じた場合は，その後永遠に「中」を選ぶというトリガー戦略を考
える。お互いにトリガー戦略をとることが均衡になるための d の範囲
を求めよ。

（イ）「厳罰戦略」として， i ）もしも直前のステージの結果が（高, 高）か
（低, 低）なら自らは「高」を選び， ii ）直前がそのいずれでもない場合
は「低」を選ぶ，という戦略を考える。お互いにこの戦略を選ぶこと
が均衡となる d の範囲を求め，（ア）で求めた範囲と比較せよ。

　　ヒント：（低, 低）の利得は（中, 中）よりも小さくなる。つまり，罰
としては厳しくなる。ただ，この罰となる「低」はステージゲームの
ナッシュ均衡の戦略ではないので，それに従うご褒美として，（低, 低）
の後には「高」に戻るとする。

6.3 （戦略の工夫：有限）

世界的 IT 企業のナタとグーグレとで，メタバー
スの技術開発をこれから 3 年にわたって共同で行っていくことになった。
つまり，それぞれの年で下の利得表で表されるステージゲームを行い，そ
れを 3 回繰り返す。「高」「中」「低」は，この共同研究にどれだけ誠実に関
わるかの程度を表している。「高」なら惜しみなく自社のアイデアを共有す
るが，「低」だとこっそり相手の技術を自社のサービスに流用したりする。
簡単化のため割引因子はどのプレーヤーも 1 （つまり割り引かない）とする。

有限繰り返しではあるが，せめて最終年でない 1, 2 年目は（高, 高）を
維持したい。実は，3 年目の戦略を工夫することで，有限繰り返しゲームで
あるにもかかわらず，ステージゲームのナッシュ均衡ではない（高, 高）を
1, 2 年目は均衡経路で実現できる。それを以下の小問で確かめよう。

（ア） 2 年目までずっと（高, 高）という結果だったとしても，3 年目に
「高」を選ぶことは後ろ向き帰納法の解にならない。理由を説明せよ。

（イ） ステージゲームの純粋戦略を用いたナッシュ均衡を 2 つ求めよ。3 年
目において，このうち 1 つが，1 年目と 2 年目に（高, 高）が実現した
場合の「アメ」（ご褒美）として，
別の 1 つが協力が実現できなかっ
た場合の「ムチ」（罰）として使う
ことができる。「アメ」として用い
られる均衡と，「ムチ」として用い
られる均衡はそれぞれどれか答え
よ。

		グーグレ		
		高	中	低
ナタ	高	6, 6	2, 7	−2, 2
	中	7, 2	4, 4	1, 3
	低	2, −2	3, 1	2, 2

257

これから具体的には次のような戦略を考えていく。この戦略をわれわれは「アメムチ戦略」と呼ぼう。

- 1年目には「高」を選ぶ。
- もしも1年目に（高, 高）が実現していたら，2年目も「高」を選ぶ。そうでなければ，2年目にはステージゲームの「ムチ」均衡での戦略をとる。
- もしも1年目も2年目もともに（高, 高）が実現していたら，3年目はステージゲームの「アメ」均衡での戦略をとる。そうでなければ，3年目はステージゲームの「ムチ」均衡での戦略をとる。

　両者がともにアメムチ戦略を取るのがナッシュ均衡であることを，以下の小問では後ろ向き帰納法で確かめよう。

（ウ）　2年目までに各社が選んだものがどうであれ，3年目のステージゲームにおいて，相手がアメムチ戦略を取るなら，自分もアメムチ戦略を取るのが最適になることを示せ。

（エ）　1年目までに各社が選んだものがどうであれ，（ウ）の答えを反映させると，2年目のステージゲームにおいて，相手がアメムチ戦略をとるなら，自分もアメムチ戦略をとるのが最適になることを示せ。

（オ）　（ウ）と（エ）の答えを反映させると，1年目のステージゲームにおいて，相手がアメムチ戦略をとるなら，自分もアメムチ戦略をとるのが最適になることを示せ。

戦争が終わるとき

ベイジアン・ナッシュ均衡

第 **7** 章 *Chapter*

Quiz　クイズ

クラウゼヴィッツが著者『戦争論』の中で戦争に関して述べたことを，以下から1つ選んでください。

ポーランド・ソビエト戦争
（Wikimedia Commons）

- **a.** 政治は血を流さない戦争であり，戦争は血を流す政治である。
- **b.** 戦争は政治的やりとりの一部分にすぎず，したがって決してそれ自身独立したものではない。
- **c.** 文明が戦争を生むのではない，戦争によって文明が作られたのだ。
- **d.** われわれに武器をとらしめるものはいつも敵に対する恐怖である。しかもしばしば実在しない架空の敵に対する恐怖である。

Chapter structure　本章の構成

新たな概念	応用例	発展トピック
ベイズ・ルール ベイジアン・ナッシュ均衡	ポーランド・ソビエト戦争 企業買収 食品偽装	勝者の呪い 逆選択

1 戦争と講和

　人類は多くの戦争を繰り返してきました。2000年以降でも，イラク戦争（2003年），南オセチア戦争（2008年），ウクライナ戦争（2014，22年）などがあります。こうした過去の事例を振り返ってみると，一方の国が相手国の大部分の領土を占領するような完全勝利で終結する事例は多くないことがわかります。むしろ多くの戦争では，戦闘の最中でも交渉が進められ，明確に勝敗の帰趨が付く前に講和条件に合意し，終わっています（Pillar, 1983）。では，最終的には講和できたにもかかわらず，なぜわざわざその前に戦争を行うのでしょうか。講和によって終結した戦争として，次の事例を考えてみましょう。

【事例7.1】ポーランド・ソビエト戦争

　1919年に開かれたヴェルサイユ講和会議で第1次世界大戦は終結し，ポーランドはドイツとソビエト＝ロシアから領土を割譲され，共和国として再生する。しかし，その境界線に関しては曖昧にされたままだった。内戦で揺れるソビエト（勢力の中心となっていたのはロシア社会民主労働党のレーニン派）は，ポーランドでの労働者革命実現のために可能なかぎり広い領土をポーランドから得ようとしていた。一方で，そのソビエトと対峙するために，ポーランドもベラルーシやウクライナに力を伸ばしたいと考えていた（渡辺，2017）。その結果，ソビエトとポーランドは，1919年2月，ヴィリニュスの戦いが勃発するなど，戦争へと発展していく。

　戦争開始からしばらくの間は，ポーランドは各地で勝利を収め，戦況はポーランド優位であった。ポーランドの勢力圏は，1919年12月時点では東に大きく広がっている（図7-1 (a)）。このような戦況の一方で，講和に向けた交渉は継続的に行われており，ソビエトからはポーランドに有利な講和条件も提示されたこともあった。しかし，ソビエト側の提

案を信用できないポーランドは，あくまで軍事力での領土拡大を考えており，1920年4月ごろ，講和交渉は決裂してしまう。その後も，東側に勢力を着実に拡大していったポーランドは，同年5月8日にウクライナの都市キーウに入城している。

　1920年5月半ばにはソビエト軍が反転攻勢をはじめ，ポーランド軍は敗走を繰り返すことになる。破竹の勢いで進むソビエト軍は，ポーランドの首都ワルシャワに迫り，一時期は首都陥落の可能性も議論されるまでになった（図7-1 (b)）。しかし，8月に始まったワルシャワ近郊のヴィスワ川の戦いを中心とするワルシャワ攻防戦では，ポーランド軍の迅速な作戦行動により，ロシア軍は壊滅的な打撃を受けることになる（ヴィスワの奇跡）。この戦闘を転機として，ポーランド軍は勝利を重ね，再び東側に戦線を拡大していくに至った。その後，撤退を重ねるソビエト側は講和を提案し，ポーランド側も講和交渉のテーブルに着く。そして1920年10月のリガ条約締結をもって，戦争は終結を迎えることになった（安井，2017）。

　本章冒頭のクイズで，クラウゼヴィッツが言った言葉は **b** です。戦争が開始されるとそれまでの政治的やりとりとはまったく異なる「独特な法則」が生じるわけではなく，今までの政治的やりとりは継続し続けると考えているわけです（クラウゼヴィッツ，1965）。事

図7-1　勢力範囲の変遷

(a) 1919年12月勢力範囲　(b) 1920年8月勢力範囲　(c) リガ条約後の勢力範囲

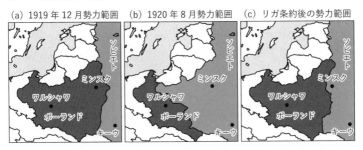

(注)　各図の勢力範囲は Norman (2011), Zaloga (2020) に基づく。なお，Wikipedia「ポーランド・ソビエト戦争」の地図を加工修正している。

例 7.1 でも，戦争初期には合意できる講和条件を見つけられません
でしたが，戦争を通してお互いの力を探り合いながら，講和をまと
めようとする「政治的やりとり」が両国間で続けられていました。
例えば，ワルシャワ攻防戦の最中にも（図 7-1 (b)），ミンスク（現
在のベラルーシの首都）で講和交渉が行われていました。当初はソビ
エトの強気な講和条件を提示され，ポーランドは苦しい立場でした
が，ワルシャワでの逆転勝利が明らかになるとポーランドはその提
案を一蹴します（安井，2017，49～52 頁）。結果として，ポーランド
に有利な講和条件下でリガ条約が締結されたわけです。戦況にあわ
せて講和条件を修正し，落とし所を探る政治的やりとりが両国間で
続けられていたことがわかります。ここで注意してほしいことは，
この時期，ポーランドとソビエトの力関係は未知数だったことです。
ポーランドは共和国として成立直後でしたし，ソビエトも内戦を抱
えていたためです。両国の軍隊が衝突を繰り返すことで，明確では
なかった力関係が徐々に明らかになり，最終的にリガ条約が締結さ
れることとなりました。つまり，戦争当初はわからなかった両国の
力関係が，戦争を通して明確になったために，講和を結ぶに至った
と考えらえるわけです。

　もちろん，戦争は多様な側面があり，この事例が示すものが戦争
のすべての要因と言うわけではありません。しかし，過去の研究で
は，「戦争が始まり，終結する」理由の 1 つとして，両国の軍事的
優劣などに関する不確実性の存在が指摘されています（Fearon,
1995）。では，このような不確実性がある状況をゲーム理論ではど
のように分析できるのでしょうか。本章では，不確実性が伴うゲー
ムの分析方法を紹介していきます。

2 確率とモデル

> **2.1 不確実性のモデル：サウス国の決断**

　賽は投げられた。後戻りしない不退転の決意を示すこの言葉は，共和制ローマの末期，ガリア総督だったユリウス・カエサルが政敵であるポンペイウスに戦争を仕掛けるとき，発したと伝えられる言葉です。どんな目が出るかは実際にサイコロ（賽）を振ってみないとわかりません。カエサルも戦争を仕掛けるときには，勝つか負けるかわからない状況を「サイコロの出目」のようなものだと想像していたのでしょう。ゲーム理論でも，「状況がわからないこと」を「サイコロの出目」のように確率を用いて表現をしています。不確実性を表現した次のモデルを見てください。

［モデル 7.1］サウス国の決断

　サウス国が（ノース国と係争中の）領土をめぐって戦争を仕掛けるかどうかを検討している。サウス国は両国の軍事的優劣はわからないが，確率 p で自国の軍事力が優位であり，残りの確率 $1-p$ で，相手の軍事力の方が優位であると見積もっている。軍事的に優位なときに戦争をすると，10 の価値がある領土を確実に勝ち取れるが，戦争の費用として 7 必要である。結果，$10-7=3$ の利得となる。しかし，劣位なときに戦争をした場合には確実に戦争に負けるため，何も得られず費用がかかるのみであり，この場合の利得は -7 である。戦争をしない場合の利得を 0 とする。サウス国はどのようなときに戦争をするだろうか。

　冒頭の事例 7.1 では，両国の軍事的な優劣がわからない状況でした。本モデルでは，両国の軍事的な優劣を確率で表現しています。つまり，ノース国よりもサウス国の方が軍事的に優位であるか，劣位であるかはわかりません。ただし，可能性に関しては知っています。優位である可能性を確率 p，劣位である可能性を確率 $1-p$ で

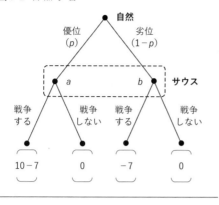

図7-2 自然手番

自然

優位 (p)　　劣位 (1−p)

a　　　　b　サウス

戦争する　戦争しない　戦争する　戦争しない

10−7　　0　　−7　　0

表現しています。

　文章だけだとわかりにくいので，第5章で学習した「ゲームの木」を使って意思決定の状況を視覚的に表現してみましょう。図7-2を見てください。最初に**自然**（nature）という点があり，そこから「優位」と「劣位」の枝が伸びています。これは不確実性を表現するための方法で，自然という特殊なプレーヤーが「優位」な状況をpの確率で選び，「劣位」な状況を$1−p$の確率で選んでいるという表現になっています。ゲーム理論では，このような自然と呼ばれるプレーヤーを使って，不確実性を表現します。自然は，プレーヤー0（ゼロ）と呼ばれることもあります。「運を天に任せる」という言葉にかけて言えば，天（自然）が状況を定めているイメージでしょうか。ただし，これはたんに不確実な状況を表現するための手段であることに注意してください。自然という特殊なプレーヤーは，プレーヤーと言っても目的を持って意思決定をするわけではなく，状況を与えられた確率に従って定めるだけです。

　次に，サウス国が戦争をするかどうかを決めます。ここで，サウス国の意思決定点aとbが枠で囲まれていることに注目してください。この枠は第5章で学習した情報集合で，サウスは点aにいるのか点bにいるのかがわからない，言い換えると両国の軍事的優劣がわからない，ということを意味します。「わからない状況」で意思決定するため，点aと点bともに同じ行動を選択します。この状況

でサウス国が有する戦略は，両点において「戦争する」「戦争しない」の二択のみです。「優位のときだけ戦争する」など，点 a と点 b で異なる選択をすることはできません。なお，ゲーム理論は複数のプレーヤー間の戦略的相互依存を分析するものなので，ノースの意思決定も考えるべきですが，ここでは不確実性の役割に焦点をあてるため，サウス国の意思決定のみを分析していきます。

　では，このような状況でサウス国はどのような決定をするのでしょうか。戦争を選んだ場合，確率 p で軍事的に優位なので利得 3 が得られますが，$1-p$ の確率で劣位なので -7 となってしまいます。このように結果が確率的に決まるときは，確率で加重平均をとって期待値を求めることを第 3 章で学習しましたね。確率で重みづけをして計算をすると，

$$（「戦争する」の期待利得）＝ \underset{\text{優位な確率}}{p} \times \overset{\text{戦争に勝利}}{(10-7)} + \underset{\text{劣位な確率}}{(1-p)} \times \overset{\text{戦争に敗北}}{(-7)} ＝ 10p-7$$

となります。例えば，優位である確率が高い場合（$p=0.8$）を考えてみましょう。この場合，

$$（「戦争する」の期待利得）＝ 1 > 0 ＝（「戦争しない」の利得）$$

となるため，戦争を選びます。逆に，優位である確率が低い場合（$p=0.2$）には，

$$（「戦争する」の期待利得）＝ -5 < 0 ＝（「戦争しない」の利得）$$

となるため，戦争をしません。p の値を与えずに考えると，戦争をしなかった場合の利得は 0 であるため，

$$（「戦争する」の期待利得）＝ 10p-7$$
$$\geq 0 ＝（「戦争しない」の利得）$$

　　　つまり，$p \geq 0.7$

よって，p が 0.7 より大きいときに，サウス国は戦争を選ぶことになります。戦争を始めるかどうかは，軍事的優位である確率をどう

見積もるかに依存していることがわかります。

2.2　同時確率，周辺確率，条件付き確率

　前項の議論から，軍事的優位の可能性が高いときに戦争を始めることがわかりました。では，なぜ，自国の優位性を信じて戦争を始めているにもかかわらず，その後，講和に応じるのでしょうか。それは，戦争を続ける中で，「相手の兵力が自国よりも優れている」などの情報が徐々にわかってくるためです。こうした情報は，自国の軍事的優位性に関する予想を変化させています。つまり，講和に応じるかどうかの意思決定は，こうした戦争をしている中で得られる追加情報にも依存してくることになります。

　では，このような追加情報を表現する方法を考えてみましょう。次のモデルを使って説明します。

［モデル7.2］Gon-K カジノに挑戦！

　動画のネタを探してアメリカを縦断中の Gon-K。ラスベガスを訪れ，「カジノに挑戦してみた」動画を収録することにした。立ち寄ったカジノで，コインの表と裏を当てる新しいギャンブルを発見した Gon-K。このゲームでは，1つの袋に「イカサマコイン」か「正しいコイン」が1枚ずつ入っており，1枚取り出してコインを投げ，裏か表かを当てる。正しいコインは表と裏が五分五分の確率で出るが，「イカサマコイン」は表が多く出るようになっているようだ。

　カジノ側からは，以下の表が提示された。表7-1の行は「袋から取り出されたコインの種類」，列は「取り出したコインを投げて上になった面」を表している。例えば，「0.35」という数字は，「イカサマコインが取り出され，投げると表が出る」確率になる。表7-1にイカサマはない

としよう。

「勝負師なら裏に賭けるっしょ」と裏に賭けた Gon-K。でも，コインを投げると表が出てしまった。失意の中で，取り出したコインがイカサマコインである可能性はどのくらいか気になる Gon-K であった。

表 7-1 同時確率と周辺確率

	表	裏	計
正しいコイン	0.25	0.25	0.5
イカサマコイン	0.35	0.15	0.5
計	0.6	0.4	

このモデル 7.2 は前項のモデルよりも複雑です。優位か劣位かという 2 つの可能性しかない前項の状況と異なり，モデル 7.2 で起こりうることは，

- コインの種類：袋から取り出したコインが「正しい」か「イカサマ」か

- 上になった面：そのコインを投げると，上になるのは表か裏かの 2 つから構成されています。1 つの結果（正，表）を，「袋から取り出したコインが『正しいもの』で，そのコインを投げると『表』が出る」といった具合に表現すると，起こりうる結果は，

   （正, 表），（正, 裏），（イ, 表），（イ, 裏）

の 4 つとなります。

ここで，表 7-1 で紹介されている 2 種類の確率の違いを理解しておくことが重要です。1 つは**同時確率**（joint probability）です。これは，2 つ以上の事象が生じる確率を示しています。例えば，（イ, 表）の確率は 0.35 となり，これは「イカサマコインを取る」と「表が出る」の 2 つの事象が同時に生じる確率です。正しいコインを取り，裏が出るという 2 つの事象が同時に起こる確率は（正, 裏）の確率 0.25 となります。この同時確率を，

図 7-3 同時確率と周辺確率 ―――――――

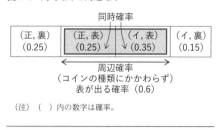

(注)（　）内の数字は確率。

―――――――――――――――――――

P（イ，表）＝0.35
のように表記しましょう。図 7-3 を見てください。この図では（正，裏）など 4 つの結果があり，その下のカッコに確率を書いています。これが 4 つの結果に対する同時確率です。これに対して，ほかの事象は何であれ 1 つの事象が生じる確率を**周辺確率**（marginal probability）と言います。例えば，コインの表裏で賭けをしていて表か裏かの「コインの面」にのみ関心がある場合を考えましょう。「（コインの種類にかかわらず）表が出る」である可能性は，4 つの結果のうち，（正，表）と（イ，表）のいずれかの結果が生じる可能性なので，

P（表）＝P（正，表）＋P（イ，表）＝0.25＋0.35＝0.6

となります。この「表が出る」周辺確率は，表 7-1 の「表」の下の 2 つの同時確率を縦に足し合わせると求まります。逆に「正しいコインを取る」周辺確率は，表 7-1 の「正しいコイン」の右にある同時確率 2 つを横に足し合わせる（0.25＋0.25＝0.5）と求まります。このように同時確率と周辺確率は，表 7-1 のように書くと計算が簡単になります。

　2 種類の確率を理解してもらったうえで，本題に戻りましょう。モデル 7.2 では，コインを袋から取り出して表が出ました。この追加情報を確率論的にどのように表現するかが課題です。図 7-4 を見てください。コインを取り出す前にわからないことは，コインの種類と面の 2 つです。しかし，コインを投げたあとは，表が出たことがわかっているので，わからないことはコインの種類だけになっています。つまり，追加情報を得るというのは，「コインの面」とい

う一部の結果がわか
ることになります。
この追加情報を得る
前の確率を，**事前確**
率（prior probability）
と呼びます。

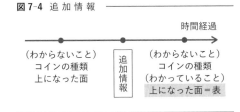

図7-4 追加情報

時間経過

（わからないこと）
コインの種類
上になった面

追加情報

（わからないこと）
コインの種類
（わかっていること）
上になった面＝表

それでは，情報を
得た後の**事後確率**（posterior probability）はどうなるでしょうか。イ
カサマコインは表が出やすいので，「表が出た」ということがわか
ると，イカサマコインの可能性が高くなりそうな気がします。その
見通しは正しいのですが，問題は具体的な計算方法です。出たコイ
ンの面がわかった後で，どのようにコインの種類の確率を計算すれ
ばよいでしょうか。

　3つのステップに分けて考えます（図7-5）。まず，帯グラフで追
加情報を表現しましょう。コインを投げて出た面は表であるとわか
りましたから，4つある結果のうち，（正，裏）と（イ，裏）は実現
せず，起こりうるのは，（正，表），（イ，表）のいずれかということ
になります（Step 1）。次に，表が出る確率を計算します（Step 2）。
この時点で起こりうる結果は，（正，表），（イ，表）のいずれかです。
それぞれの確率は0.25，0.35でしたから，表が出る確率は足し合わ
せた0.6になります。最後に，確率を求めましょう。確率とは全体
に占める割合でしたから，イカサマコインである確率は0.35で，
全体（表が出る確率）は0.6ですので，0.35/0.6＝0.583…となります。
ここで，0.35を0.6で割っているのは，「表が出た」という状況の
中でイカサマコインが出る確率を知りたいからだ，ということに注
意をしてください。0.35という数字は，4つの結果に占める（イ，
表）の割合でした（Step 1の帯グラフ）。しかし，追加情報によって
ありうる結果は2通りに減っています。この2通りの中に占める

図 7-5 条件付き確率

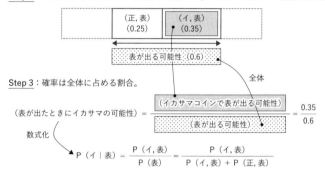

Step 1：追加情報（＝出目は「表」）により，以下の × は実現しなかったことがわかる。

| (正, 裏) (0.25) | (正, 表) (0.25) | (イ, 表) (0.35) | (イ, 裏) (0.15) |

———— 実現しなかった ————

Step 2：残された（＝表が出る）可能性を計算する。イカサマコインの可能性は灰色。

| | (正, 表) (0.25) | (イ, 表) (0.35) |

←———— 表が出る可能性（0.6）————→

Step 3：確率は全体に占める割合。

全体

（表が出たときにイカサマの可能性）＝ $\dfrac{（イカサマコインで表が出る可能性）}{（表が出る可能性）} = \dfrac{0.35}{0.6}$

数式化

$$P（イ｜表）= \frac{P（イ, 表）}{P（表）} = \frac{P（イ, 表）}{P（イ, 表）+ P（正, 表）}$$

（イ, 表）の割合を知りたいわけです。そのために，2 通りが生じる確率 0.6 で割っています。

　このようにある事象 A がすでに生じたことを条件として別の事象 B が生じる確率を**条件付き確率**（conditional probability）と呼びます。先ほどの計算では，表であることを条件として，イカサマコインである確率を求めました。これを P(イ｜表) と書きましょう。数式で表現すると，

$$P(イ｜表)= \frac{P(イ, 表)}{P(表)}$$

となっています。なお，少し変形すると，P(イ, 表)＝P(イ｜表)×P(表) となっています。つまり，同時確率は，（条件付き確率）×（その条件が生じる確率）で求めることができます。一般的に表現すると，「事象 A が生じたことを条件としたうえで，事象 B が生じ

る」条件付き確率は,

$$P(B \mid A) = \frac{P(A, B)}{P(A)}$$

となります。なお,P(A, B) は事象 A と B が同時に生じる同時確率,P(A) は（事象 B にかかわらず）事象 A が生じる周辺確率です。

　これで追加情報を得た後に,イカサマコインである確率が求まりました。図7-4 に戻りましょう。コインの裏表がわかる前,イカサマコインである確率は周辺確率で求まり,事前確率は 0.5 だとわかりました。これに対して,表が出ると,イカサマコインの確率は条件付き確率となり,事後確率は約 0.58 に上昇しています。コインの裏表という情報が得られることでより正確に予想できるようになっています。

　条件付き確率の定義を少し変形して,事前確率と事後確率の関係をより明確にしてみましょう。同時確率は,（条件付き確率）×（その条件が生じる確率）で求まることは議論したとおりです。これを使うと,P(イ, 表)＝P(表 | イ)P(イ) と表現できるので,これを条件付き確率に代入すると,

$$P(イ \mid 表) = \frac{P(イ, 表)}{P(表)} = \frac{P(表 \mid イ)}{P(表)} P(イ)$$

と書き換えられます。左辺は「表が出た」とわかった後の事後確率で,最後の式には,追加情報が得られる前の事前確率——P(イ)——が含まれています。このように表記すると,事前確率と事後確率の関係がわかります。このように事前確率と事後確率の関係を表した式を,トーマス・ベイズの名前にちなんで**ベイズ・ルール**（Bayes' rule）と言います。

定義7.1　ベイズ・ルール　A と B を事象とし,P(B) ＞0 としよう。このとき,以下の式をベイズ・ルールという。

$$P(A \mid B) = \frac{P(B \mid A)}{P(B)} P(A)$$

▷ 2.3 ベイズ・ルールの有用性：迷惑メール

ベイズ・ルールは条件付き確率を少し書き換えただけであり，違いがあまりないと感じるかもしれません。しかし，ベイズ・ルールはさまざまな状況で確率の計算を助けてくれます。例えば皆さんのメールアドレスにも迷惑メールが多くきますよね。こうした迷惑メールを見つけ，取り除くのにベイズ・ルールが用いられています。

[モデル 7.3] 迷惑メール

あなたにメールが 1 通届いたとしよう。このメールが迷惑メールかどうかを自動的に判断したい。何も情報がない場合には，迷惑メールかどうかわからないため，迷惑メールである確率を 0.5，友人からのメールである確率を 0.5 としよう。

そのうえで，メール内容に「当選」というキーワードが含まれているかどうかをチェックする。これまでのあなたのメール履歴から次のことがわかっているとしよう。

- 迷惑メールの場合，「当選」が含まれている確率は 0.4 であり，含まれていない確率は 0.6 である。
- 友人からのメールだと「当選」という言葉をあまり使ったことがないので，含まれている確率は 0.1 であり，含まれていない確率は 0.9 だとする。

メール内容をチェックした結果，「当選」という言葉が含まれていた。迷惑メールである確率はどのくらいあるか。

モデル 7.3 はモデル 7.2 と違って表 7-1 のような同時確率が与えられていません。同時確率が与えられていない状況で条件付き確率はどのように求めればよいでしょうか。このことを考えるためには，モデル 7.3 で登場した確率の種類を区別することが重要です。

このモデルでも，2種類の事象（メールの種類と「当選」の語句の有無）があります。この2種類の事象をゲームの木のように表現したものが図7-6 (a) です。この図には意思決定点がありませんからゲームの木ではありません。確率をわかりやすく示すための図であることに注意してください。最初にメールの種類が決まり，次に語句の有無が決まります。カッコ内の数字は確率になります。迷惑メールである確率は 0.5 であり，P(迷) ＝0.5 と書きます（友人のメールの確率は P(友) ＝0.5）。なお，この確率は，「語句の有無にかかわらず迷惑メールである確率」ですから，周辺確率になっています。

　図7-6 (a) の2段目の4つの数字（左から 0.6, 0.4, 0.1, 0.9）は条件付き確率です。例えば，左から2番目の 0.4 という数字は，迷惑メールである場合に当選という語句が含まれている確率です。「迷惑メールである」ことを条件にした確率ですから，条件付き確率で，表記は P(有｜迷) ＝0.4 となります。しかし，ここで求めたい条件付

図7-6 迷惑メール

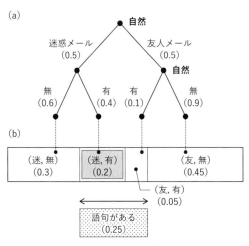

き確率は「迷惑メールである場合に当選という語句が含まれている確率」ではなく，「当選という語句が含まれていた場合に迷惑メールである確率」です。つまり，P(有｜迷)ではなく，カッコの中の位置が逆になるP(迷｜有)になります。

では，「当選という語句が含まれていた場合の迷惑メールである確率」はどのように求まるでしょうか。まず，同時確率を求めましょう（図7-6 (b)）。同時確率は，（条件付き確率）×（その条件が生じる確率）で求まることを思い出してください。図では，同時確率はそこに到達する枝の確率の掛け算になっています。例えば，迷惑メールで語句が含まれる確率は，

$$P(迷, 有) = P(迷) \times P(有 \mid 迷) = 0.5 \times 0.4 = 0.2$$

となります。同じようにして，

$$P(友, 有) = P(友) \times P(有 \mid 友) = 0.5 \times 0.1 = 0.05$$

が求まります。このようにして4つの生じうる結果に対する同時確率を求めて，準備が整いました。

いよいよ，P(迷｜有)，つまり当選という言葉が含まれているときの，迷惑メールである条件付き確率を求めましょう。ベイズの定理を使うと，

$$P(迷 \mid 有) = \frac{P(有 \mid 迷)}{P(有)} \times P(迷) = \frac{0.4}{0.25} \times 0.5 = 0.8$$

となります。P(有) は語句がある確率ですので，図7-6 (b) の矢印の部分となり，P(迷, 有)＋P(友, 有)＝0.2＋0.05 で求まります。

P(迷) は追加情報を得る前の確率，P(迷｜有) は追加情報を得た後の確率だということを思い出してください。語句の有無をチェックし追加情報を得ることで，迷惑メールの可能性は P(迷)＝0.5 から P(迷｜有)＝0.8 に上昇しています。チェックする語句を増やすと追加情報がより多く得られるようになり，迷惑メールをほぼ浮き彫りにできます。もちろん，100％ にできるとは限りません。迷

惑メールフォルダに時々必要なメールが迷い込んでしまうのはそのせいです。このように，ベイズ・ルールはさまざまな場面で応用されています。

2.4　追加情報のモデル化：サウス国の決断

追加情報をどのように表現するかを説明しました。サウス国の戦争に戻りましょう。今回は，「戦闘の結果」という追加情報が生じた状況を考えます。

[モデル 7.4]　サウス国の決断 II

サウス国が（ノースと係争中の）領土をめぐって戦争をしている。当初，サウス国は自国の軍事力が優位である確率を 0.8，劣位である確率 0.2 と見積もっていた。ところが，戦争開始後，大きな戦闘で敗北してしまった。サウス国の情報部は，以下のように考えている。

- 自国が軍事的に優位だった場合には，0.7 の確率で戦闘に勝利し，0.3 の確率で戦闘に敗北する。
- 自国が軍事的に劣位だった場合には，0.7 の確率で戦闘に敗北し，0.3 の確率で戦闘に勝利する。

利得はこれまでと同様に以下のとおりとする。講和に応じると，サウス国の利得は 0 である。軍事的に優位なときに戦争を継続すると，10 の価値がある領土を勝ち取れるため，戦争の費用 7 を除いて，10−7＝3 の利得となる。軍事的に劣位な場合には，戦争に負けて何も得られず費用がかかるのみである（利得−7）。サウス国は講和に応じるべきだろうか。

図7-7 は，このモデルをゲームの木に書き換えたものです。モデル 7.1 と異なっているのは，「戦闘結果」という新たな情報をサウスが得ることができている点です。そのため，図7-2 と比べると，(1) 自然手番が戦闘の結果として勝利もしくは敗北を定める，(2) サウス国は戦闘結果を知っているが，戦力の優劣は知らない，となっています。(2) を表現するために情報集合として，敗北の後の 2

図7-7 サウス国の決断II

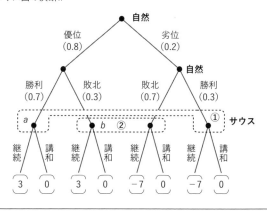

つの点は枠②で囲まれ，勝利の後の2つの点が枠①で囲まれています。

　追加情報を使って，サウス国の優劣の可能性を再評価してみましょう。具体的には2.2項で学習したベイズ・ルールを用います。まず，戦闘に勝利した場合にサウス国が優位である確率を計算しましょう。戦闘に勝利した場合，枠②ではなく，枠①にいることは知っています。枠①にいる確率は，$0.8 \times 0.7 + 0.2 \times 0.3 = 0.62$ です。このうち，点 a にいる確率は，0.56 ですから，

$$\mathrm{P}(\text{優} \mid \text{勝}) = \frac{\mathrm{P}(\text{勝} \mid \text{優})\mathrm{P}(\text{優})}{\mathrm{P}(\text{勝})} = \frac{0.56}{0.56 + 0.06} = \frac{28}{31} = 0.90 \cdots$$

となります。次に，戦闘に敗北した場合にサウス国の優位である確率を求めましょう。計算方法は，上と同様ですので，

$$\mathrm{P}(\text{優} \mid \text{敗}) = \frac{\mathrm{P}(\text{敗} \mid \text{優})\mathrm{P}(\text{優})}{\mathrm{P}(\text{敗})} = \frac{0.24}{0.24 + 0.14} = \frac{12}{19} = 0.63 \cdots$$

となります。戦闘前には，サウス国が優位である可能性は 0.8 と見積もっていたことを思い出してください。戦闘に勝つと約 0.90 に高まり，敗北すると約 0.63 に低下していることがわかります。

では，自国の戦力を追加情報に基づいて再評価したうえで，講和に応じるべきでしょうか。モデル 7.1 と同じように期待利得に基づいて判断します。まず，戦闘に勝利した場合の後についている情報集合（枠①）における選択について考えましょう。優位である可能性は 28/31（＝0.90…）であるため，

$$（「戦争継続」の期待利得）＝\frac{28}{31}×3＋\frac{3}{31}×(-7)$$
$$＝\frac{63}{31}>0＝（「講和」の利得）$$

となり，「戦争継続」の期待利得の方が大きいため，戦争を継続します。これに対して，戦闘に敗北した場合（枠②の情報集合）では，優位である可能性は 12/19（＝0.63…）に低下しているため，

$$（「戦争継続」の期待利得）＝\frac{12}{19}×3＋\frac{7}{19}×(-7)$$
$$＝-\frac{13}{19}<0＝（「講和」の利得）$$

となり，より期待利得の高い講和を選択します。

　本章の最初で，なぜ戦争を始めた後で，講和が結ばれて終結するのか，という問題を提起しました。本モデルから見ると，両国の軍事的優劣の不確実がカギとなります。ポーランドとソビエトの両国の力関係はわからないため，自国が優位であると信じ戦争は始まりました。その後，戦闘によって追加情報を得ていきます。勝利する戦闘も敗北する戦闘もあるでしょう。しかし，ワルシャワ攻防戦以降，ソビエトが大きく敗北することでソビエトの劣位が確立し，リガ条約のような不利な条件でもソビエトは講和に応じた。このように考えることができます。

　本項では，不確実性のモデルに慣れてもらうために，ノース国というプレーヤーは省略し，サウス国の意思決定のみを考えていました。次節以降では，複数プレーヤーの戦略的相互依存関係の分析をしていきましょう。

3 不完備情報ゲーム

▷ 3.1 企業買収

近年，企業の買収が盛んに行われています。以下の事例を使って，企業買収について考えてみましょう。

［モデル 7.5］企 業 買 収

NG 社と CO2 社の 2 つの企業が，スーパーマーケットを展開する企業「関東スーパー」を買収することを計画している。関東スーパーを買収することで得られる利益は，1000 億円（高い価値）か 300 億円（低い価値）かのいずれかであるとする。関東スーパーと懇意にしている CO2 社は関東スーパーの価値を正確に知っているが，NG 社は知らないとする。ただし，NG 社は，関東スーパーの価値は，0.20 の確率で 1000 億円であり，0.80 の確率で 300 億円であると考えているとしよう。

関東スーパーの買収先を 2 社のうちどちらにするかを決めるために，次のような入札で買収先を決めることにした。NG 社と CO2 社は，買収金額として 350 億円か 200 億円のいずれかを同時に選び，紙に書いて提出する。提出された入札額のうち，高い買収金額を書いた企業がその金額を支払い，関東スーパーを買収する。2 つの企業の買収額が同額であった場合には，くじ引きで買収先を決める。つまり，各企業が買収をする確率はそれぞれ 1/2 の確率である。両社の利得は単純に「(価値)－(価格)」であるとし，買収できないときの利得は 0 とする。このとき，両社はどのような価格を入札すべきだろうか。

この状況は，同時手番ゲームと非常によく似ています。プレーヤーは NG 社と CO2 社ですし，両者は同時に金額を入札します。違いは 2 つあります。1 つ目は，利得に関して不確実性があることです。第 1 章では，利得は「確実な」ものでした。例えば，囚人のジレンマゲームでは，相手が自白を選んでいるとき，支配戦略である自白を選ぶ利得は確実に−6 であるとわかっていました。これに対

して，モデル 7.5 では，NG 社は不確実性に直面しています。相手企業が低い落札価格を提示し，自身が買収できたとしても，関東スーパーの価値が 300 億円になる可能性もあれば 1000 億円になる可能性もあるからです。利得を決める要因の一部をプレーヤーが知らないがゆえに，このような不確実性が生じているとも言い換えられます。このような状況を不完備情報ゲームと言います。

2 つ目の違いは，両プレーヤーで持っている情報が異なる点です。関東スーパーの価値は利得を決める重要な要因の 1 つですが，それを知っているのは CO2 社だけで，NG 社は知りません。つまり，プレーヤーの保有情報に違いがあることがわかります。このようにプレーヤー間で保有情報に違いがある状況が**非対称情報**です。これは情報の非対称性とも呼ばれます（序章参照）。逆に，プレーヤーの保有情報に違いがない状況を**対称情報**（symmetric information）と言います。

では，プレーヤーが不確実性に直面している状況でどのように均衡を導出すればよいのでしょうか。情報の保有状況はどのように結果に影響するのでしょうか。

3.2　均衡の導出方法①：対称情報の場合

いきなり非対称情報を分析するのは難しいので，両者ともに関東スーパーの価値を知らない対称情報の状況から分析を始めていきましょう。つまり，モデル 7.5 と異なり，関東スーパーの価値は 20％ の確率で 1000 億円であり，80％ の確率で 300 億円だと両企業とも考えているとします。第 3 章や本章で学習したように，こうした不確実性がある場合，期待利得を使って分析をしていくことになります。例えば，CO2 社が 350 億円，NG 社が 200 億円を入札したとき，高い入札額を入れた CO2 社が必ず関東スーパーを買収できます。ただし，関東スーパーの価値が高いかどうかはわかりませんか

ら，期待利得を計算する必要があります。CO2社の期待利得は，

$$0.2 \times \underbrace{(\overbrace{1000}^{価値} - \overbrace{350}^{買収額})}_{価値が高いとき} + 0.8 \times \underbrace{(\overbrace{300}^{価値} - \overbrace{350}^{買収額})}_{価値が低いとき} = 90 \text{ 億円}$$

となります。価値が高いときの利得は，買収額350億円を支払って関東スーパーを手に入れているので，1000億円−350億円＝650億円になります。価値が低いときは，300億円の企業を350億円で買収しているので，50億円の赤字です。結果，期待値は90億円です。一方，CO2社とNG社ともに350億円を入札したとき，両社の期待利得は，

$$0.2 \times \left[\overbrace{\frac{1}{2} \times \underbrace{(1000 - 350)}_{NG社が落札成功} + \frac{1}{2} \times \underbrace{0}_{失敗}}^{価値が高いとき} \right] + 0.8 \times \left[\overbrace{\frac{1}{2} \times \underbrace{(300 - 350)}_{NG社が落札成功} + \frac{1}{2} \times \underbrace{0}_{失敗}}^{価値が低いとき} \right] = 45 \text{ 億円}$$

となります。関東スーパーの価値に関する不確実性に加えて，関東スーパーを落札できるかどうかにも不確実性があることに注意してください。先ほどのケースと違って，両社ともに同じ350億円を入札するので，くじ引きで落札者が決まるためです。上記の式で，「価値が高いとき」が，さらに「落札成功」と「失敗」に分かれているのは，このくじ引きがあるため，五分五分の確率で落札の可否が決まるためです。

このように計算した期待値を使って利得表を書くと，表7-2のようになります（単位は省略しています）。このように利得表が書けたら，あとは第2章でナッシュ均衡を求

表7-2 買収ゲーム（対称情報）

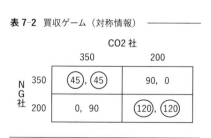

CO2社

		350	200
NG社	350	㊺, ㊺	90, 0
	200	0, 90	⑫⓪, ⑫⓪

めた手順と同じです。最適反応に○をつけて、○が重なっているところが均衡になります。表 7-2 の場合、（350 億円, 350 億円）と（200 億円, 200 億円）が均衡になります。このように求まった均衡を**ベイジアン・ナッシュ均衡**（Bayesian Nash equilibrium）と呼びます。

定義 7.2　ベイジアン・ナッシュ均衡

- ほかのプレーヤーの戦略が与えられたものとしよう。このとき、最大の<u>期待利得</u>をプレーヤーにもたらす戦略を、ほかのプレーヤーの戦略に対する最適反応と言う。
- すべてのプレーヤーが互いに最適反応を取り合っている戦略の組み合わせはベイジアン・ナッシュ均衡である。

ベイジアン・ナッシュ均衡も、「自己拘束的な戦略」と「事後実現的な予想」を満たしており、ナッシュ均衡と基本的な考え方は変わっていません。違っているのは、ナッシュ均衡では利得を基準としていましたが、ベイジアン・ナッシュ均衡では<u>期待利得</u>を最大にする行動を選択していることです。これは不確実性のある不完備情報ゲームだからです。

🎮 ゲームの攻略法

　対称情報の場合のベイジアン・ナッシュ均衡の求め方を整理してみよう。

Step 1　期待利得を計算して、利得表を完成させる。

Step 2　利得表を使って最適反応を求める。

Step 3　最適反応が重なっているところがナッシュ均衡！

▷　**3.3　均衡の導出方法②：非対称情報の場合**

　前項の議論から、両社とも価値がわからない場合、両社とも 350 億円を入札することが均衡の 1 つとなりました。理由は、

「相手が 350 億円の入札しているときに，自分が 200 億円の提案をすると，落札に失敗して期待利得が 0 になってしまう。関東スーパーを買収するには，350 億円を入札しておくべきだ」

と考えるからです。では，CO2 社は価値を知っており，NG 社は価値を知らないモデル 7.5 の場合ではどうでしょうか。同じように価値を知らない NG 社は，350 億円を入札した方がよいでしょうか。実は，非対称情報が存在する場合，以上の議論では十分ではありません。本項では，非対称情報のケースのベイジアン・ナッシュ均衡を求めていきましょう。

対称情報の場合と異なる点は，CO2 社が「関東スーパーの企業価値の情報を知っている」ということでした。このように，CO2 社のみが観察できる情報を**私的情報**（private information）と言います。私的情報がある場合に重要なことは，情報を知らない NG 社と情報を知っている CO2 社で見えている「世界」が違っていることです。NG 社は関東スーパーの企業価値が正確にはわからない「世界」を見ているため，期待利得に基づいた意思決定をしなくてはいけません（図 7-8 (a)）。一方で，CO2 社は企業価値が高いのか（図 7-8 (b)），低いのか（図 7-8 (c)）がわかっている「世界」で，意思決定を行うことになるわけです。よって，企業価値がわかっている CO2 社は，その価値に応じて入札額を変えることができます。例えば，「高い価値なら 350 億円入札するけど，低い価値ならば 200 億円にしておこう」といった行動がとれるわけです。したがって，CO2 社の戦略を（価値が高いときの入札額, 低いときの入札額）とすると，

（350 億円, 350 億円），（350 億円, 200 億円）

（200 億円, 350 億円），（200 億円, 200 億円）

の 4 つの戦略から 1 つを選ぶことになります。図 7-8 (a) で CO2 社の戦略の数が 4 つになっているのはこのためです。情報を知って

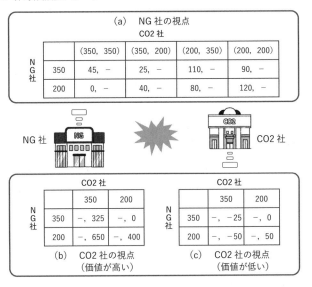

図 7-8 非対称情報のイメージ

(a) NG 社の視点

CO2 社

NG社		(350, 350)	(350, 200)	(200, 350)	(200, 200)
	350	45, –	25, –	110, –	90, –
	200	0, –	40, –	80, –	120, –

NG 社   CO2 社

CO2 社

NG社		350	200
	350	–, 325	–, 0
	200	–, 650	–, 400

(b) CO2 社の視点（価値が高い）

CO2 社

NG社		350	200
	350	–, −25	–, 0
	200	–, −50	–, 50

(c) CO2 社の視点（価値が低い）

いることで行動を使い分けられることは，第5章で学習した内容と同様です。第5章では相手の行動が観察可能だったため，相手の行動に応じて行動を使い分けていました。今回の CO2 社は，関東スーパーの価値に応じて入札額を変更できることになります。

　では，どのように均衡を求めればよいのでしょうか。まず，表を1つにまとめます。見えている「世界」が違うとは言え，3つの利得表を使うのは不便すぎるからです。表 7-3 が1つにまとめたものです。それぞれの結果ごとに，3つの利得が（○,（△, ×））のように並んでいます。このうち，最初の○の部分に示された利得は NG 社の期待利得であり，2番目と3番目の△と×は CO2 社の期待利得です。△は関東スーパーが高い価値であった場合の利得，そして×は低い場合の利得になります。CO2 社の利得が（△, ×）と2つあるのは，しつこいようですが，CO2 社は関東スーパーの価値が

表 7-3　買収ゲーム（非対称情報）

		CO2 社			
		(350, 350)	(350, 200)	(200, 350)	(200, 200)
N G 社	350	45, (325, −25)	25, (325, 0)	110, (0, −25)	90, (0, 0)
	200	0, (650, −50)	40, (650, 50)	80, (400, −50)	120, (400, 50)

わかっているからです。

　利得を計算する場合には，相手の戦略を織り込んで計算しなくてはいけません。例えば，NG 社が 350 億円を入札し，CO2 社が（350 億円，200 億円）を入札した場合を考えましょう。このときの NG 社の期待利得は，

$$0.2\times\left[\underbrace{\frac{1}{2}\times\underbrace{(1000-350)}_{\text{NG 社が落札成功}}+\underbrace{\frac{1}{2}\times 0}_{\text{失敗}}}_{\substack{\text{価値が高いとき}\\\text{（CO2 社は 350 億入札）}}}\right]+0.8\times\underbrace{[300-350]}_{\substack{\text{価値が低いとき}\\\text{（CO2 社は 200 億入札）}\\\text{NG 社が落札成功}}}=25\text{ 億円}$$

と計算できます。価値が高いときには CO2 社は 350 億円の入札をしているため，350 億円の入札をしている NG 社は半々の確率で落札に成功しますが，価値が低いときには CO2 社は 200 億円しか入札していないので，確実に落札に成功することになります。このように NG 社の期待利得を計算するときには，CO2 社の戦略を前提として計算する必要があります。一方，CO2 社の利得を計算するときも，同様に NG 社の戦略を前提としなくてはいけません。ただし，CO2 社は企業価値を知ることができるため，価値が高いと知った場合と価値が低いと知った場合に分けて計算をする必要があります。価値が高いと知った場合には，CO2 社も NG 社も 350 億円を入札します。同じ金額なので，落札者はくじ引きで決まるので，期待利得は，

$$\frac{1}{2} \times \underbrace{(1000-350)}_{\text{CO2 社が落札成功}} + \frac{1}{2} \times \underbrace{0}_{\text{失敗}} = 325 \text{ 億円}$$

になります。企業価値を知っていても，入札額が同じだと期待値をとらなければいけないのを忘れないようにしてください。企業価値が低いときには，CO2 社は金額を 200 億円に引き下げていますから，CO2 社は常に落札できず，利得は 0 億円になります。以上から，（350 億円，（350 億円，200 億円））のときの NG 社の期待利得は 25 億円，CO2 社の期待利得は，価値が高いと知った場合には 325 億円，低いと知った場合には 0 億円となります。ほかのすべての場合について，上記のように計算した利得を，表 7-3 に示しています。

　次に，最適反応に〇をつけましょう。NG 社の最適反応は，左側の数字を上下で比較し，〇をつけます。例えば，CO2 が（350, 200）を選択している場合には，

（NG が 350 億を入札）＝25 億円＜40 億円＝（NG が 200 億を入札）

となりますから，40 億円に〇をつけます。ほかの場合も上下の数字を比較し，大きい方に〇をつけます。

　他方，CO2 社の最適反応はこれまでと少し違っています。CO2 社は価値を知っているので，企業価値が高い場合と低い場合を別に考える必要があるからです。高い企業価値のときの利得（カッコの左側の数字）同士，低い価値のときの利得（カッコの右側の数字）同

表 7-4　買収ゲーム（非対称情報）の最適反応

		CO2 社			
		(350, 350)	(350, 200)	(200, 350)	(200, 200)
NG社	350	㊺, (㉟, −25)	25, (㉟ ⓪)	⑪⓪ (0, −25)	90, (0, ⓪)
	200	0, (㊅㊵, −50)	㊵, (㊅㊵ ㊿)	80, (400, −50)	⑫⓪ (400, ㊿)

士を比較します。例えば，NG 社が 350 億円を入札し，資産価値が高い場合には，

> （350 億円, 350 億円）の場合，利得は 325 億円
>
> （350 億円, 200 億円）の場合，利得は 325 億円
>
> （200 億円, 350 億円）の場合，利得は 0 億円
>
> （200 億円, 200 億円）の場合，利得は 0 億円

になりますので，○は利得 325 億円の（350 億円, 350 億円）と（350 億円, 200 億円）につけます。企業価値が低い場合も同様です。

> （350 億円, 350 億円）の場合，利得は −25 億円
>
> （350 億円, 200 億円）の場合，利得は 0 億円
>
> （200 億円, 350 億円）の場合，利得は −25 億円
>
> （200 億円, 200 億円）の場合，利得は 0 億円

となりますから，利得 0 のときに○をつけます。左側の利得同士，右側の利得同士を比較することを忘れないでください。

　最後に，均衡を見つけましょう。均衡は最適反応の組でしたから，○が 3 つ並んでいるところが均衡になります。この例では，NG 社が 200 億円を入札し，CO2 社が（350 億円, 200 億円）を入札することが均衡になります。

🎮 ゲームの攻略法

　非対称情報の場合の均衡の求め方を整理してみよう。

Step 1　各プレーヤーが持っている情報に基づいて，戦略を設定する。

Step 2　利得表を作成する。情報を知らないプレーヤーは期待利得を書き込み，情報を持っているプレーヤーは，状況に応じて利得の組を記載する。

Step 3　最適反応に○をつける。

Step 4　すべての数字に○がついている戦略の組がベイジアン・ナッシュ均衡だ！

3.4 情報の非対称性の影響

　非対称情報ゲームのベイジアン・ナッシュ均衡では，NG 社は 200 億円を入札していました。つまり，対称情報で行った

> 「相手が 350 億円の入札しているときに，自分が 200 億円の提案をすると，落札に失敗して期待利得が 0 になってしまう。関東スーパーを買収するには，350 億円を入札しておくべきだ」

という推論が，非対称情報では適切でないことになります。なぜでしょうか。理由は <u>CO2 社が情報を持っており，落札できたということが追加情報をもたらす</u>ということを考えていないからです。

　本モデルの場合，落札に失敗すると利得は 0 なので，落札に成功したときのみに関心があります。問題は，落札できても価値が低い場合には，赤字になってしまうことです。実際，両社が常に 350 億円を入札して，NG 社が買収に成功した場合，価値が高ければ 650 億円の黒字になりますが，低いときには 50 億円の赤字になっています。とすると，赤字になりたくない NG 社は，「350 億円で落札に成功したとしたら，価値が低い可能性はどのくらいあるか」と心配するはずです。

　ここで重要なポイントは，CO2 社が企業価値を知っている場合には，NG 社にとって「350 億円で落札できた」ことは悪いニュースだということです。Gon-K のイカサマコインの話を思い出してください。イカサマコインは表が出やすくなっているので，「表が出た」という情報は，コインがイカサマである可能性を高めました。これと同様に，「350 億円で落札できた」ということは，関東スーパーの価値が低い可能性が高いことを意味します。企業価値を知っている CO2 社は，価値が低いときには入札額を引き下げるので，350 億円を選択した NG 社は必ず買収に成功します。結果，企業価値が低いときに NG 社は買収に成功しやすいので，「落札できた」という情報は価値が低い（そして赤字になる）可能性を高めることに

なるのです。つまり，「落札できてしまった」という悪いニュースをふまえない 350 億円は，本来の価値以上の入札をしてしまっていることになります。このように落札できたという悪いニュースを考慮せず，価値以上の金額を入札してしまうことを**勝者の呪い**（winner's curse）と言います。

同時手番ベイジアン・ゲームの重要な点はここにあります。非対称情報が存在する場合，情報を持っている側のプレーヤーはその情報を利用します。そしてそのことは，結果として情報を持っていないプレーヤーに追加情報をもたらすという特徴があるのです。企業買収の例だと，CO2 社は，企業の価値に応じて入札額を上下させます。このような場合，「落札に成功した」というのは NG 社にとって悪い情報を含んでいることになります。落札できたことは企業価値が低くて CO2 社が入札金額を下げた結果かもしれないからです。よって，それを恐れた NG 社は，均衡において 350 億ではなく，200 億を選ぶことになるわけです。

4 逆選択
食品偽装問題

食にこだわりがある方には辛いことだと思いますが，食品偽装事件が後を絶ちませんね。例えば，2007 年には北海道のミートホープという会社が牛肉のミンチに豚肉や鶏肉を混入して大問題となりましたし，2013 年には多くの大手ホテルや百貨店のレストランで産地や食材の種類の虚偽表示が行われていたことが発覚し，これも大問題となりました。2022 年には熊本県において，輸入アサリが国産と偽って販売された問題もありましたね。このように，食材・産地・賞味期限などさまざまな点で食品偽装が繰り返し問題になっています。

一連の事件を目の当たりにすると，消費者を裏切る一部の生産者に憤りを感じてしまいます。しかし，問題は倫理的なものだけではありません。こうした偽装が許されると，市場が機能しなくなるという問題が経済学者ジョージ・アカロフによって指摘されました。なお，この貢献を理由の1つとして，アカロフは2001年にノーベル経済学賞を受賞しています。彼は，こうした質の悪い商品が区別されることなく市場に流入すると，良質の商品が市場から姿を消してしまうという**逆選択**（adverse selection）と呼ばれる問題が生じると指摘しています（Akerlof, 1970）。つまり，偽装食品の流入によって，まっとうな商品が市場で生き残りにくくなるというのです。良い品質の商品が消費者に選ばれて生き残っていくこと（正選択）が競争の役割の1つにもかかわらず，逆のことが起きてしまうわけです。では，なぜ逆選択の問題が生じるのでしょうか。消費者と生産者の情報の非対称性から考えてきましょう。

[モデル7.6] 食品偽装事件

　愛田さんと食べるすき焼き用に，恋下さんがミートスーパーから牛肉を購入しようとしている。ミートスーパーは，「国産牛」と銘打ち，格安で牛肉を打っている有名スーパーである。このミートスーパーが，本当に国産牛を販売しているお店である確率を0.5とし，輸入肉を国産牛であると偽って販売している偽装業者である可能性を0.5としよう。誠実なスーパーであれば，100gあたり400円で仕入れた国産牛肉を販売するが，偽装業者であれば，仕入値100円の輸入牛を国産牛として販売する。他方，恋下さんは国産牛が好きで，本当に国産牛であれば100gあたり600円の価値があると思っているが，（偽装された）輸入牛だったら300円しか価値がないと思っている。恋下さんはこのお店で牛肉を買うか買わないか決める。他方，スーパーは仕入れた牛肉を「国産牛」として売るか否かを選択する。価格はほかのお店に合わせて500円だとしよう。恋下さんは愛田さんと国産牛のすき焼きを仲良く食べることができるだろうか。

図7-9 すき焼きゲームと非対称情報

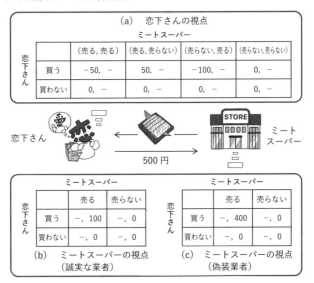

<table>
<tr><td colspan="6" style="text-align:center">（a）　恋下さんの視点</td></tr>
<tr><td colspan="2"></td><td colspan="4" style="text-align:center">ミートスーパー</td></tr>
<tr><td colspan="2"></td><td>（売る, 売る）</td><td>（売る, 売らない）</td><td>（売らない, 売る）</td><td>（売らない, 売らない）</td></tr>
<tr><td rowspan="2">恋下さん</td><td>買う</td><td>− 50, −</td><td>50, −</td><td>− 100, −</td><td>0, −</td></tr>
<tr><td>買わない</td><td>0, −</td><td>0, −</td><td>0, −</td><td>0, −</td></tr>
</table>

500 円

		ミートスーパー	
		売る	売らない
恋下さん	買う	−, 100	−, 0
	買わない	−, 0	−, 0

（b）　ミートスーパーの視点
（誠実な業者）

		ミートスーパー	
		売る	売らない
恋下さん	買う	−, 400	−, 0
	買わない	−, 0	−, 0

（c）　ミートスーパーの視点
（偽装業者）

　モデル7.6では，消費者の恋下さんとスーパーの間に情報の非対称性があります。よって，状況を整理すると図7-9のようになります。恋下さんは，スーパーにまっとうな商品が置かれているか，あるいは輸入肉が置かれているかわからないため，戦略は「買う」か「買わない」かの二択になります。これに対して，スーパー側は誠実な業者と偽装業者の2つの種類があります。ゲーム理論では，1人のプレーヤーに異なる種類が存在する場合，それぞれの種類のプレーヤーを**タイプ**（type）と呼びます。ここでは，誠実タイプと偽装タイプの2つの業者がいることになります。業者は自身のタイプを知っているため，自身が誠実タイプだった場合の選択と，偽装タイプだった場合の選択の2つを考えなくてはなりません。これを（誠実な業者の選択, 偽装業者の選択）と表現すると，図7-9にある

表 7-5 すき焼きゲーム

ミートスーパー

		（売る, 売る）	（売る, 売らない）	（売らない, 売る）	（売らない, 売らない）
恋下	買う	−50, (100, 400)	50, (100, 0)	−100, (0, 400)	0, (0, 0)
	買わない	0, (0, 0)	0, (0, 0)	0, (0, 0)	0, (0, 0)

（注）　利得（□,　(△,　×)）のうち，□は恋下さんの期待利得，△と×はミートスーパーの利得
であり，△は誠実タイプの場合，×は偽装タイプの場合である。

ように，（売る, 売る）（売る, 売らない）（売らない, 売る），そして
（売らない, 売らない）の4通りの戦略があることになります。

　前節と同様に利得表を1つにまとめると，表7-5になります。情
報の保有状況が利得に反映されている点に注意してください。情報
を知らない恋下さんは期待利得を計算しますが，スーパーは自身が
どちらのタイプの業者かを知っているので，（誠実な業者のときの
利得，偽装業者のときの利得）と2つの利得が示されています。例
えば，表7-5の（買う, (売る, 売る)）の左上の期待利得を計算して
みましょう。恋下さんの期待利得は，

$$0.5 \times \overbrace{(600-500)}^{\text{誠実な業者}} + 0.5 \times \overbrace{(300-500)}^{\text{偽装業者}} = -50$$

（お肉の価値　価格）　　（お肉の価値　価格）

となります。他方，まっとうな誠実タイプの場合，国産牛を仕入れ
て400円支払うので，

$$\underset{\text{価格}\quad\text{仕入金額}}{500-400} = 100$$

ですし，偽装タイプの場合には，仕入金額100円の輸入肉なので，

$$\underset{\text{価格}\quad\text{仕入金額}}{500-100} = 400$$

となります。

表 7-6　すき焼きゲームの均衡（価格 500 円）

		ミートスーパー			
		（売る, 売る）	（売る, 売らない）	（売らない, 売る）	（売らない, 売らない）
恋下	買う	− 50, (⑩⑩ ④⑩⑩)	50, (⑩⑩ 0)	− 100, (0, ④⑩⑩)	(0) (0, 0)
	買わない	(0) (⑩ 0)	0, (⑩ 0)	(0) (⑩ 0)	(0) (⑩ 0)

　以上の設定のもとで，どのような結果が予測されるでしょうか。最適反応に○をつけていくと，灰色のマスがベイジアン・ナッシュ均衡になることがわかります（表7-6）。

　この結果を見ると均衡は 3 つありますが，いずれの場合も牛肉の取引が成立していません。恋下さんが牛肉を買わないからです。500 円という価格のもとでは，まっとうな業者も偽装業者も商品を売ろうとします（（売る, 売る）が弱支配戦略になっています）。しかし，この価格の場合，商品を買った場合の恋下さんの期待利得は，

$$0.5 \times (600 - 500) + 0.5 \times (300 - 500) = -50 < 0$$

となります。輸入牛肉だと 500 円という価格は高すぎるので（300−500 = −200），偽装牛肉の可能性があった場合には買うと損になるのです。結局，消費者が原因となって牛肉の取引は成立しません。

　では，価格が 200 円に下がれば，取引が成立するようになるでしょうか。先ほどと同様の手順で，利得表を作り，ナッシュ均衡を求めると表 7-7 のようになります。灰色のマスがベイジアン・ナッシュ均衡です。まったく取引が行われない（買わない,（売らない, 売らない））という均衡と，偽装牛だけ取引される（買う,（売らない, 売る））という均衡の 2 つがありますね。あらあら，偽装された輸入牛は売られることはあっても，国産牛は取引されていません。後者の均衡では，「国産牛」とラベルのついた牛肉はすべて偽装されており，それを納得ずくで恋下さんは購入していることになります。

表 7-7　すき焼きゲームの均衡（価格 200 円）

ミートスーパー

		（売る, 売る）	（売る, 売らない）	（売らない, 売る）	（売らない, 売らない）
恋下	買う	⑳50, (−200, ⑩100)	⑳200, (−200, 0)	50 (0)⑩100	0, (0) 0）
	買わない	0, (⓪⓪)	0, (⓪⓪)	0, (⓪⓪)	⓪ (⓪⓪)

偽装だとわかっていて買うわけですね。

　国産牛が取引されない原因は，ここでも恋下さんでしょうか。そうではありません。価格が 500 円から 200 円に低下することで，恋下さんは「購入する」が弱支配戦略になっています。例えば，どちらの業者も商品を売るならば，恋下さんの期待利得は，

$$0.5 \times (600-200) + 0.5 \times (300-200) = 250 > 0$$

となり，恋下さんはこのスーパーからお肉を購入します。価格が 500 円のときと異なり，価格が 200 円ならば，偽装品だったとしても購入したときの利得は 300 − 200 ＝ 100 となり，割に合う値段だからです。したがって，価格が高いときと異なり，消費者である恋下さんが原因となって取引が成立しないわけではありません。むしろ，この 200 円という価格は安すぎる価格となり，今度は誠実な業者が原因となって取引が成立しなくなります。（買う，(売らない，売る)）の均衡に注目してください。誠実な業者は，仕入価格が 100 g あたり 400 円なので，販売価格が 200 円だと赤字になってしまうため，国産牛を販売できません。結局，偽装業者が販売する輸入牛肉が市場で取引されることになります。質の悪い商品は取引されるが質の良い商品は取引されないという，「悪貨が良貨を駆逐する」状況が生まれています。質の高い商品が選択されるのではなく，逆に質の低い商品が生き残り，選択されていますね。

　まとめましょう。消費者と業者の間に情報の非対称性がある場合

には，価格がどのようになっても，本物の国産牛が取引される余地はなくなります。価格が高いときには，偽装肉のリスクから消費者が商品購入をためらいますし，価格が低いときには，誠実な業者は赤字になってしまうからです。この問題は現在では**市場の失敗**（market failure）の 1 つとして経済学で広く知られています。本来の市場では，消費者は価格と質を考慮して「良い」商品を選ぶので，競争があると優良な企業が選ばれるのが通常です（正選択）。しかし，この質を消費者が購入時点で見極められない場合，質が適切に価格に反映されることはなくなり，質の低い企業が選ばれることになります（逆選択）。こうした状況では，質の高い商品は欲しくても手に入らないことになってしまうのです。

　だからこそ，情報を持っている側が持っていない側に情報を伝達する仕組みが重要になってきます。適正な表示を義務づける法規制は虚偽表示を抑止しますし，商品をブランド化することで質を可視化することもできます（もちろん，ブランド化した場合には偽ブランドという別の問題が生じてしまいます）。次章では，どのように情報を伝えるかを考えていきましょう。

◢◢◢ *Exercise* 練習問題 ◢◢◢

7.1（ベイズ・ルール） ゲームの木で状況を表現したうえで，ベイズ・ルールを使って以下の問いに答えよ。

（ア）　日本人が感染している確率が 1% の病気があったとする。あなたはこの病気に感染しているかどうかを判断するため，検査を受けることにした。ただし，この検査は完全なものではない。病気に感染しているときに陽性と出る確率は 99% で，陰性とでる確率は 1% である。他方，病気に感染していないときに陰性と出る確率は 99% で，陽性と出る確率は 1% である。検査の結果，陽性であった。あなたがこの病気に感染している確率を求めよ。

（イ） ある自動車は X 工場で 40%，Y 工場で 60% を作っている。X 工場の不良品率は 5% で，Y 工場の不良品率は 10% である。あなたに届いた自動車が不良品だった。この自動車が X 工場で作られている確率を求めよ。

7.2（迷惑メールのモデルの一般化） モデル 7.3 を修正し，図にあるように，友人のメールだった場合に「当選」という言葉が入っている確率を x としよう（モデル 7.3 では，$x=0.1$ であった）。

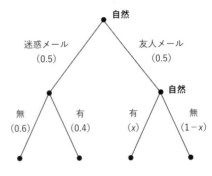

（ア） $x=0.3$ のときを考えよ。あるメールには「当選」という言葉が入っていた。このメールが迷惑メールである確率を求めよ。

（イ） $x=0.4$ のときを考えよ。あるメールには「当選」という言葉が入っていた。このメールが迷惑メールである確率を求めよ。

（ウ） x が大きくなるにつれて「当選」という言葉が入っているメールが迷惑メールである確率はどのように変化するか。（ア）と（イ）の解答を比較して答えよ。

7.3（ベイジアン・ナッシュ均衡） 私たちは，投票を通して意思決定することが多くある。しかし，そのルールの設定によっては，結果が変わってくる可能性が高い。本問ではこの投票ルールを考えてみよう。

今，朝子さんと夕子さんが昼食を食べにどこに行くかを相談している。いつもの学食以外に候補にあがっているのは，大学の近くに最近できたリストランテ・アモーズである。新しいレストランであるため，おいしい料理を出すか否か，まだわからない。2 人は，このアモーズというレストランがおいしい料理を出す確率は 0.4 であり，おいしくない確率は 0.6 だと考えているとしよう。おいしい料理を食べられた場合には，2 人の利得は同じ 10 であるが，おいしくない料理だった場合にはともに −15 とする。なお，学食を使った場合の利得は，いつもと代わり映えしないため 0 としよう。このお店に行くかどうかをめぐって，朝子さんと夕子さんで投票をすることにした。2 人の意見が一致している場合には結果は決めやすいが，意見が

対立した場合には決めづらい。この意見が対立した場合の決め方の違いを，以下の問いに答えつつ，考えよ。

（ア）　まず「意見が割れた場合にはくじ引きで決める」とする。具体的には，朝子さんと夕子さんは賛成か反対かに投票する。どちらも賛成の場合にはリストランテ・アモーズに行き，どちらも反対の場合には学食に行く。賛成と反対に1票ずつで，票が割れた場合には，コインを投げて表が出たらアモーズ，裏が出たら学食にするとしよう。つまり，0.5の確率でアモーズ，0.5の確率で学食となる。最初の設定どおり，朝子さんも夕子さんもアモーズがおいしいお店かどうかわからないとする。このゲームの利得表を書き，ベイジアン・ナッシュ均衡を求めよ。

（イ）　（ア）と同様のルールで決めるが，夕子さんは情報通であるためリストランテ・アモーズがおいしいお店かどうかを知っているとする。一方で，朝子さんは知らない。このゲームの利得表を書き，ベイジアン・ナッシュ均衡を求めよ。

（ウ）　今度は「意見が割れた場合には，いつも行っている学食にする」とする。つまり，2人とも賛成した場合にはアモーズに行くが，1人でも反対した場合にはいつもどおり学食に行くとする。（イ）と同様に，夕子さんのみリストランテ・アモーズがおいしいお店かどうかを知っているとする。このゲームを利得表で書き，ベイジアン・ナッシュ均衡を求めよ。

（エ）　この状況下では，2つのルールのうちどちらが望ましいだろうか。（イ）と（ウ）の解答を比較し，理由とともに答えよ。

内容のない広告が
教えてくれること

完全ベイジアン均衡

Quiz　クイズ

日本で初めてネーミングライツ
（命名権）を導入した公共施設は，
味の素スタジアム（東京スタジア
ム）である。ネーミングライツと
は，施設名称を決める権利のこ
とであり，権利を得た多くの企
業は，施設名に自身の企業名
を冠している。この味の素スタ

味の素スタジアム
（© yu_photo-stock.adobe.com）

ジアムで，ネーミングライツを 5 年間の契約期間で取得する金額は，
いくらだろうか。

- **a.** 0.5 億円
- **b.** 1.5 億円
- **c.** 11.5 億円
- **d.** 21.5 億円

Chapter structure　本章の構成

新たな概念	応用例	発展トピック
完全ベイジアン均衡 シグナリング	ネーミングライツと広告 プロパガンダ	直観的基準 ベイズ的説得

1 ネーミングライツ

　私たちは日常生活の中で多様な広告に接します。テレビの CM や街中の看板，最近ではネット広告も主流になってきました。多様な公告の1つに，ネーミングライツ（命名権）があります。

> 【事例 8.1】ネーミングライツ
>
> 　ネーミングライツとは，スポーツ施設などの名称に企業の社名やブランド名を付与するものである。北米において，スポーツ施設などにネーミングライツを用いることが広がり，その高い広告効果が認められたことから，急速に広まっていった。日本でも 2000 年代に入ってから広がりはじめ，2003 年には公共施設で初めて，東京スタジアムが味の素スタジアムと名称を変更した。2022 年現在でも契約が続いており，味の素は 11.5 億円で 5 年間のネーミングライツを購入した。そのほかにも日本におけるネーミングライツの例としては，日産スタジアムや，はまぎん・こども宇宙科学館などがある。ちなみに，最も高額なネーミングライツ契約は，カナダのトロントにある屋内競技場スコシアバンク・アリーナであり，20 年の期間で 8 億ドルの契約が結ばれている。

　ネーミングライツを獲得したからと言って，名前をつけた企業が施設の運営やそこで行われる興行に関われるわけではありません。球団などのオーナーになるわけでもなく，たんにその施設の名称に社名・ブランド名が使われるだけです。ですので，ネーミングライツを獲得することで，興行収入などの新たな収入は見込めません。一方で，施設に社名やブランド名をつけることで，スポーツの試合の中継などでは名前が呼ばれるなどの広告効果があります。その広告効果が大きいからこそ，多額のお金をかけてでもネーミングライツを得ようとする企業が出てくるわけです。

　しかし，考えてみるとスポーツの試合で社名が連呼されたとして

も，どういう企業で，どのような製品を販売しているのかはわかりません。新商品があったとしても，その情報が同時に流されるわけでもありません。第4章で紹介したPayPayの名を使用した福岡PayPayドームなど，あまり浸透していない新商品・サービスの名前をつけることは，商品名の知名度を高める効果はあるかもしれません。また，「スポーツを応援している企業」というイメージをつくるという広告戦略もあります。しかし，これはあくまで商品名の売り込みやイメージ戦略であり，商品に関する具体的な情報を伝達する広告ではありません。このような具体的な情報に欠ける広告はネーミングライツだけに限りません。テレビのCMなどでも，有名俳優が企業名や商品名を連呼する，あるいはたんに曲や歌だけが流れているだけなどの，特に詳細な情報提供がない広告も多々あります。大金を払って広告を出しているだけであり，まるで人前で札束を燃やしているようなものです。もちろん売上につながる効果があるからこそ，そのような広告も広く行われているわけなのですが，大して情報がない広告になぜ効果があるのでしょうか。内容のない広告に釣られてしまう消費者は，たんに愚かなのでしょうか。あるいは，内容のない広告からでも得られる情報はあるのでしょうか。

　本章では情報の非対称性が存在する逐次手番ゲームの分析手法を紹介します。事例8.1は，前章と同様に情報の非対称性があります。消費者は企業が提供した商品が「よい」ものかどうかがわからないからです。それに加えて，広告を通じて消費者に情報を伝達しようとしているわけですから，時間の経過がある逐次手番であると考えるべきでしょう。ネーミングライツやテレビのCMなどさまざまな手段を用いて，企業は何かしらの情報を消費者に伝えようとしています。しかし，企業はできるだけ消費者によい印象を与えたいため，自身に都合のよい情報を流したいと思うでしょうし，消費者はそれを見越して警戒をするでしょう。よって，情報の信憑性が問題

になってきます。ゲームとしては，今まで紹介したものより複雑になるため，分析手法も難しくなります。しかし，私たちの社会における意思決定の多くは，情報の非対称性の伴う逐次手番です。難易度は上がりますが，私たちの社会を分析するうえで，情報の非対称性が伴う逐次手番ゲームを理解することは必須です。この章が，本書のラスボス的な位置づけになります。一歩一歩理解しながら，ラスボス攻略をしていきましょう。

2　内容のある広告

▷ 2.1　モデルの設定

　それでは，広告の効果に関するモデルを構築していきましょう。本節では，事例 8.1 とは異なり，商品に関する具体的情報を提供する広告を考えてみます。医薬品や洗剤などの広告では，その効能や新しく優れている点を示すものが多くあります。効果のわからない医薬品や洗剤は，あまり買う気にはなれませんからね。企業は新しい効果や効能をうたい，質のよい商品であることをアピールする広告を出すか出さないかを決めます。企業が嘘をつける可能性はありますが，本モデルではそこは考えず，質の低い商品は「質が高い」という広告を出すことができないと単純化して分析をしていきましょう。こうした単純化した状況を考える目的は，広告が消費者に情報を伝える基本的な戦略的相互依存関係を理解してもらうためです。企業にとって，広告を打つかどうかは，広告の有無を消費者がどのように受け止めるかを予想したうえで決めなくてはいけません。逆に消費者も広告の有無によって商品の質の高さを評価し，商品を購入するかどうかを決める必要があります。広告を通じて情報が伝達されるプロセスを次のモデルで考えましょう。

[モデル 8.1] 内容のある広告

　企業と消費者の 2 人のプレーヤーがいるとしよう。消費者は複数人いるはずだが，ここでは単純に 1 人のプレーヤーであると考える。販売する商品の質によって，その商品を扱う企業を，以下の 2 つのタイプに分けるとしよう。

- 高品質タイプ：新しく優れた特性を有した品質が高い商品を扱う企業
- 低品質タイプ：特に新たな特性のない品質が低い商品扱う企業

　企業は消費者よりも新商品に関する多くの情報を有しているため品質を知っているが，消費者は知らないとする。ただし，消費者は 50% の確率で企業は高品質タイプであり，残りの 50% の確率で低品質タイプであると考えているとしよう。最初に，高品質タイプの企業のみが，「自社商品は高品質です！」という広告を出すか出さないかを決める。低品質タイプは「高品質である」と広告すると虚偽広告となり違法になるので，広告は出せないと考える。ただし，広告を出すには，5 の費用が必要である。その広告を見た後に，消費者が新商品を購入するか否かを決める。消費者が購入することを決めた場合に企業は 10 の利潤を得るが，購入しなかった場合の利潤は 0 とする。一方で，購入することを決定した消費者は，購入した商品が高品質タイプの製品なら 1 の利得を，低品質タイプの製品なら −2 の利得を得るとしよう。購入しなかった場合の利得は 0 である。

　このモデルでは，機能や見た目などさまざまな品質を 1 つにまとめて，高いか低いかの 2 つのタイプに分けています。また，商品の価格は考えていません。当然，高品質なものは高価格で，低品質なものは低価格という形で差別化して販売することは多くあります。実際の広告の分析では，広告と価格を同時に分析することもあるのですが（Belleflamme and Peitz, 2015 参照），ここでは単純に広告を出すか否かの意思決定のみを分析していきます。

　では，モデル 8.1 をゲームの木にしてみましょう。図 8-1 に示しています。まず，自然が企業（商品）のタイプを決めた後に，企業が広告を出すか否かを決定しています。高品質タイプのみが広告を

図 8-1 モデル 8.1 のゲームの木

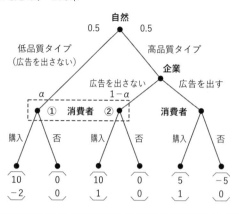

出すことができるので，企業が広告を出した場合には，消費者はその企業が高品質タイプであるとわかります。一方で，企業が広告を出さなかった場合には，以下の2つの可能性があります。

(1) 低品質タイプだから広告を出していない。（意思決定点①）

(2) 高品質タイプなのに広告を出していない。（意思決定点②）

企業が広告を出さなかった場合には，消費者は企業が低品質タイプなのか（①），高品質タイプなのか（②）はわからないため，この2つの意思決定点は1つの情報集合の中に含まれています。どちらの意思決定点にいるのかわからないため，これらの2つの意思決定点で消費者は同じ決定をしなければいけなくなります。意思決定点①にいたら購入しないけど，意思決定点②にいたら購入する，という選択はできないということです。

これでモデルの設定は終わりました。意思決定のタイミングは逐次であり，かつ複数の意思決定点を含む情報集合が存在する，情報の非対称性下のゲームです。このようなゲームに用いる代表的均衡概念の1つとして，**完全ベイジアン均衡**（perfect Bayesian equilibrium）があります。まずは，この完全ベイジアン均衡とは何かを解説しましょう。

完全ベイジアン均衡が，今までの均衡概念と大きく異なる点を見ていきましょう。今までの均衡概念には，自己拘束的な戦略と事後実現的な予想という2つの大きな前提がありました。例えば，ナッシュ均衡では，図8-2が示すように，まずプレーヤーは相手の戦略を予想します。そして，その予想に対する最適反応である戦略を選択します。ほかの選択肢に変更しても利得の改善ができないため，自己拘束的な戦略になっています。相手も同様です。均衡ではお互いに最適反応となる戦略をとる必要があるため，この相手の戦略に対する予想は正しくなくてはいけません。つまり，予想と実際の選択が一致しているという事後実現的な予想でなくてはならないわけです。第2章のコンソール・ウォーズの例で言えば，相手が新機種向けのソフトを開発すると予想するからこそ，プレーヤー自身も開発をしようと思います。そして，相手もそのプレーヤーが開発を選択すると予想したうえで，開発を選択します。その結果，両社とも開発をするので，「相手は開発するはずだ」という予想が事後的に実現します。これが，ナッシュ均衡になるわけです。

図 8-2　自己拘束的な戦略と事後実現的な予想

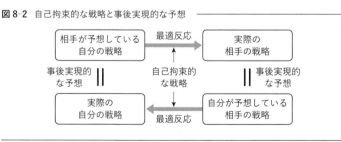

この2つの前提は，完全ベイジアン均衡でも同様に存在します。相手の戦略を予想する必要がありますし，そしてお互いに最適反応を取り合うことも必要です。ただし，相手の戦略を予想しただけで，その予想に対する最適反応がとれるわけではありません。完全ベイジアン均衡を用いるゲームには，複数の意思決定点を含む情報集合があります。モデル8.1（図8-1）のゲームにも，2つの意思決定点を含む情報集合がありました。この情報集合の中では，消費者は企業のタイプがわかりません。よって，同じ情報集合に含まれる意思決定点間では，異なった戦略を選択することはできずに，同じ選択をしなくてはなりません。しかし，この情報集合に到達したときに，どちらの意思決定点にいるのかわからない状態では，この情報集合における最適反応を見つけることができなくなってしまいます。よって，相手の戦略を予想するだけではなく，この情報集合上のどこにいるのかに関しても予想しなくてはいけません。例えば，「広告を出さなかったということは，低品質の確率（意思決定点①にいる確率）は35％だな」などです。このような相手のタイプに関する見積もりのことを**信念**（belief）と言います。「信念」と言うと，プレーヤーが強い意志を持って何かに立ち向かっているようにも思えますが，これはたんに「このくらいの確率なんじゃないか」と考える予想のことをゲーム理論では意味します。

　この信念を形成するにあたって，闇雲に予想してよいわけではありません。情報集合上のどこにいるのかという確率は，高品質タイプと（ここでは明示的なプレーヤーではありませんが）低品質タイプの両者の戦略によって決まります。信念を形成するためには，まず相手の戦略を読まないといけないわけです。図8-3が示すように，完全ベイジアン均衡では相手の戦略を読んだうえで，その事後実現的な予想に基づいて信念を形成し，そしてその信念に対する最適反応を選ぶことになります。「信念に対する最適反応を選ぶ」とは，そ

図 8-3 信念，および自己拘束的な戦略と事後実現的な予想

の信念に基づいて計算した期待利得を最大化する最適反応を選択することを意味します。

それでは，予想した相手の戦略に基づいてどのように信念を形成するのでしょうか。完全ベイジアン均衡では，プレーヤーの信念は相手の戦略と「整合的」でなければならないと考えます。これを，**整合的信念**（consistent belief）と言います。まずは，この整合的信念が何を意味するのか，考えていきましょう。

▷ 2.3 整合的信念

ここで考えている広告は，商品の品質を「高品質です！」と直接知らせるものです。消費者は，商品の品質を知りませんが，高品質タイプの企業が広告を出した場合には，消費者も高品質であると知ることができます。一方で広告を出さなかった場合，質に関する情報は伝達されないため，消費者は品質を知ることはできません。そこで消費者は，低い品質である確率，すなわち意思決定点①にいる確率を推察し，信念を形成することになります。そしてゲームの分析者であるわれわれは，消費者がどのような信念を形成するか，考えていかなければいけません。意思決定点①にいるという信念を α としましょう。これは確率なので，当然 $0 \leq \alpha \leq 1$ が成立します。また，この信念は情報集合に到達したと考えた場合の確率分布です。つまり，「広告を出していない」ことがわかった後に，低品質タイ

図8-4 高品質タイプが広告を出す場合

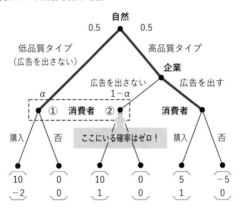

プである確率を推察し，信念αを形成するわけです。ですので，図8-4にも書いているとおり，意思決定点②にいるという信念は，1－αになります。

　さて，信念αはどのような値になるのでしょうか。再び，事後実現的な予想を思い起こしてみましょう。この前提は，ほかのプレーヤーが選択する戦略を予想しており，その予想が事後的に正しいことを意味していました。その予想から，消費者は信念を形成します。例えば図8-4にあるように，高品質タイプの企業が「広告を出す」を選択したと消費者が推察しているとします。もし「高品質タイプは広告を出している」と予想しているのならば，企業が広告を出さなかった場合に「広告を出さなかった企業は低品質に違いない」と推察できます。これは，「低品質の企業は広告を出さない」ということではありません。図8-5が示すように，「低品質の企業は広告を出さない」という矢印の方向はゲームの仮定です。低品質企業には広告を出すという選択肢を与えていませんからね。一方で，企業が広告を出さなかったことがわかった場合には，低品質だから

出さなかった場合と，高品質なのに出さかった場合の２つの可能性があります。上述のように高品質タイプは

図8-5　ゲームの仮定と消費者の予想

```
            ゲームの仮定
低品質タイプ  ←――――――→  広告を出さない
            消費者の予想
```

広告を出していると消費者は推察している場合を考えています。これは裏返せば，「広告を出していない企業，つまり図8-4の①と②を含む情報集合にたどり着いたなら，その企業は低品質タイプだ」ということを論理的に意味します。同じ状況で「広告を出していない企業には高品質タイプもいる」という信念は，予想と矛盾してしまうからです。このように，ほかのプレーヤーの戦略の予想を立てたのちに，矛盾なく導かれる信念が整合的信念です。図8-4のように，高品質タイプが広告を出す場合の整合的信念は「広告を出さない企業は100%の確率で低品質タイプである」，すなわち$\alpha=1$という信念です。また，意思決定点②にいるという信念は$1-\alpha=0$です。信念αは，情報集合に到達した後に意思決定点①にいる確率なので，低品質タイプである確率に基づいた$\alpha=0.5$ではなく，$\alpha=1$であることに注意してください。整合的信念は「プレーヤーの戦略と矛盾のない信念である」と言いましたが，もう少し，この「矛盾がない」の意味を突き詰めてみましょう。

　図8-6のように，高品質タイプの企業が「広告を出さない」を選択した場合の矛盾がない信念を考えてみましょう。消費者は「両タイプともに広告は出さない」と予想しているわけですから，ゲームを始める前に考えていた確率を修正する必要はないわけです。モデル8.1では，消費者はゲームを始める段階で，50%の確率で商品の品質は高く，残りの50%の確率で低いと考えているとしていました。よって，企業が広告を出さなかった場合，消費者の整合的信念は「50%の確率で低品質タイプ」，つまり$\alpha=0.5$になります。

図 8-6 高品質タイプが広告を出さない場合

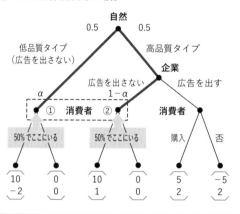

前章では条件付き確率について学びました。信念も条件付き確率です。つまり，「広告を出さない（意思決定点①と②を含む情報集合に到達）」を条件とした，「低品質タイプである（意思決定点①にいる）」確率ということであり，以下のように表せます。

$$\alpha = \mathrm{P}（低品質タイプ \mid 広告を出さない）$$

ほかの例として，図 8-7 にあるように，高品質タイプの企業が 60% の確率で広告を出し，残りの 40% の確率で広告を出さないという混合戦略をとった場合の信念を求めてみましょう。前章の定義から，上記の条件付き確率はベイズ・ルールにより以下のように計算できます。

$$\mathrm{P}（低品質タイプ \mid 広告を出さない）$$
$$= \frac{\mathrm{P}（低品質タイプ, 広告を出さない）}{\mathrm{P}（広告を出さない）}$$

まずは，「広告を出さない」が生じる周辺確率 P（広告を出さない）を計算してみましょう。ここでは 2 つの場合が考えられます。第 1 に，企業が低品質タイプであった場合です。この確率は 50%

図8-7 高品質タイプの混合戦略と信念

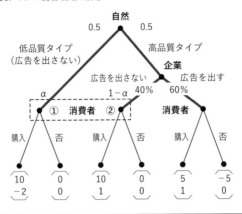

でした。一方で，高品質タイプが広告を出さない確率は，50% の確率で高品質タイプであった場合，40% の確率で広告を出さないので，$0.50 \times 0.40 = 0.20$ であるため 20% になります。よって，広告を出さない周辺確率は P（広告を出さない）$= 0.50 + 0.20 = 0.70$ で 70% になります。次に，企業が低品質タイプであり，かつ広告を出さないという同時確率を求めてみましょう。企業は 50% の確率で低品質タイプであり，広告を出しません。よって，同時確率は P（低品質タイプ, 広告を出さない）$= 0.50$ で 50% になります。以上から，条件付き確率は

　　　P（低品質タイプ | 広告を出さない）

$$= \frac{P（低品質タイプ, 広告を出さない）}{P（広告を出さない）} = \frac{0.50}{0.70} = \frac{5}{7}$$

となるため，消費者は $\alpha = 5/7$ という信念を有することになります。つまり，広告が出されていない商品は確率 5/7 で低品質だと，消費者は信じることになるわけです。このように，「矛盾がない」とは，ほかのプレーヤーの戦略に対する事後実現的な予想をもとにして，

ベイズ・ルールを用いて信念が計算されていることを意味します。ただし，ベイズ・ルールが適用できない場合は，当然ベイズ・ルールを用いて計算することはできません。この適用できない場合は，後で議論しましょう。議論の終わりに，整合的信念の定義を示しておきます。

> **定義 8.1　整合的信念**　ベイズ・ルールが適用できる場合に，ほかのプレーヤーの戦略に関する予想からベイズ・ルールを用いて計算される信念を，整合的信念と言う。

▷ 2.4　完全ベイジアン均衡

　信念に関する下準備が終わりました。それでは，完全ベイジアン均衡を定義しましょう。前章と同じく，不確実性が存在しているため，プレーヤーは期待利得の最大化を行います。期待利得の計算には，各事象が生じる確率を用いないといけませんが，前項で議論した理由から整合的信念を用いて計算していくことになります。よって，完全ベイジアン均衡を示すためには，戦略の組だけではなく，均衡上の信念も示す必要があります。また第 5 章と同様に，本章で考えるモデルも逐次決定のモデルです。第 5 章で紹介した部分ゲーム完全均衡では，すべての意思決定点で最適反応を取り合う必要がありました。しかし，本章のモデルでは複数の意思決定点を含む情報集合が存在します。この場合，意思決定点ごとに最適な選択をしていくことはできません。プレーヤーができることは，各情報集合で最適な戦略をとっていくことです。よって，ここでは新たに (1) 整合的信念を形成すること，および (2) 各情報集合で最適反応を選択すること，の 2 点が要求されることになります。まとめると，以下の定義になります。

図 8-8　6 つの Step

> **定義 8.2　完全ベイジアン均衡**　戦略と信念の組が完全ベイジアン均衡であるとは，以下の 2 点が成立していることを意味する。
> (1)　各プレーヤーが整合的信念を形成している。
> (2)　すべてのプレーヤーが各情報集合において，信念を与えられたものとしたうえで，互いに最適反応をとる戦略を選択している。

　定義だけ見ていると，どう解いていけばよいのかわかりづらいですよね。完全ベイジアン均衡の導出は面倒な部分も多いですが，正しく Step を追っていくことで均衡を見つけることができる場合が多いです。モデル 8.1 を例に，完全ベイジアン均衡を求めていきましょう。ただし，混合戦略を伴う完全ベイジアン均衡は本書の難易度を超えてしまうため，ここでは分析しないことにします。完全ベイジアン均衡を求めるためには 6 つもの Step があります。図 8-8 は，その Step のうち 2 から 5 の Step の関係性を示しています。ゆっくり，一歩一歩進んでいきましょう。

Step 1：後ろ向き帰納法で解ける部分は解いてしまう。

　最初の Step として，後ろ向き帰納法で解ける部分は解いてしまいましょう。図 8-9 で示しているように，高品質タイプが広告を出

図 8-9 後ろ向き帰納法で解ける部分

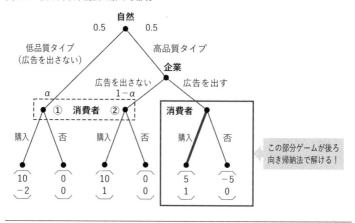

した後の情報集合は，意思決定点を 1 つしか含んでいません。この意思決定点における消費者の戦略は，後ろ向き帰納法で解けてしまいます。ここでは，購入すれば 1 の利得を，購入しなければ 0 の利得を得るので，購入することが最適です。

Step 2：複数の意思決定点を含む情報集合に到達する前のプレーヤー（企業）の戦略を，すべて列挙する。

　消費者には，もう 1 つ情報集合があります。企業が広告を出さなかった場合に到達する情報集合です。ここは後ろ向き帰納法で簡単に解くことはできません。企業が低品質タイプであれば購入しないことが最適ですが，高品質タイプであれば購入することが最適だからです。この情報集合での最適反応を考えるためには信念を計算しなくてはならず，その計算のためにはほかのプレーヤーの戦略を予想しなくてはいけません。どのような予想をする可能性があるかを知るためには，まずほかのプレーヤーがとりうる戦略は何か，すべて列挙する必要があります。これが Step 2 です。モデル 8.1 では，

高品質タイプの企業が (i) 広告を出す，と (ii) 広告を出さない，の 2つの戦略がありえます。それぞれ，図 8-4 と図 8-6 のケースですね。この各ケースに関して分析を進めていきましょう。

Step 3：Step 2 で示した各ケースから1つを選び，情報集合上の整合的信念を求める。

　消費者の戦略を分析するためには，消費者が抱く整合的信念を計算する必要があります。それを1つ1つのありうる予想に対して行います。まずは，(i) の広告を出すケースを選んでみましょう。整合的信念はすでに前項で求めました。高品質タイプの企業が広告を出すと予想する場合，整合的信念は $\alpha = 1$ です。

Step 4：Step 3 で求めた整合的信念をもとにして，情報集合における最適反応を求める。

　整合的信念がわかれば，期待利得を最大化する戦略も計算できます。つまり，信念に対する最適反応を調べるわけです。企業が広告を出さなかった場合の情報集合において，整合的信念は「確実に低品質タイプ」でした。よって，意思決定点①にいるわけですから，購入を選択した消費者の利得は -2 であり，購入しないを選択した消費者の利得は 0 です。以上から，最適反応は購入しないことだとわかります。

Step 5：Step 4 で求めた情報集合における最適反応をもとにして，その前に選択を行うプレーヤー（企業）の最適反応を求める。その最適反応が予想している相手の戦略と同一であれば，完全ベイジアン均衡である。

　次に Step 4 で求めたプレーヤーの戦略に対する，相手の最適反応を求めます。均衡では，事後実現的な予想が成立していなければ

なりません。よって，ここで求めた相手の最適反応と，最初にプレーヤーが抱いた相手の戦略に対する予想が等しくなければ，事後実現的な予想にならないため，これは均衡として成立しなくなってしまいます。よって，最後に予想と実際が合致しているかどうかを調べることが重要になってきます。この点を，広告のモデルに立ち戻って分析していきましょう。

Step 2 において，ケース (i) では「高品質タイプは広告を出す」と消費者は予想していました。そして Step 4 で，消費者の最適反応は，「広告を出さない企業の商品は買わない」だとわかりました。高品質タイプの企業は，広告を出せば消費者は購入してくれるので (Step 1)，$10-5=5$ の利得を得ます。一方で，「広告を出さない」に戦略を変更した場合，消費者には低品質タイプであると思われ，「購入しない」を選択されてしまうため，企業の利得は 0 になります。以上から，高品質タイプの企業の最適反応は「広告を出す」であると言えます。ケース (i) では，消費者は「広告を出す」と予想し，そして実際にも高品質タイプの最適反応は「広告を出す」であることが確認されたわけです。つまり，事後実現的な予想は成立しています。同時にこれは，消費者と企業は互いに最適反応を取り合っていることも意味します。

以上の議論から，以下の戦略と信念の組が，完全ベイジアン均衡であることがわかります。

完全ベイジアン均衡

- 高品質タイプは「広告を出す」を選択。
- 消費者は，広告を出した企業の商品は「購入する」を選択するが，広告を出さない企業の商品は「購入しない」を選択。
- 消費者は，$\alpha=1$ という信念を有する。

Step 6：その他のケースでも，Step 3 から 5 を行う。

次にケース (ii) を考えてみましょう。前項で議論したとおり，高品質タイプが広告を出さないと予想する場合の整合的信念は，$\alpha = 0.5$ でした（Step 3）。よって，購入を選択した消費者の期待利得は，50% の確率で -2 であり，残りの 50% の確率で 1 ですので，

$$0.5 \times (-2) + 0.5 \times 1 = -0.5$$

になります。一方で，購入しないを選択した消費者の利得は 0 ですので，消費者の最適反応は購入しないことだとわかります（Step 4）。以上を踏まえて，企業の最適反応を考えてみましょう。高品質タイプの企業は，広告を出さない場合には消費者は購入してくれないので，0 の利得を得ます。一方で，「広告を出す」に戦略を変更した場合，消費者は購入してくれるため，企業の利得は 5 になります。よって，高品質タイプの企業は「広告を出す」に戦略を変更するインセンティブを有します。ケース (ii) では高品質タイプが広告を出さないと予想されていましたが，これは高品質タイプにとって最適反応にはならないため，完全ベイジアン均衡とはならないと結論づけることができます。

▷ 2.5 虚偽・誇大広告に対する罰則はなぜ必要か

モデル 8.1 の完全ベイジアン均衡は，図 8-4 が示すような，高品質タイプが広告を出す均衡のみ存在していました。高品質タイプが広告を出さなかった場合には，低品質の可能性が高いと思われ購入されなくなってしまうからです。一方で，高品質タイプが広告を出さなかったとしても，消費者が「広告を出さない企業でも高品質タイプである可能性が十分に高い」と思っている場合には，広告を出さない均衡も存在しえます。これは練習問題 8.1 で確認してみてください。

高品質タイプのみが広告を出す均衡では，広告を通して高品質タイプであることを直接知ることができると同時に，広告を出さない

企業は低品質タイプだと推察することができました。その結果，消費者は高品質の商品を買い，低品質の商品の購入を避けることができるわけです。ただし，低品質タイプでも虚偽の広告を出せる場合には，高品質タイプのふりをして広告を出し，消費者が誤って購入する事態になります。広告が提供する情報に一定の信憑性を与えているものが，虚偽・誇大広告を取り締まる法制度です。例えば，2021年には医薬品医療機器等法が改正され，医薬品等に関する虚偽・誇大広告に対して課徴金制度が導入されました。このような法制度によって，広告が直接提供する情報の信憑性が確保されているわけです。虚偽広告に厳罰を与える法制度は，第7章で議論した逆選択の問題に対する解決策の1つでもあります。食品偽装を刑事処分の対象とすることで，正しく情報伝達がなされるようにしているわけです。

　一方で，内容のない広告であった場合，当然その内容を取り締まる法制度はありません。嘘をつくも何も，広告の中で伝える情報がなく，たんにCMの中で歌ったり踊ったりする，あるいはスタジアムに名前をつけるだけだからです。それでも，内容のない広告から消費者が情報を得ているのだとしたら，その情報の信憑性はどこからくるのでしょうか。次の節で考えていきましょう。

3　内容のない広告

▷ 3.1　モデルの設定

　前節では内容のある広告を考え，低品質タイプは広告を出せないと仮定しました。しかし，実際には第1節でも議論したように，内容のない広告が巷にはあふれています。内容のない広告であれば，低品質タイプでも出すことができます。そこで本節では，広告に内

図8-10 モデル8.2のゲームの木

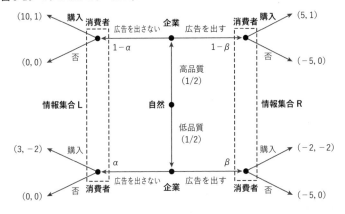

容がなく，どんな企業でも広告を出せると考えましょう。ただし，消費者は商品の品質を消費後に知ることになります。質が高くない商品が継続して買われることはないでしょう。一方で，質が高ければ継続的に買ってくれるため，高い売上を期待できます。そこで，消費者が購入を選択した場合，高品質タイプの方が低品質タイプより多くの利潤を得ることができると考えましょう。

[モデル8.2] 内容のない広告

　モデル8.1とは異なり，高品質タイプだけではなく，低品質タイプも広告を出すことができるとしよう。消費者が購入することを決めた場合に，高品質タイプの企業は10の利潤を得る。一方で，低品質タイプであった場合，継続的な商品の購入は見込めないため，得られる利潤は3のみであるとしよう。その他の設定はモデル8.1と同様とする。

　モデル8.2をゲームの木にすると，図8-10のような形になります。もう，木には見えないですね。ゲームを開始する「自然」の点がこのゲームの木では真ん中にあることに注意してください。この「自然」によるタイプの決定がゲームの最初の点なので，図ではこ

の真ん中の点から上下のいずれかに行きます。そして企業が広告を出すか出さないかを決めるので左右のいずれかに，そして最後の消費者が購入か否かを決めるので斜め上か斜め下かに行きます。このように真ん中から一番外のいずれかの終点（図では矢の先）へとゲームは進んでいきます。

このようなゲームの木で利得を示す場合には，最初の意思決定者の利得を一番左に示し，その後の意思決定者の利得を右に向かって順に示していくことになります。よって，左が企業の利得であり，右が消費者の利得です。まず，自然が商品のタイプを決めた後に，企業が広告を出すか否かを決定しています。低品質タイプであった場合でも広告は出せるので，企業が広告を出さなかった場合だけではなく，広告を出した場合でも，消費者は企業のタイプがわからないので，このゲームの木には複数の意思決定点を含む情報集合が，「広告を出さない」の後にくる情報集合Ｌと，「広告を出す」の後にくる情報集合Ｒの２つあります。この２つの情報集合における，整合的信念と消費者の最適反応を求めていかなければなりません。広告を出さなかった場合に，低品質タイプであるという信念を α とします。よって，広告を出さない企業が高品質タイプであるという信念は $1-\alpha$ です。また，広告を出した企業が低品質タイプであるという信念を β とし，高品質タイプであるという信念を $1-\beta$ としましょう。

▷ 3.2 完全ベイジアン均衡

このゲームには，後ろ向き帰納法で簡単に解ける部分はありません。ですので，Step 1 は飛ばして，Step 2 から考えることになります。それでは企業の戦略をすべて羅列していきましょう。企業には２つのタイプがあるので，消費者は各タイプが何を選択するのかを予想していくことになります。

（ⅰ）　両タイプともに広告を出す。

（ⅱ）　低品質タイプのみ広告を出し，高品質タイプは出さない。

（ⅲ）　高品質タイプのみ広告を出し，低品質タイプは出さない。

（ⅳ）　両タイプともに広告を出さない。

各ケースにおいて整合的信念と最適反応を求めていきましょう。

　まずケース（ⅰ）を考えてみましょう。整合的信念を求めていきたいところですが，その前に低品質タイプの企業の利得をしっかりと見てみましょう。低品質タイプが広告を出した場合，消費者が購入してくれなければ利得は-5ですが，購入してくれても継続的には買ってくれないため，利得は$3-5＝-2$です。一方で，広告を出さない場合は，購入してくれたなら3の利得を得，購入してくれないとしても利得は0です。いずれにせよ，広告を出さない方が広告を出した場合の利得よりも高い利得を得ることができます。よって消費者の戦略によらず，低品質タイプにとって，「広告を出す」は最適反応でありません。最適反応ではない戦略は均衡になりえませんから，ケース（ⅰ）は均衡にならないと結論づけられます。同様に，ケース（ⅱ）も低品質タイプが広告を出すことを選択しているので，均衡にはなりません。4つもケースがありましたが，これで一気に2つにまで減らすことができましたね。

　次にケース（ⅲ）を考えましょう。消費者は，高品質タイプは広告を出す一方で，低品質タイプは広告を出さないと予想しています。よって，

- 広告を出した企業は確実に高品質タイプであり（$\beta=0$），広告を出さない企業は確実に低品質である（$\alpha=1$）

が整合的信念であると言えます。この整合的信念をふまえると，企業が広告を出した場合，消費者は高品質タイプであると思うわけですから，購入すれば1の利得であり，購入しなければ0の利得になります。一方で，企業が広告を出さなかった場合，消費者は低品質

タイプであると思うわけですから，購入すれば−2の利得であり，購入しなければ0の利得になります。よって，

- 広告を出した企業の商品は購入するが，広告を出さなかった企業の商品は購入しない。

が消費者の最適反応になります。

　最後に，企業の最適反応を確認しましょう。低品質タイプは広告を出さないことが常に最適であることは，議論したとおりです。一方で高品質タイプは，広告を出している場合には消費者に購入してもらえるので5の利得を得ます。一方で，「広告を出さない」に戦略を変えた場合，消費者には低品質タイプだと思われてしまうため購入されず，利得は0になってしまいます。よって，広告を出すことが最適反応です。ケース (iii) の最初に，消費者が高品質タイプのみ広告を出すと予想した場合，実際にも高品質タイプのみ広告を出すことが最適反応になっていることがわかりました。よって，以下の戦略と信念の組み合わせが，完全ベイジアン均衡であることがわかります。

完全ベイジアン均衡①

- 高品質タイプは「広告を出す」を選択し，低品質タイプは「広告を出さない」を選択。
- 消費者は，広告を出した企業の商品は「購入する」を選択するが，広告を出さない企業の商品は「購入しない」を選択。
- 消費者は，$\alpha=1$ と $\beta=0$ という信念を有する。

　それでは，最後のケース (iv) を考えてみましょう。ここでは，消費者は両タイプともに「広告を出さない」を選択していると予想しています。図8-11に，このケースを示しています。50%の確率で企業は高品質タイプであり広告は出さず，残りの50%の確率で低品質タイプであっても広告は出さないわけです。よって，左側の広告を出さない場合の情報集合Lにおける信念は，事前の確率と

図 8-11　モデル 8.2 のゲームの木

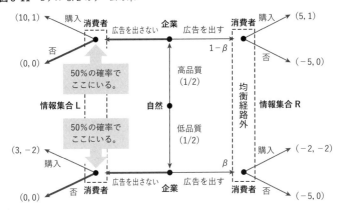

変わりありません。具体的には，

- 広告を出さない企業が低品質タイプである確率は 50% である（$\alpha=1/2$）

という信念が整合的であることになります。この整合的信念をふまえると，情報集合 L において，購入を選択した消費者の期待利得は，50% の確率で-2であり，残りの 50% の確率で 1 ですので，-0.5 になります。一方で，購入しないを選択した消費者の利得は 0 ですので，消費者の最適反応は購入しないことだとわかります。

次に，企業が広告を出した場合の後にある，情報集合 R における整合的信念を計算しないといけません。しかし，ちょっと待ってください。高品質タイプも低品質タイプも広告は出していないため，両タイプともに右側の情報集合には到達していません。なので，ベイズ・ルールが適用できません。困りましたね。このような場合の分析は少し込み入っているので，項を分けて解説しましょう。

　ケース (iv) における情報集合 R のように，均衡の戦略に従って
プレーヤーたちが選択をしていったときに到達されることのない情
報集合のことを，均衡経路外にあると言います。第5章では，到達
されない部分ゲームも同様の呼ばれ方をしていましたね。完全ベイ
ジアン均衡は，定義にあるように，すべての情報集合で最適反応を
選択することを要求しています。それは均衡経路上の情報集合だけ
ではなく，均衡経路外にある情報集合でも最適反応を選択する必要
があることを意味します。また，均衡経路外の戦略を明確にしてお
かないと，「均衡から戦略を変えた場合に生じること」を分析する
ことができません。ですので，均衡経路外の意思決定の分析もしな
くてはいけません。

　しかし，このような均衡経路外の情報集合ではベイズ・ルールが
使えません。予想した戦略に従うと，「広告を出す」企業は存在し
えないからです。よって，どのようなタイプが広告を出したのかに
関しても計算できません。そもそも，この情報集合 R に到達する
可能性は0ですので，実際にベイズ・ルールに従って計算しようと
してみても，分母が0になり，割り算ができないことになります。
ベイズ・ルールからは信念の確率を計算できない場合，信念の整合
性はどうなるのでしょうか。迷ったら定義を振り返りましょう。定
義8.1では「ベイズ・ルールが適用できる場合に」と言っているた
め，端的に言えば，適用できない場合には整合性に関する制約は何
もありません。そもそも均衡経路外は「予想している中では生じる
ことがない状態」なので，どの確率が適切かは判断できません。よ
って，どんな信念でも整合的だと考えるわけです。

　しかし，どんな信念でも均衡になるということではありません。
均衡にはもう1つ条件がありましたね。そう，戦略が信念に対して
最適反応になっているということです。よって，どんな値でもよい

とは言っても，均衡においては，そこで選ばれる戦略が最適反応になりうるような信念である必要があるわけです。以上の点をふまえながら，実際に分析していきましょう。

均衡経路外の信念はどんな値になるかわかっていません。なので，低品質タイプであるという信念 β に 1 とか 0.5 などの特定の値を与えるのではなく，β として分析していくということになります。それでは，低品質タイプである確率を β としたうえで，消費者が購入を選択した場合の期待利得を計算しましょう。企業は $1-\beta$ の確率で高品質タイプであり，消費者は 1 の利得を得ます。一方で，β の確率で低品質タイプであり，その場合の利得は -2 です。以上から期待利得は，

$$(1-\beta) \times 1 + \beta \times (-2) = 1 - \beta - 2\beta = 1 - 3\beta$$

となります。一方で，購入しなかった場合の利得は 0 です。よって，消費者が購入することを好む条件は，$1-3\beta \geq 0$ であり，計算すると $\beta \leq 1/3$ となります。低品質タイプである確率が十分に小さければ購入する，ということですね。一方で，$\beta \geq 1/3$ のときに，消費者は購入しないことを好みます。低品質タイプである可能性が高いならば，購入しないことになります。ちなみに $\beta = 1/3$ のとき，消費者は購入するか否かの間で無差別となり，どのような混合戦略も最適反応になりえます。しかし，ここでは混合戦略を伴う完全ベイジアン均衡は分析しません。つまり，以下の 2 つの場合を考えるということです。

(a) 消費者が $\beta \leq 1/3$ という信念を有し，広告を出した企業の商品を購入する場合

(b) 消費者が $\beta \geq 1/3$ という信念を有し，広告を出した企業の商品を購入しない場合

以上で，消費者の最適反応を求める Step 4 までを終えたことになります。最後に，企業の最適反応を求めましょう。低品質タイプ

が広告を出さないことが最適なことは，何度も議論しました。問題は高品質タイプです。高品質タイプの最適反応を考えるためには，消費者の最適反応が上記の (a) である場合と，(b) である場合に分けて議論する必要があります。まずは消費者が $\beta \leq 1/3$ という均衡経路外の信念を有する (a) の場合を考えましょう。前項で議論したように，広告を出さない場合には，消費者は商品を購入してくれません。よって，広告を出さないことによる企業の利得は 0 です。一方で (a) の場合，消費者は広告を出した企業の商品は買います。高品質タイプが広告を出すという戦略に変えた場合，商品を購入してくれるので利得は 5 になります。よって，高品質タイプにとっては広告を出すことが最適なので，ケース (iv) の「両タイプともに広告を出さない」は，消費者が $\beta \leq 1/3$ という信念を有するかぎり，均衡にはなりません。

　次に消費者が $\beta \geq 1/3$ という信念を有する (b) の場合を考えましょう。この場合，消費者は広告を出した企業の商品を購入しません。高品質タイプが広告を出すという戦略に変えた場合，広告費用を払うだけになるため，利得は -5 になります。よって，高品質タイプにとっては広告を出さずに利得 0 を得ることが最適になります。つまり，ケース (iv) の「両タイプともに広告を出さない」は，消費者が $\beta \geq 1/3$ という信念を有していれば，均衡にはなるわけです。信念 β は特定の値ではなく，1/3 以上であればどんな値でも均衡になることに注意してください。この完全ベイジアン均衡をまとめましょう。

完全ベイジアン均衡②
- 高品質タイプも低品質タイプも「広告を出さない」を選択。
- 消費者は広告の有無にかかわらず，「購入しない」を選択。
- 消費者は，$\alpha = 1/2$ と $\beta \geq 1/3$ という信念を有する。

最後に，完全ベイジアン均衡を分析する Step をまとめます。

完全ベイジアン均衡を導出する手順をまとめてみよう！

Step 1：後ろ向き帰納法で解ける部分は解いてしまう。

Step 2：複数の意思決定点を含む情報集合に到達する前のプレーヤーの戦略を，すべて列挙する。

Step 3：Step 2 で示したケースから 1 つを選び，情報集合上の整合的信念を求める。ただし，均衡経路外の情報集合に関しては，任意な値を信念にあてはめて分析をする。

Step 4：Step 3 で求めた整合的信念をもとにして，情報集合における最適反応を求める。

Step 5：Step 4 で求めた情報集合における最適反応をもとにして，その前に選択を行うプレーヤーの最適反応を求める。その最適反応が各ケースで仮定した戦略選択と同一であれば，完全ベイジアン均衡である。

Step 6：その他のケースでも，Step 3 から 5 を行う。

ただし，この Step にこだわりすぎると解きづらくなる場合も多々あります。例えば，モデル8.2の分析において，常に「広告を出さない」ことが低品質タイプの最適反応であることを示した箇所は，この Step から外れています。あくまで標準的な Step であるので，困ったときには完全ベイジアン均衡の定義に立ち返り考えてみてください。また，次節以降と練習問題では少し異なった別のタイプのゲームを解いていきます。

3.4　シグナリング

モデル8.2のゲームでは 2 つの完全ベイジアン均衡が存在していました。最初の完全ベイジアン均衡①では，高品質タイプと低品質タイプは，それぞれ「広告を出す」と「出さない」という異なった戦略を選択していました。そのため選択された戦略から，消費者は

企業のタイプを推察することができます。広告を出したならば高品質タイプであり，広告を出さなかったら低品質タイプであると推察できる，ということです。このように，タイプごとに異なった戦略を選択することからタイプが推察できるような均衡のことを**分離均衡**（separating equilibrium）と言います。一方で，完全ベイジアン均衡②では，両タイプは同じ戦略（広告を出さない）を選択しているため，戦略からタイプを見分けることができません。このように，すべてのタイプが同じ選択をしている均衡のことを**一括均衡**（pooling equilibrium）と言います。

分離均衡である完全ベイジアン均衡①に注目してみましょう。この分離均衡の状況は，高品質タイプの企業が，自身の商品が高品質であることをアピールするために広告を出していると言えます。広告の費用が高いため，低品質タイプは広告を出すインセンティブがありません。それを見越してあえて広告を出すことで，「広告を出せるほど高品質の商品を取り扱っています！」とアピールしているわけです。このように直接相手に（商品の質などの）情報を伝達できなくとも，（広告を出すなど）間接的な手法を通して相手に情報を正しく推察させることを，**シグナリング**（signaling）と言います。また，その際の間接的な手法のことをシグナルと言います。このモデルでは，企業が商品の品質のシグナルとして広告を用いており，消費者は広告を通して商品の質を知ることができるようになっているわけです。

この場合，広告の内容がなくてもシグナルとして機能します。内容よりも，低品質タイプには出せないほど広告費用が高いことの方が大切です。例えば，広告費用が5ではなく1であるとしましょう。この場合，低品質タイプが広告を出しても，消費者が購入してくれるならば，3−1＝2の利得を得ることができます。分離均衡では低品質タイプは広告を出していませんでしたが，広告費用が安く1で

あれば，広告を出すことに戦略を変えれば，利得を0から2に改善することができます。よって，この分離均衡の状況は完全ベイジアン均衡にはなりません。広告費用が高いからこそ，シグナルに信憑性が生じて，情報が伝わるわけです。ですので，ネーミングライツのような大規模かつ高額な広告や，有名俳優の起用などの高額な制作費は，広告がシグナルとして機能するためには必須であると言えます。

　これは広告だけに限った話ではありません。例えば，「学歴」や「資格」に関してもあてはまります。学歴や資格を得るためには，金銭的費用に加えて，時間や労力などの費用がかかります。時間や労力という点では，優秀な人ほど低い費用で学歴や資格を得ることができるでしょう。この場合，学歴や資格は能力に関するシグナルとして機能しえます。たとえ，大学で学んだことにまったく意味がなくとも（内容のない教育ですね），「その大学に入学できた」という事実が，学生の能力が高いことを示すシグナルになりうるということです。この点は，2001年にノーベル経済学賞を受賞したマイケル・スペンスが，シグナリングのモデルを提示する際に用いた例です。もちろん，これは大学で学ぶことに意味がないと主張しているわけではなく，「たとえ」そうであったとしても学歴や資格は能力に関する情報伝達として機能しうることを示していることになります。

　第1節で，広告は消費者の前で札束を燃やすような行為に見える場合もあると指摘しました。まさしく，このモデルでも札束を燃やしているような状況が生じています。5の広告費用を払

っても，商品の質が改善するわけでもなく，消費者の利得が高まるわけでもありません。企業にとっても，広告をせずに商品を売ることができるのならば利得は 10 になるので，広告費用分はたんなる損失です。しかし，この広告費用があるからこそ，内容のない広告でもシグナルとして商品の質を消費者に伝えることができているわけです。

▷ 3.5 一括均衡と直観的基準

　それでは一括均衡である完全ベイジアン均衡②に視点を移してみましょう。一括均衡では残念ながら，広告はシグナルとして機能しません。その主たる理由は，消費者が「広告を出すような企業は低品質タイプである可能性が高い（$\beta \geq 1/3$）」と信じているからでした。しかし，ちょっと待ってください。低品質タイプにとって広告を出すことは，相手の戦略によらず，最適反応にはなりませんでした。低品質タイプが広告を出すことはありえないのですが，消費者は低品質タイプである可能性が 1/3 以上もあるのだと思っているわけです。このような信念が許容されている理由は，均衡経路外の情報集合上の信念を制約するものがいっさいないからです。完全ベイジアン均衡では「どんな値でもいいぜ」と許容してしまっているためですね。そのため，よくよく考えたら妥当には見えない一括均衡が存在しているわけです。そこで，高品質タイプの企業が，以下のように消費者に向かって言ったとします。

> みなさん。低品質タイプにとって広告を出すことは，広告費用が高すぎて赤字となるため，得策ではありません。一方で，私ども高品質タイプは広告を出しても黒字で十分な利益が確保できます。私たちは広告を出しますが，それがまさしく高品質タイプであることの証拠なのです！

　このような演説ができなかったとしても，この演説の内容を消費

者自身が考察のうえで気づいたとしてもおかしくありません。「十数億円もかけて球場に名前をつけるなんて，儲かっている企業だな。きっとよい商品を作っているからだろう」と思う人は多いと思います。こう考えると「一括均衡は現実には生じにくい」と結論づけることができます。

　もう少し具体的に考えると，一括均衡において，低品質タイプにとって均衡での利得は0です。その低品質タイプが「広告を出す」に戦略を変更した場合，その利得は消費者が購入しなければ−5ですし，購入してくれても−2なので，いずれにせよ利得は均衡の利得より低くなります。このような状況下であれば，一括均衡において（本来は均衡上生じえない）広告を出した企業を見たとしても，その企業が低品質タイプである確率は0であると考えた方が自然です。このように，均衡経路外の信念に対し「均衡の利得よりも利得が必ず低くなってしまう戦略への変更はしないと予想する」という制約を加えて均衡の選択を行うことを，**直観的基準**（intuitive criterion）と言います（Cho and Kreps, 1987）。モデル8.2の一括均衡では，$\beta \geq 1/3$が均衡における信念でした。これは整合的ではあるのですが，直観的基準は満たしていません。「広告を出さない」から「出す」に戦略を変更すれば，低品質タイプの利得が必ず下がります。よって，直観的基準を満たすためには，$\beta = 0$でなければなりません。しかし，$\beta = 0$であるならば消費者は広告を出した企業の商品を購入するため，高品質タイプは「広告を出す」に戦略を変更するインセンティブを有します。以上の議論から，一括均衡は直観的基準を満たす均衡にはならないことがわかります。一方で，分離均衡では均衡経路外の情報集合がないため，そもそも直観的基準を適用して検討する必要はありません。

4 から脅しか，本気の脅しか
隠された戦略

　今までのモデルでは，戦略的に決定されるわけではない確率的事象（自然）があり，その確率的事象に関する情報を一部のプレーヤーが知らないという情報の非対称性を考えてきました。一方で，「過去に行われたほかのプレーヤーの戦略を知らない」という情報の非対称性も生じます。本節では，ほかのプレーヤーの戦略にまつわる情報の非対称性をモデル化してみましょう。

　第5章では，から脅しの問題を議論しました。いくら脅したとしても，その脅しを将来実行に移すインセンティブがないと見透かされると効果がない，というものです。しかし，必ずしもから脅しと断定できるわけでもありません。実際には入念な準備をしており，本気の脅しをしているかもしれないからです。そこで，以下のモデルを考えてみましょう。

［モデル8.3］から脅しか，本気の脅しか

　サウス国とノース国の2つのプレーヤーがいるとしよう。まず，サウス国は「本気の脅し」「から脅し」および「何もしない」の3つの戦略から1つを選ぶ。その後，脅された場合にのみ，ノース国が「戦う」と「妥協」の2つの戦略から1つを選ぶとしよう。サウス国が「何もしない」を選んだ場合，現状が維持される。現状では，両国とも2の利得を得ているとしよう。また，「本気の脅し」あるいは「から脅し」が選ばれた後に，ノース国が妥協を選んだ場合，サウス国は4の利得を得る一方で，妥協したノース国の利得は0であるとする。

　「本気の脅し」と「から脅し」の違いは，後々の戦いに備えた準備の大きさの違いを意味する。入念な準備を行い，戦いに向けての万全の態勢が整っている状態での脅しを「本気の脅し」と呼ぶ。よって，「本気の脅し」の後にノース国が「戦う」を選んだ場合，サウス国の勝利となり，サウス国が4を得る。ただし，戦いには1の費用がかかるとしよう。

さらに入念な準備のため，サウス国は 2 の追加的費用もかかっていると
する。よって，サウス国が最終的に得る利得は 4−1−2＝1 であり，ノ
ース国の利得は −1 になる。一方で，「から脅し」はまったく準備して
いない中での脅しであるため，ノース国が「戦う」を選んだ場合，ノー
ス国の勝利となり，ノース国が 4 を得る。ただし，戦いには 1 の費用が
かかるため，サウス国が最終的に得る利得は −1 であり，ノース国の利
得は 3 になる。

　なお，サウス国が戦いへの準備をしているか否かはノース国にはわか
らない。よって，脅しを受けたとしても，「本気の脅し」を選んでいる
のか「から脅し」を選んでいるのかがわからないとしよう。ただし当然，
ノース国は脅しを受けたか否かは知ることができる。

　モデル 8.3 をゲームの木にしたものが図 8-12 です。「本気の脅
し」を選んだのか，「から脅し」を選んだのかが観察できないため，
その後のノース国の 2 つの意思決定点は 1 つの情報集合に含まれて
います。脅したか否かは観察できるので，「何もしない」の後の意
思決定点だけ含まれていません。2 つの意思決定点を含む情報集合
上で，「本気の脅し」の後にくる左側の意思決定点にいるという信
念を α としましょう。

　それでは，完全ベイジアン均衡を求めます。第 1 に，サウス国の

戦略の列挙ですが，これは
単純にサウス国が有する戦
略と同じとなり，(i) 本気
の脅し，(ii) から脅し，
(iii) 何もしない，の 3 つの
予想がありえます。まずは，
(i) を考えてみましょう。
サウス国は「本気の脅し」
を選んでいるとノース国は
予想しているので，サウス

図 8-12　モデル 8.3 のゲームの木 ─────

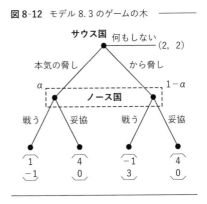

国は「本気の脅し」を選んでいる（$\alpha=1$）という信念を持つことが整合的です。そして，「戦う」を選べばノース国の利得は-1であり，「妥協」を選べば利得は0のため，ノース国の最適反応は「妥協」です。最後に，サウス国の最適反応を考えましょう。ノース国が「妥協」を選んでいる場合，「本気の脅し」を選んでも「から脅し」を選んでも利得は4です。一方で，「何もしない」を選んだ場合には利得は2になります。よって，サウス国の最適反応は「本気の脅し」と「から脅し」です。最初にノース国が予想した「本気の脅し」は，実際にサウス国の最適反応の1つですので，これは完全ベイジアン均衡になります。

完全ベイジアン均衡①

- サウス国は「本気の脅し」を選択。
- ノース国は「妥協」を選択。
- ノース国は$\alpha=1$という信念を持つ。

次に，(ii) を考えてみましょう。サウス国は「から脅し」を確実に選んでいるとノース国は予想しているため，ノース国の整合的信念は，$\alpha=0$です。この場合，ノース国が「戦う」を選べばノース国の利得は3であり，「妥協」を選べば利得は0のため，ノース国の最適反応は「戦う」です。ノース国が「戦う」を選んでいる場合，「から脅し」を選んだ場合のサウス国の利得は-1です。一方で，「何もしない」を選んだ場合の利得は2になり，「本気の脅し」を選んだ場合の利得は1になります。よって，サウス国の最適反応は「何もしない」です。最初にノース国が予想した「から脅し」は，サウス国の最適反応ではないため，これは完全ベイジアン均衡ではありません。

最後に，(iii) を考えてみましょう。サウス国は「何もしない」を選んでいるとノース国は予想しているため，脅された後にくる情報集合は均衡経路外にあります。ですので，信念はαであるとして

計算をしていく必要があります。この場合，ノース国が「戦う」を選んだ場合，確率 α で「本気の脅し」が選ばれているため利得は -1 であり，確率 $1-\alpha$ で「から脅し」が選ばれているため利得は 3 です。よって，ノース国の期待利得は，

$$\alpha \times (-1) + (1-\alpha) \times 3 = 3 - 4\alpha$$

になります。一方で「妥協」を選べば利得は 0 です。よって $3-4\alpha$ ≥ 0 のとき，ノース国の最適反応は「戦う」になります。計算すると，$\alpha \leq 0.75$ のときに「戦う」が最適反応になることがわかります。「から脅し」の可能性が十分に高ければ，戦うことが最適になるということです。一方で「本気の脅し」の可能性が十分に高く，$\alpha \geq$ 0.75 となるときは，「妥協」が最適反応になります。混合戦略は除いて，以下の 2 つの場合を考えましょう。

(a)　ノース国が $\alpha \leq 0.75$ という信念を有し，「戦う」を選ぶ場合

(b)　ノース国が $\alpha \geq 0.75$ という信念を有し，「妥協」を選ぶ場合

ここで今までの議論を思い出してください。(i) で見たように，ノース国が「妥協」を選んだ場合，サウス国の最適反応は「本気の脅し」と「から脅し」でした。よって (b) の場合，「何もしない」は最適反応にならないため，完全ベイジアン均衡になりません。一方で，(ii) で見たように，ノース国が「戦う」を選んだ場合，サウス国の最適反応は「何もしない」でした。よって (a) の場合は「何もしない」は最適反応であるため，(a) は完全ベイジアン均衡になります。

完全ベイジアン均衡②

- サウス国は「何もしない」を選択。
- ノース国は「戦う」を選択。
- ノース国は $\alpha \leq 0.75$ という信念を持つ。

完全ベイジアン均衡①では，から脅しの可能性があったとしても，本気の脅しが選ばれているかぎり，脅された相手国は妥協を強いら

れていることがわかります。一方で完全ベイジアン均衡②では，相手に「どうせ，から脅しだろ」と思われており，相手は妥協せずに戦いを挑まれてしまう恐れがあるため，事前にひるんで何もしない状況を示しています。

5 プロパガンダ
ベイズ的説得

▷ 5.1 ロシアのウクライナ侵攻への支持率

今までの例では，ゲームの木を用いて完全ベイジアン均衡を求めていました。しかし，必ずしも常にゲームの木で分析することが相応しいわけではありません。ここでは，ゲームの木を用いずに分析していく例を提示します。話の舞台をロシアへと移しましょう。2022年2月24日にロシアは突如ウクライナへの軍事侵攻を開始します。国連の安全保障理事会の常任理事国による突如とした他国への侵攻に対し，世界中から大きな非難の声があがり，徹底した経済制裁が行われました。そして，その直後に行われたロシア人を対象とする世論調査の結果に驚いた人は少なくありませんでした。ウクライナ侵攻への支持率が非常に高かったからです。

【事例 8.2】ウクライナ侵攻への支持率
　ロシアの独立系世論調査機関レバダ・センターが2022年3月24日から30日にかけて行った調査によると，プーチン大統領への支持率は83％であり，ウクライナ侵攻前の2月に行った調査時の71％より12ポイント上昇した。また，「国の進む方向性」については，69％が「正しい方向に進んでいる」と答えている。さらには，「ロシア軍のウクライナでの行為」に関する調査では，53％が「確実に支持する」を選び，28％が「どちらかと言えば支持する」と答えており，あわせて81％ものロシア国民がウクライナ侵攻を支持すると答えている（『東京新聞』2022年4月1日付，https://www.tokyo-np.co.jp/article/169237）。

このような高い支持率になった原因の1つが，世論調査で本当のことを言わない**選好の偽装**（preference falsification）の問題です。政府の方針や国の雰囲気を忖度したうえで，自分が本当に考えていることとは異なることを答えてしまう現象です。ロシアは権威主義の国であり，反政府運動を厳しく取り締まっているような状況下です。アンケートに答えるだけで逮捕される危険まではないとしても，雰囲気にのまれて本当のことを言わなくなる可能性は十分にありえます。この選好の偽装の問題を回避し，本心を聞き出す手法としてリスト実験があります（善教，2022参照）。例えば，直接ウクライナ侵攻への支持を聞くのではなく，ウクライナ侵攻に加え経済政策などいくつかの政策をリストとして並べ，「このリストの中のいくつの政策を支持するか」を聞くわけです。この場合，ウクライナ侵攻への支持を直接答える必要はないため，本心に従って答えやすいと言えます。このリスト実験を用いた研究では，ウクライナ侵攻への支持率は53％であることが示されており，世論調査の数字よりかなり小さくなっています（Chapkovski and Schaub, 2022）。大きな選好の偽装が行われているのは確かですが，それでも半分近くのロシア人が支持していることになります。

　ロシアでは，多くのメディアが国営です。特に，プーチンはメディアの国営化を進め，政府の統制下に置いていました。当然，ロシア国民の多くもそのことを知っており，メディアの情報が政府にコントロールされていることはわかっているはずです。その中で，ウクライナ侵攻においては，メディアの言説を信じ，支持する国民がたくさんいたことになります。つまり，ロシア政府のプロパガンダがうまくいったと言えるでしょう。本節では，このプロパガンダの効果を，モデルを用いて考えてみます。

　それでは，プロパガンダの効果に関するモデルを考えてみましょう。このモデルは Kamenica and Gentzkow（2011）が提示した**ベイズ的説得**（Bayesian persuasion）というモデルを応用した Gehlbach and Sonin（2014）のモデルに基づいています。

［モデル 8.4］プロパガンダ

　支配者と市民の2人のプレーヤーがいるとしよう。以降でメディアも登場するが，プレーヤーではない。市民は複数人いるはずだが，ここでは単純に1人のプレーヤーと考える。2つの状態として，支配者と市民の利害が一致している「一致状態」と一致していない「不一致状態」があるとする。市民も支配者も，社会の状態が一致状態である確率は p であると考えているとする（$0<p<1$）。一方で，メディアは社会の状態を知っているとしよう。メディアは支配者の決める「編集方針」に基づいて，社会の状態に関するシグナル（報道）を市民に送る。つまり，「一致状態だ」というシグナルか，「不一致状態だ」というシグナルを送ることになる。

　市民はメディアのシグナルを受け取った後，「支持」もしくは「不支持」の2つの戦略から1つを選ぶ。支配者は市民に対し，常に「支持」を選んでほしいと考えている。一方で，市民は支配者と利害が一致しているときには，望んだ政策が実施されるので支持を選びたいと考えており，不一致の場合には不支持を選びたいと考えているとする。

　具体的には，支配者は自分の安定的な政権維持のためにも，市民が「支持」を選択する可能性を最大にしたいと考えているとしよう。一方で，市民の利得は以下のとおりとなる。

- 社会の状態が一致状態のときに，市民が支持を選択した場合，1を得る。
- 社会の状態が不一致状態のときに，市民が不支持を選択した場合，市民は1を得る。
- それ以外の場合，市民は0を得る。

この支配者が決めるメディアの編集方針とは，嘘をつく度合いのことである。以上の設定下では，社会の状態が一致状態であれば，支配者は嘘をつくインセンティブはない。社会の状態を正しく伝え，市民に「支

持」を選んでもらうようにすればよい。一方で，社会の状態が不一致状態であった場合には，一致状態であると嘘をつき，「支持」を選んでもらいたいと考える。ここでは，支配者は編集方針として，

　　"不一致状態ならば q の確率で「一致状態である」と嘘をつけ"

という編集方針をメディアに命じることができるとする（$0<q<1$）。

　誰もが「支配者は自分の利益のためだけに動いている」と考えている場合もあるかもしれませんし（$p=0$），あるいは市民のために誠心誠意働く神のような存在だと思っている場合もあるかもしれません（$p=1$）。しかし，ここでは市民は支配者の本当の意図がわからず，国民のために働いてくれるかどうかわからない，と思っている状況を考えています（$0<p<1$）。また，市民と直接交流する機会の少ない支配者も，市民の本心を把握しきれないため，両者ともに一致状態か不一致状態かを知らない，と考えているわけです。一方で，メディアに属するジャーナリストたちは緻密な取材を通して，それを知ることができると仮定しています。メディアは情報を取り扱うスペシャリストです。支配者も市民も知りえない情報を獲得することができると考えても不思議ではないでしょう。ただし，メディアは明示的なプレーヤーではありません。よって，このゲームではプレーヤーの間に情報の非対称性はないことになります。

　また，このモデルで市民が選ぶ「支持」と「不支持」とは，気持ちの問題だけではありません。例えば，「不支持」とはデモへの参加などの反政府運動に参加することを意味すると言えます。また，「支持」とは国債の購入や兵役への志願など，国を支える行為を意味します。よって，支配者にとって多くの市民に「支持」を選ばせることが，政権の維持に必須である状況です。

5.3　メディアが存在しない場合

　まずはメディアが存在せず，市民が何の情報も得なかったとしま

しょう。このとき，市民が支持を選択した場合，確率 p で一致状態であるため 1 を得ますが，残りの確率 $1-p$ で不一致状態であり何も得ることができません。よって，支持を選択することによる期待利得は p です。一方で，不支持を選択した場合，確率 $1-p$ で不一致状態であるため 1 を得ますが，残りの確率 p で一致状態であり何も得ることができません。よって，不支持を選択することによる期待利得は $1-p$ です。以上の議論から，市民は $p \geq 1-p$ であるときに支持を選択するので，計算をすると支持を選択することを好む条件は $p \geq 0.5$ です。以下の議論では，

$$p < 0.5$$

を仮定しましょう。この仮定下では，メディアが存在しない場合，市民にとって「不支持」が最適な戦略です。よって，市民に「支持」を選んでもらうために，支配者はメディアを通して情報操作をする必要が生じているわけです。

▷ 5.4 服従均衡

それではメディアの存在をモデルに導入しましょう。ここでは，市民がメディアのシグナルに忠実に従った戦略をとる均衡が存在する条件に関して分析していきます。つまり，メディアが「一致状態だよ」というシグナルを送ったときには支持を選択し，「不一致状態だよ」というシグナルを送った場合には不支持を選択する均衡だということです。「一致状態だよ」というシグナルを送るということは，政権や政策を賛美するような報道を行うということであり，一方で「不一致状態だよ」というシグナルを送るということは，政権や政策を非難するような報道を行うことと解釈できます。そのメディアの報道を信じ，それに準じた戦略を選択する均衡のことを，ここでは服従均衡と呼びましょう。このモデルには，ほかにもいくつかの均衡が存在しますが，服従均衡にのみ着目します。また便宜

的に,「一致状態だよ」と伝えるシグナルを一致シグナル,「不一致状態だよ」と伝えるシグナルを不一致シグナルと呼びましょう。

では,Step 3 と 4 に相当する,情報の受け手である市民の整合的信念と最適反応を見ていきましょう。支配者は q の値を選んでいるとします (Step 2)。支配者の定める編集方針に基づけば,一致状態であるときに,不一致シグナルが送られることはありません。よって,市民が直面する状況は,以下の 3 つのうちどれか 1 つになります。

① 一致状態であるために,メディアは真である一致シグナルを送った。

② 不一致状態であるにもかかわらず,メディアは嘘である一致シグナルを送った。

③ 不一致状態であるために,メディアは真である不一致シグナルを送った。

図 8-13 は,この 3 つの状況が生じる同時確率の確率分布を示しています。最初のケース①になる確率は,一致状態になる確率と等

図 8-13 3 つのケース

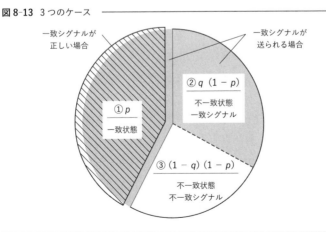

第 5 節 プロパガンダ **339**

しいわけですから，その確率はpです。次のケース②は，確率$1-p$で不一致状態になったうえで，メディアは確率qで嘘のシグナルを送った場合に生じます。よって，ケース②が生じる確率は$q(1-p)$です。最後のケース③は残りの確率$(1-q)(1-p)$で生じます。つまり，確率$(1-p)$で不一致状態になり，かつメディアが確率$(1-q)$で真のシグナルを送った場合です。

次に，市民の選択を考えていきましょう。第1に，不一致シグナルを受け取った市民の選択です。上記の3つのケースのうち，不一致シグナルが送られるケースは実際にも不一致状態であるケース③のみです。よって，「不一致状態であるというシグナルが送られた場合，確実に不一致状態である」という信念が整合的です。不一致状態であるならば不支持を選択することが最適なため，不一致状態であるというシグナルを受け取った市民は「不支持」を選択します。

第2に，一致シグナルを受け取った市民の選択です。上記の3つのケースのうち，一致シグナルが送られるケースは，実際にも一致状態であるケース①と不一致状態であるケース②の2つあります。一致シグナルを受け取ったときに，実際の社会の状態も一致状態であるという整合的信念を考えてみましょう。これは，一致シグナルが送られた後の情報集合上で，実際に一致状態である場合に到達する意思決定点にいる条件付き確率を計算することと同じです。

まず，一致シグナルが送られる場合というのは，図8-13のケース①とケース②を合わせた部分になります。つまり，一致シグナルが送られる確率は$p+q(1-p)$です。一方で，社会の状態が実際に一致状態であり，かつ真のシグナルが送られる場合はケース①のみで，その確率はpです。一致シグナルが送られたということを条件としたときに，実際の社会の状態も一致状態であるという条件付き確率は，$\dfrac{①}{①+②}$であり，具体的には以下になります。

$$\frac{p}{p+q(1-p)}$$

　これが，一致シグナルを受け取った市民が，一致状態であると考える整合的信念になります。一致シグナルを受け取った市民が「支持」を選択した場合，上記の確率で社会の状態は一致状態であるため1の便益を受け取り，残りの確率で社会の状態は不一致状態であるため何も受け取りません。よって，「支持」を選択したときの期待利得は以下になります。

$$\overbrace{\frac{p}{p+q(1-p)}}^{\text{一致状態のとき}} \times 1 + \overbrace{\frac{q(1-p)}{p+q(1-p)}}^{\text{不一致状態のとき}} \times 0 = \frac{p}{p+q(1-p)}$$

　一方で，一致シグナルを受け取った市民が「不支持」を選択した場合，上記の確率で社会の状態は一致状態であるため何も得ることはできませんが，残りの確率で社会の状態は不一致状態であるため1を得ます。よって，一致シグナルを受け取った市民が不支持を選択したときの期待利得は以下になります。

$$\overbrace{\frac{p}{p+q(1-p)}}^{\text{一致状態のとき}} \times 0 + \overbrace{\frac{q(1-p)}{p+q(1-p)}}^{\text{不一致状態のとき}} \times 1 = \frac{q(1-p)}{p+q(1-p)}$$

以上の議論から，市民が支持を選択する条件は，一致シグナルをメディアから受け取った後で，本当に一致している可能性が，一致していない可能性よりも高いときになります。つまり，

$$\frac{p}{p+q(1-p)} \geq \frac{q(1-p)}{p+q(1-p)}$$

です。これを計算していくと，以下の条件に書き換えることができます。

$$q \leq \frac{p}{1-p}$$

この式は，メディアが嘘ばかりいっている（q が高すぎる）と，一致シグナルを受け取っても市民は支持しないことを示しています。利害が一致している可能性が小さいためです。一方で，この条件が満たされるほど q が低ければ，市民はメディアから一致シグナルが送られれば支持を選択し，不一致シグナルであれば不支持を選択することになります。

　最後に，支配者の選択，つまり q の値の選択を分析していきましょう。Step 5 に相当しますね。服従均衡では，上記の条件が等号で満たされるような q が選ばれることになります。まず，支配者は市民の支持を得るために，たとえ不一致状態であったとしても，できるだけ一致シグナルを送りたいと考えます。よって，q をできるだけ大きくし，メディアに嘘をつかせたいわけです。しかし，嘘をつきすぎると，シグナルどおりの戦略をとってもらえません。上記の条件を満たさなくなるからです。ですので，この条件が成立する中で最大の q を選ぼうとしてくるはずです。q が高まるほど左辺は大きくなるわけですから，条件を等号で満たすようになるまで q を大きくすることになります。つまり，服従均衡下で支配者が決める編集方針は，以下になります。

$$q^* = \frac{p}{1-p} = \frac{1}{\frac{1}{p}-1}$$

　この結果を解釈しましょう。一致状態である確率 p が高まるほど，分母が小さくなるため，嘘のシグナルが送られる確率 q^* が高まります。市民が，支配者と利害が一致している可能性である p が高いと信じているほど，情報操作を通して市民に思いどおりの選択をしてもらうことは容易になるということです。一方で，p が低いということは，「不支持した方がよい状況である可能性が高い」と市民は信じていることになります。このとき，「政府を支持しましょ

う！」とばかり言っていれば，市民は「このメディアは嘘をついている」と信じてもらえなくなってしまいます。プロパガンダとはいえ，信じてもらわなければ意味がありません。市民と支配者の間に利害対立がある可能性が高いと思われている場合には，市民に信じてもらうために，できるかぎり真実を伝えなくてはならなくなるわけです。

▷ 5.5 効果のあるプロパガンダ

このモデルは，権威主義のリーダーが，メディアを通して市民の反政府的行動を可能なかぎり抑え込むためには，一定程度の真実を含めていくことで，市民に信頼してもらえるようにする必要性があることを示しています。メディアに介入をしすぎて，情報を歪めすぎると，市民に信じてもらえなくなります。その結果，メディアの情報を信じない市民は，政府を支持せずに批判するような行動をとってしまいます。よって支配者は，できるだけ情報を歪めて市民に支配者が好むような行動をとってもらいたい，と思う一方で，情報を歪めすぎると信じてもらえなくなり，統治がうまくいかなくなる，というトレードオフに直面します。非民主主義国における政治的リーダーは，このトレードオフをふまえて編集方針を決めなければいけません。よって，すべての情報を操作したり隠したりすることは，支配者にとって好ましい政策とは言えません。

実際の政府によるプロパガンダも，このように真実と嘘を程よく配合しながら行うことになりま

す。例えば，ロシアにおける長年のプーチン政権下で，政府はさまざまな方法でメディアに介入してきました。一方で，ある程度の独立系のメディアの存在を認め，一定程度の政府への苦言も許してきました。このように，ロシア政府も真実と嘘を混ぜていくことで，国民にある程度信じてもらえるように情報を操作してきたことが指摘されています（Gehlbach and Sonin, 2014）。ウクライナ侵攻に対する当初の高い支持率は，プーチン政権の巧みなプロパガンダの産物だと理解できるわけです。

/// Exercise 練習問題 ////

8.1（モデルの設定の変更） 本章のモデルを以下のように変更したうえで，完全ベイジアン均衡を求めよ。

（ア）モデル 8.1（内容のある広告）において，消費者は確率 5/6 で企業は高品質タイプであり，残りの確率 1/6 で低品質タイプと考えている場合。

（イ）モデル 8.2（内容のない広告）において，広告費用が 5 ではなく 1 である場合。

（ウ）モデル 8.3（から脅しか，本気の脅しか）において，入念な準備のための追加的費用がかからない（ゼロ）である場合。

8.2（誰が情報を持っているか） 以下のゲームの，完全ベイジアン均衡を求めよ。

（ア）左側のゲームでは，まず自然が 50% ずつの確率で H か L かを決定後，プレーヤー 1 とプレーヤー 2 が順に意思決定を行っている。ただし，プレーヤー 2 のみ自然の選択を知らない。

（イ）右側のゲームでは，まず自然が 50% ずつの確率で H か L かを決定後，プレーヤー 1 とプレーヤー 2 が順に意思決定を行っている。ただし，プレーヤー 1 のみ自然の選択を知らない。

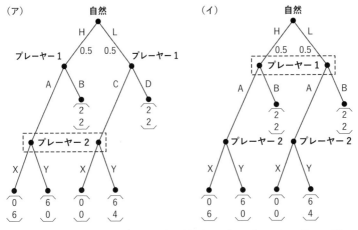

8.3（ゼルテンの馬，Selten, 1975） 以下の3人のプレーヤーがいるゲームの，完全ベイジアン均衡を求めよ。プレーヤー3は，以下の4つのほかのプレーヤーの選択に関して，以下の4つの予想のうち1つを抱くことになることをふまえて，解答すること。

　　i．プレーヤー1はDを選び，プレーヤー2はaを選ぶ。
　　ii．プレーヤー1はDを選び，プレーヤー2はdを選ぶ。
　　iii．プレーヤー1はAを選び，プレーヤー2はdを選ぶ。
　　iv．プレーヤー1はAを選び，プレーヤー2はaを選ぶ。

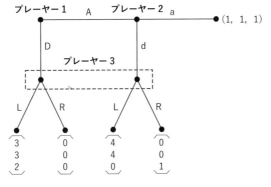

「活かすゲーム理論」のスゝメ

Tips

Tip 1　分析を始めるときには，あなたが考えたい問題の要点をゲームの要素（プレーヤー，戦略，手番，利得）に盛り込もう。最初は可能なかぎり単純に。

Tip 2　現実に起きていることをモデルで再現できるように試行錯誤しよう。その際，前提条件を明確にしよう。

Tip 3　理論モデルで分析するときには，異なる状況を比較して問題に答えよう。

Tip 4　パラメータを変化させて比較静学を試してみよう。

Tip 5　単純化した仮定をいろいろ変えてみて，結論がどのように変化するかを検証しよう。

終章オンライン・コンテンツ

序章において，ゲーム理論は「複雑奇怪で，なんだかよくわからない私たちの世界を理解するための武器」だと紹介しました。そして，各章では経済，経営から政治までさまざまな事例に触れながら，ゲーム理論を「活かす」ことで，問題をどのように分析できるのかを議論してきました。最終章である本章では，今まで学習したモデルを組み合わせながら，1つの事例を詳しく分析してみましょう。ゲーム理論の勉強は大変でも，さまざまなモデルを学習しそれを活かすと，「よくわからない世界」が少しでも晴れてくる。そんな感覚を体感してもらえると嬉しいです。

1 貧困問題とフードバンクの問題

　本書の最後の事例は，フードバンクです。皆さんフードバンクはご存じでしょうか。フードバンクとは 1967 年ジョン・ヘンゲル（John van Hengel）が食べ物に事欠く貧困者を助けるために，米国で設立した仕組みです。それまで，食べ物に困った人々は教会などのボランティア団体の炊き出しや食料の配給に頼っていましたが，ボランティア団体でも炊き出しに必要な食料の確保は困難でした。そこで登場したのがフードバンクです。フードバンクは賞味期限切れ間近の食料をスーパーや食品メーカーから引き取り，倉庫に保管し，必要に応じてボランティア団体に提供します（図1）。この仕組みが巧みなのは，スーパーにとってもボランティ

フードバンクに積まれた食料の箱
（米ロサンゼルス，AFP＝時事提供）

図1 フードバンクの仕組み

ア団体にとってもメリットがある点です。スーパーや食品メーカーからすると，食品を廃棄しなくて済むうえに困窮者の支援という社会貢献ができます。他方，ボランティア団体にとっても，寄付してくれる人を探す必要がなくなり，炊き出しや配給などの貧困者支援に集中できます。「貧しい人々への食料支援」というと，炊き出しなど現場で行うボランティアを想像しがちですが，こうした現場を裏で支える優れた仕組みをヘンゲルは作ったわけです。

　このような優れた仕組みは，米国政府が福祉予算を削減したという背景もあり，社会に受け入れられ，組織は拡大していきます。2016年時点では，加盟フードバンク200カ所（配給拠点は約6万カ所），37.8億食（卸値は当時のレートで7.5億ドル＝約800億円）を全米人口の1/7である4600万人に提供する仕組みに発展しています（佐藤，2018）。ものすごい規模ですね。しかし，規模が大きくなるにつれて問題が発生しました。Prendergast（2017）に基づいて事例をご紹介しましょう。

【事例1】フードバンクの配分問題

　フードバンクを全米に拡大するにあたって，図2のように，各フードバンク（以下，フードバンクを「FB」と呼称する）を統括する全国組織 Feeding America が設立された（以下では「本部」と呼称する）。全国組織である本部がスーパーや食品会社から物資を寄付された場合，本部はその物資を各都市にある FB に配布している。本部に寄付された物資は，1980年代終わりに確立した「順番待ち方式」と言われる手順で，

FBに届けられることになる。この仕組みでは，各FBの食料の「必要度」を一定のルールに基づいて計算する。この必要度は，FBの担当地域の貧困者数と過去の食料の配給量から計算されるもので，貧困者が多く，食料配給が少ないFBの必要度が高くなるように設計されている。次に，計算した必要度が最も高いFBから順に食料が必要かどうかを問い合わせる。最初に問い合わせたFBの答えが「はい」であれば，そのFBに配分する。一方で「いいえ」であれば，必要度が2番目に高いFBに問い合わせる。つまり，必要度が高い順にFBに問い合わせをし，受け入れてくれるFBが見つかるまでこの手順を繰り返すのである。なお，「はい」と答え物資を受け取った場合には，そのFBの必要度は低下し，順番が後ろに回る。つまり，ほかのFBの必要度が低下し，自分の必要度が再び高くなるまで物資提供の順番を待つことになる。この点からこの仕組みを「順番待ち方式」と呼んでいる。2000年から2004年のデータでは，この制度を通して，毎年9〜10万トンという膨大な物資が各FBに届けられている（Prendergast, 2017, p. 147）。

このような順番待ち方式は，各地域の貧困者数に比例して物資が増えることを目的として作られた。つまり，貧困者の多い地域には多くの物資を配分し，貧困者数が同じであれば配られる物資の量も同じにするということである。しかし，2004年ごろまでにこのような仕組みは限界にきていることが認識されるようになった。貧困者に比例して各FBの物資が増えるのではなく，物資が潤沢なFBと物資が不足しがちなFBが生まれてきてしまったのである。

2005年に，本部はシカゴ大学の4名の学者を含めた委員会を設立し，この問題にあたることにした。この委員会が提案した方法は，市場メカニズムを利用した「選択方式」と呼ばれる仕組みであった。FB間でしか通用しない仮想通貨「シェア」を各FBに配り，この仮想通貨を使ってオークションを開催する。例えば，シリアルが本部に寄付されたとしよう。各FBは，このシリアルの購入希望金額を本部に提出する。購入希望金額が最も高いフードバンクが，その金額を支払い，シリアルを手に入れる。例えば，フードバンクAが700シェア，フードバンクBが800シェアを提出していたとしよう。この場合，最高希望金額は800シェアなので，フードバンクBがこのシリアルを手に入れる。

もちろん，現場の人たちからの反発はあった。市場メカニズムが貧困者を生み出しているという考えからすると，市場メカニズムを利用した

選択方式が問題を解決するとは到底信じられなかったのである。長年，フードバンク事業に取り組んできたあるディレクターは，つぎのようにコメントしている。

「私は社会主義者である。だからこそ，フードバンクを運営し（貧困者を支援し）ているのだ。私は市場が信じられない。（あなたの意見を）聞かないというつもりはないが，この提案には反対である」（Prendergast, 2017, p. 146）

それでは，順番待ち方式では FB 間の食料格差が生じていたものの，選択方式に変更すると貧困者数に比例した食料配分を実現できたのはなぜだろうか。

図2　食料の流れ

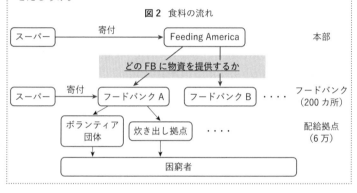

フードバンクのディレクターが指摘しているように，市場経済が貧困者を生み出しているというイメージを持っている人も多いでしょう。にもかかわらず，事例の中では，そのイメージと正反対の役割を，市場メカニズムが果たしています。つまり，貧困者数に応じてバランスよく食料を提供しようと導入された順番待ち方式のもとで食料格差が発生し，市場メカニズムを利用した「選択方式」が，フードバンク間の食料格差を縮小させたのです。このように考えると「なぜ，選択方式によって食料格差が縮小できるか」という問いは，市場メカニズムのイメージと異なる興味深いものに感じられるでしょう。「市場経済＝格差」とイメージするだけではわからない問題を，ゲーム理論のモデルを使って理解しようとする。この点は

モデル分析の醍醐味であると同時に，モデル分析の意義でもあります。

　では，この問題をゲーム理論で解き明かしてみましょう。まずは分析したい問題を明確にします。事例の中で提起した問題は，

> なぜ，順番待ち方式から選択方式に変更すると貧困者に比例した食料配分を実現でき，FB 間の食料格差を縮小できたか。

でした。この問題は 2 つの現実，(1) 順番待ち方式では貧困者数に比例して食料を配分できなかった，(2) 選択方式では貧困者数に比例して食料を配分できる，を前提としています。しかし，このこと自体，理由ははっきりとはしません。したがって，この問題を考えるためには，前提とされている事実に対応して次の 2 つの問題に答える必要があります。

　(1)　なぜ，順番待ち方式は食料を貧困者数に比例して配分できない場合が生じたのか。

　(2)　なぜ，選択方式は食料を貧困者数に比例して配分できるか。

ここで注意しなければならないのは，(1) の答えが (2) に組み込まれている必要があることです。(2) の問題は，「順番待ち方式が貧困者数に比例した食料配分が実現できない状況」の中で考えなければいけません。もし「実現できる状況」で議論すると，選択方式も順番待ち方式も貧困者数に比例して食料を配分できますから，考えたい問題とは違ってしまいます。いずれにせよ，複雑な問題を考える際の鉄則は，哲学者ルネ・デカルトがいうように，「困難を分割する」ことです。

　これで，分析すべき問題が明確になりました。ここからこの 2 つの問題をこれまで学習した知識を使って分析していきます。ただし，議論が少し複雑になっているので，もし，こんがらがったらこの章の最後に掲載している図 6 を見てください。全体の議論の流れを整理しています。では，いよいよ，分析を始めましょう。

2 順番待ち方式で食料格差が生じる理由

▷ 2.1 貧困者数に比例した配分

　順番待ち方式で，貧困者数に比例して配分できるかどうかを考え
てみましょう。皆さんだったらどのようにモデル化するでしょうか。
次のモデルが妥当かどうかを評価しながら，読んでみてください。
モデル1では，順番待ち方式を単純な形でモデルにしています。

[モデル1] 順番待ち方式

　本部と「アルト」と「テノール」という2つのFBがある状況を考え
る。アルトとテノールの地域にはどちらも100人の貧困者が居住してお
り，これまでのところ，テノールには20人分の食料を供給済である。
ここで，新たに10人分の食料を本部からFBに提供するときに，どの
ように食料が配分されるかを考えよう。

　順番待ち方式では，2段階で食料が配分される。まず，各FBの必要
度を計算する。ここでは，必要度を「貧困者－食料供給済数」としよう。
例えば，アルトでは，貧困者が100人いるが，食料はいっさい配分され
ていないので，100−0＝100人分の食料が不足している。他方，テノー
ルは，貧困者100人に対して20人の食料が配布されているので，100−
20＝80人分の食料が不足している。したがって，必要度が最も高いの
はアルトであり，次に高いのは，テノールである。

　次に，本部は，必要度の高い順に食料が必要かどうかを打診する。こ
の場合，アルトの必要度が最も高いので，最初にアルトに「10人分の
食料が必要ですか」と打診する。アルトが「はい」と答えると，10人
分の食料をアルトに配布してゲームは終わりである。「いいえ」と答え
ると，次に必要度が高いテノールに同様の提案をする。

　各FBの利得は，次のように決まると考えよう。あるFBにx人分の
食料があった場合，新たに配られる10人分の食料の利得は，

$$(100-x) \times 10$$

である。この利得は，FBにとって，食料が不足しているほど，本部か

ら配給される食料の価値は高いと仮定している。例えば、テノールの食料の価値は、すでに受け取っている食料は $x=20$ 人分であるので、$(100-20) \times 10 = 800$ であり、アルトの食料の価値は $(100-0) \times 10 = 1000$ となる。なお、食料を受け取らなかった場合の利得は 0 であるとする。

　このモデルでは、プレーヤーはアルトとテノールで、戦略は（打診に対して）「はい」「いいえ」の2つです。また、この状況は第5章で学習した逐次手番ゲームになっています。逐次手番ゲームでは、プレーヤーの意思決定に順番があり、この時間の経過をゲームの木で表現していました。このモデルでも、必要度が高いアルトが最初に食料を受け取るかどうかを決めて、次にテノールが意思決定をします。モデル1をゲームの木にしたものが、図3です。

　意思決定に順番がある逐次手番ゲームでは、後ろ向き帰納法で解を求めていました。図3の最後の意思決定者はテノールです。テノールの利得は、

　　　　（「はい」の利得）＝800＞0＝（「いいえ」の利得）

ですから、「はい」を選びます。テノールが「はい」を選ぶことを予想すると、アルトの利得は、

　　　　（「はい」の利得）＝1000＞0＝（「いいえ」の利得）

となります。したがって、部分ゲーム完全均衡は（はい，はい）となり（図3の太線）、最初に問い合わせたFBアルトに10人分の食料が配給されます。順番待ち方式では、（貧困者数が同じであれば）食料の配給が少ないFBから順に打診がきます。各FBは食料が不足しているので常にこの申し入れを受け入れ（部分ゲーム完全均衡）、これまでの食料配分が最も少ない（最初の順番の）FBが常に食料を受け取ることになるわけです。

　では、この方式で運営すると、各地域の貧困者数に比例して食料が配分できるでしょうか。本モデルにおいて2つのFBの貧困者数は同じであるため、同じ量の食料が配られるのが望ましいことにな

ります。当初，アルト0人分，
テノール20人分で格差があり
ましたが，順番待ち方式ではア
ルトに食料が10人分配られる
ので，食料保有量の差が縮小し
ています。

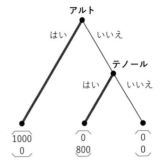

図3 順番待ち方式

　こうしたプロセスを繰り返す
と貧困者に比例して物資が配ら
れることになります。例えば，
毎回10人分の食料を順番待ち
方式で配分したとしましょう。先ほどの分析から，「順番待ち方式
では，これまでの食料配分が最も少ないFBが食料を受け取れる」
ことがわかりました。このことを使うと，食料の配分は以下のよう
になります。

これまでの食料配分[※]　新たな食料の提供先

　　第1回目　（0人分, 20人分）　　アルトに10人分を配分
　　第2回目　（10人分, 20人分）　アルトに10人分を配分
　　第3回目　（20人分, 20人分）　テノールに10人分を配分
　　第4回目　（20人分, 30人分）　アルトに10人分を配分

　※　カッコ内の数字は（アルトの食料, テノールの食料）。

第1回目はすでに見たようにアルトに10人分配分されます。第2
回目の配分では，1回目までの配分でアルトが10人分，テノール
が20人分となっているので，アルトに10人分の食料が提供されま
す。3回目はテノールとアルトの食料保有量はどちらも20人分な
ので，必要度は変わりません。必要度が同じ場合にどちらに配分す
るかは順番待ち方式のルール上はっきりしていませんので，ここで
は仮にテノールに配分したと考えます。そうすると，第4回目は，
テノールよりもアルトの食料保有量が少ないので，アルトが追加の

食料を受け取ります。このように，順番待ち方式では，食料保有量の差が解消されるように配分され，貧困者数に比例して供給されることになります。

　さて，ここまでの議論をまとめとして，モデル化に関するヒント（Tip）を示しましょう。

《**Tip 1**》**問題設定とモデル化**　分析を始めるときには，あなたが考えたい問題の要点をゲームの要素（プレーヤー，戦略，手番，利得）に盛り込もう。最初は可能なかぎり単純に。

　皆さんは，上記の分析を見てどう感じたでしょうか。最初に強調しておきたいのは，モデル分析に正解はありません。同じ現実をモデル化したとしても研究者によってさまざまですし，妥当だと考えるモデルも違います。とはいえ，考えたい問題をモデルの中に盛り込むことは大事です。例えば，モデル1で考えたい問題は，「なぜ順番待ち方式が貧困者数に比例して食料を配分できない場合があるのか」でした。したがって，問題の中にある「順番待ち方式」と「配分」の2つの要点がモデルの中に含まれている必要があります。モデル1では，順番待ち方式は図3のゲームの木として表現されていますし，食料の配分は利得に反映されています（表1）。

　もちろん，順番待ち方式が現実に比べて単純すぎるという意見もあるでしょう。現実には200カ所もあるFBは，モデルでは2つしかありませんし，貧困者数も両FBで同じです。しかし，現実には全米にFBが200カ所あるからと言ってすべてをモデルに組み込むと，ゲームの木は複雑になってしまって，解を求めるのは大変です。一度でモデル化に成功するとは限らないのですから，試行錯誤がしやすいように単純なモデルを出発点とすることをおすすめします。実際，考えたい問題は，順番待ち方式がFB間の食料格差を解消できない理由だったはずなのに，これを示すことはできていませんね。

表1 考えたい問題とゲームの要素

問題の要点	モデルでの状況	ゲームの要素
配　分	当初の食料保有量が定められており（アルト 0 人分，テノール 20 人分），追加の食料（10 人分）の供給先が問題になっている。	利　得
順番待ち方式	「必要度」の高い順に打診し，「はい」「いいえ」で答えさせる。最初に「はい」と答えた FB が食料を受け取る。	ゲームの手番と戦略

さて，どのようにモデルを変えて，この問題に答えていきましょうか。

▷ 2.2　情報の非対称性

　モデル 1 では「順番待ち方式では貧困者数に比例して食料が供給される」ことがわかりましたが，この分析結果には問題があります。このモデルの結果は現実と一致しておらず，現実の説明に失敗しているからです。とはいえ，がっかりすることはありません。モデルを立てても思った結果にならないことはよくあることですし，分析の中に失敗を挽回するヒントが隠れていることもよくあります。モデル分析では，追加の食料は食料保有量が少ない FB に供給されるため，食料格差が縮小していたことを思い出してください。現実はそうなっていないわけですから，保有量が少ない FB に供給できなくなる要因を探せばよいということになります。

　現実に立ち返って考えましょう。事例 1 では，本部に寄付される食料の流れだけを考えてきました。しかし実際のところ，本部への寄付は全体の 4 分の 1 のみで，残りの 4 分の 3 は，本部を経由せず，各 FB に直接寄付されています。しかも，さらに悪いことには，直接寄付された食料の量を本部は把握していません（Prendergast,

2017, p. 147)。ここに FB と本部の間での，情報の非対称性がありますね。例えば，アイダホの FB が近隣の農協から特産のジャガイモを寄付されます。でも，その寄付を本部は知らないのです。そうだとすると，こうした直接寄付を考慮に入れず順番待ち方式を運営することになるため，食料保有量が少ない FB がわからなくなり，モデル１のように食料格差を縮小できるとは限りません。つまり，情報の非対称性を考慮していないために，モデル１は，現実とは異なる結論になってしまった可能性があるのです。

　このことを確かめるために，モデルを次のように修正しましょう。

[モデル２] 情報の非対称性と順番待ち方式

　モデル１に不確実性を導入しよう。FB アルトは，0.6 の確率で 40 人分の食料が直接寄付され，0.4 の確率で何も寄付されない。本部は直接寄付の量を把握していないのでモデル１と同じ順番で打診することになる。つまり，各 FB の本当の初期保有量は，

　確率 0.6 で直接寄付がある場合，アルト 0+40 人分，テノール 20 人分
　確率 0.4 で直接寄付がない場合，アルト 0 人分，テノール 20 人分

である。しかし，本部は直接寄付（アルトに 40 人分）の有無を把握していないため，テノールが 20 人分のみを考えて，モデル１と同様にアルトから順に食料提供を打診することになる。なお，アルトが直接寄付を受けているかどうかをすべての FB は知っていると仮定する。残りの部分は，モデル１と同様である。

　モデル２をゲームの木で表現すると，図４のようになります。最初に自然が FB アルトの初期保有量を決めます。確率 0.6 で 40 人分の直接寄付を受け取り，残りの確率で直接寄付はありません。打診する順番は，最初にアルトに，次にテノールとなっています。直接寄付がない場合のゲームの木はモデル１とまったく同じですが，直接寄付がある場合には，アルトが食料を受け取ったときの利得が変わっています。直接寄付をアルトが受け取っていない場合，アルトの食料保有量は 0 なので，追加の食料の価値は非常に高く 1000

図4　順番待ち方式（不確実性あり）

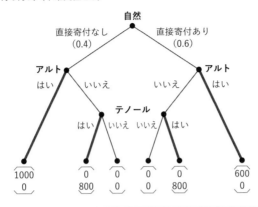

になります。しかし，直接寄付を受け取ると40人分を保有しているので，（食料を持っていないときに比べると）食料の価値は低下し，600となっています。「はい」と答えると10人分の食料を受け取れることは変わりませんが，その価値が，直接寄付の有無によって変わっているわけです。

　では，このようなゲームはどのように解けばよかったでしょうか。このゲームは，すべての意思決定点で後ろ向き帰納法が適用できるので，実質的には第5章で学習した後ろ向き帰納法で解が求まります。直接寄付があろうとなかろうとテノールの利得は，

　　　　（「はい」の利得）＝800＞0＝（「いいえ」の利得）

となっていますから，「はい」を選びます。この行動を予想すると，アルトは，

　　　直接寄付がない場合　「はい」＝1000＞0＝「いいえ」
　　　直接寄付がある場合　「はい」＝600＞0＝「いいえ」

となり，いずれにせよアルトは「はい」を選びます。ここで直接寄付があった場合でもアルトが本部からの食料提供を受け入れている

表 2 順番待ち方式の食料格差

直接寄付	初期保有の状況	10 人分の提供後
なし	アルト 0 人分, テノール 20 人分	アルト 10 人分, テノール 20 人分
あり	アルト 40 人分, テノール 20 人分	アルト 50 人分, テノール 20 人分

ことに注意をしてください。なぜなら，直接寄付によって 40 人分の食料を保有していますが，60 人分足りないので，本部からの食料が必要なためです。結果，モデル 1 の解と同様に最初に打診された FB が食料を受け取ってゲームは終わります。

　ここで，食料の配分がどのようになっているかを考えてみましょう。モデル 1 では常に食料格差が縮小していましたが，今回のモデルでは食料格差が拡大する場合があります（表 2）。アルトに直接寄付があった場合を考えてみましょう。初期保有の状況では，アルト 40 人分，テノール 20 人分で，FB 間の食料格差は 40－20＝20 人分です。順番待ち方式もとでは，アルトに 10 人分の食料が提供されますから，アルト 50 人分，テノール 20 人分となり，差は 30 人分で食料格差は拡大しています。直接寄付がある場合にはテノールに配られるべきですが，本部はこのことを知らないので，必要度の低いアルトに打診をしてしまうからです。

　もう少し厳密に議論しましょう。というのも，直接寄付がない場合にはモデル 1 で議論したように食料格差が縮小しています。食料格差が縮小する場合と拡大する場合があるので，平均的にどうなっているかを考えたいからです。第 3 章では，こうした場合は期待値を取ればよいということを学習しました。初期保有の段階で，アルトとテノールの食料格差の期待値は，

$$\underbrace{(1-0.6)\times\underbrace{(20-0)}}_{\text{直接寄付なし}} + 0.6\times\underbrace{(40-20)}_{\text{直接寄付あり}} = 20\text{ 人分}$$

アルトとテノールの食料格差

と計算できます。直接寄付がないときと寄付があるときの格差は同じ 20 人分で，これに確率を掛けて期待値を求めています。10 人分を提供した後では，同様に

$$(1-0.6)\times(20-10)+0.6\times(50-20)=22\text{ 人分}$$

となり，期待値でも食料格差が拡大していることがわかります。

　このように，モデルを修正することで，現実で起きている「FBの食料格差」をモデルの中で表現できました。このような変更は，現実にモデルを合わせるための恣意的な操作に見えてしまうかもしれません。しかし，「現実で起きていること」と「モデルの分析結果」を一致させるということは，恣意的な操作をしているわけではありません。一致させるためには，戦略を変えたり，利得を変えたりしますが，こうした操作は，現実の問題がモデルで再現される条件を明らかにする作業になっています。「対称情報のもとでは，順番待ち方式によって食料は貧困者数に比例して配分されるが，非対称情報のもとでは，比例して配分されない」ことが示せると，「情報の非対称性」が問題の発生条件だと明確になります。もちろん，この仮定が現実的でなければ別の条件を探さなければなりませんが，本部が現場を十分把握できてきないのは組織が大規模になった現在ではありうることでしょう。

　このように，ゲーム理論を活用する際には，問題を再現するために試行錯誤が必要です。Tip 1 で単純なモデルからスタートすることをおすすめしたのはこれが理由です。一度の分析で，現実の問題をモデルで表現できるとは限りません。問題を再現するため試行錯誤し，その条件を明らかにする。そうしたことが求められます。そうだとすると，あまり複雑なモデルを最初に設定すると，均衡を求

めるだけでも時間がかかってしまいますから，試行錯誤を繰り返す
のが難しくなります。

《Tip 2》現実を再現するための試行錯誤　現実に起きていることを
モデルで再現できるように試行錯誤しよう。その際，前提条件を明
確にしよう。

　分析の最初に単純なモデルを作るにしても，最終的にモデルはど
のくらい現実と一致していた方がよいのでしょうか。この現実とモ
デルの距離感は結論のない悩ましい問題です。モデルを通じて現実
を理解するという観点から見ると，モデルは極力現実に近いものが
よいかもしれません。でも，現実を完全に反映するようにモデルを
作ると，大きなデメリットがあります。現実の複雑さを反映してモ
デルもまた複雑になり，その複雑なモデルが現実に一致しているか
を検証する作業は膨大で，分析も難しく，分析結果の理解も難しく
なるからです。例えば，現実では，FB は約 200 カ所ありますし，
FB の冷凍設備の有無や倉庫の広さ等もさまざまです。また，食料
を受け入れるかどうかを FB のリーダーが 1 人で決断しているとこ
ろもあれば，みんなで話し合って決めているところもあるでしょう。
こうした状況を 1 つ 1 つ事実かどうかを検証して，モデルに反映し
ようとすると膨大な時間が必要になります。また，特性の違う 200
カ所の FB のゲームでは均衡を見つけるのも一苦労です。さらに，
こうしたモデルで，FB 間で食料格差が生じたとしても，どの要因
や条件が必須のものなのかがわかりません。

　あまりに現実離れした仮定はダメですが，求めたい含意（FB の
例では，食料格差が生じた理由）を得るために必要な場所以外は，単
純化していきましょう。これが基本方針になります。とはいえ，実
際にモデルを作って分析すると，どの部分は単純にしてよいのか，
どのくらい単純にしてよいか，などさまざまな悩みに直面するでし

ょう。残念ながら，それに対する唯一の正解はありません。研究者によって異なりますし，分析する皆さんの考え方にも依存してきます。ですから，多くの優れた論文やモデルを勉強し，たくさんモデルを作ってみて，皆さんの基準を作り出してほしいと思います。

3 選択方式が食料格差を縮小する理由

▷ 3.1 オークションによる解決

ここまでの分析で，「FBの食料格差が生じる原因は直接寄付の情報を本部が把握できないからだ」ということがわかりました。事例では，反対論もある中でこの問題を解決するために選択方式を採用しました。では，なぜ，選択方式は食料格差の問題を解決できるのでしょうか。この点を考えてみましょう。ここでは，本部が各FBにオークションだけに利用可能な通貨「シェア」を事前に一定額配るとします。

> [モデル 3] 選 択 方 式
> 　順番待ち方式に代わって，選択方式をモデル2に導入しよう。モデル2では，必要度に応じて打診の順番が決まったが，モデル3ではオークションに基づいて10人分の食料の供給先が決まる。まず，アルトとテノールは10の食料に払う通貨量として600シェア，700シェア，800シェアの金額のうち1つ選んで入札するとしよう。ただし，ほかのFBのつけた金額を知ることはできない。次に，本部は，最も高い金額が書かれているFBに食料を送り，そのFBから通貨を受け取る。なお，最も高い金額のFBが複数あった場合にはくじ引きで決める（1/2の確率で勝者が決まる）としよう。それ以外の状況はモデル2と同じである。

モデル3は，同時手番ゲームの特徴があります。相手の入札額がわからない状況で自分の入札額を決めるからです。ここで重要な点は，本部にとっては直接寄付の有無という不確実性がある一方で，

表 3 選 択 方 式

(a) 直接寄付がない場合

	テノール 600	テノール 700	テノール 800
アルト 600	200,⑩⑩	0,⑩⑩	0, 0
アルト 700	㉚⓪,0	150,㊿	0, 0
アルト 800	200,⓪	⑳⓪,⓪	⑩⓪,⓪

(b) 直接寄付がある場合

	テノール 600	テノール 700	テノール 800
アルト 600	⓪,⑩⑩	⓪,⑩⑩	⓪, 0
アルト 700	− 100, 0	− 50,㊿	⓪, 0
アルト 800	− 200,⓪	− 200,⓪	− 100,⓪

FB にとってはこの不確実性がないことです。寄付の有無を観察した後に，FB はオークションに参加するからです。したがって，選択方式のゲームは，表 3 のように直接寄付の有無によって 2 つのゲームに分かれます。

例えば，直接寄付がない場合に，両方の FB が 700 シェアを入札していたとしましょう。同じ金額を入札しているので，0.5 の確率でアルトが落札し，残りの 0.5 の確率でテノールが落札します。したがって，このときの期待利得は，

$$(アルトの期待利得) = 0.5 \times \underbrace{(\underbrace{1000}_{価値} - \underbrace{700}_{支払い})}_{落札に成功} + 0.5 \times \underbrace{0}_{落札に失敗} = 150$$

$$(テノールの期待利得) = 0.5 \times (\underbrace{800}_{価値} - \underbrace{700}_{支払い}) + 0.5 \times 0 = 50$$

となります。アルトの方が食料の価値が高い理由は，直接寄付がない場合にはアルトの食料保有量が 0 となっているからです。直接寄付がある場合には，アルトは食料を 40 人分保有していますので，

$$(アルトの期待利得) = 0.5 \times (600 - 700) + 0.5 \times 0 = -50$$

となります。

右と左の同時手番ゲームについて別々にナッシュ均衡を求めましょう。第 2 章で学習したように最適反応に〇をつけてナッシュ均衡を求めると，

アルトに直接寄付がない場合，（800, 700）と（800, 800）

アルトに直接寄付がある場合，（600, 600）と（600, 700）

となります。第3章で学習した「弱支配基準」を思い出してください。アルトに直接寄付がない場合のナッシュ均衡は（800, 700）と（800, 800）の2つあります。しかし，テノールにとって800シェアの入札は700シェアの入札に弱支配されています。直接寄付がない場合，テノールにとっての食料の価値は800シェアです。食料の価値をそのままつける「800シェアの入札」は高すぎて利得が0になってしまうからです。したがって，弱支配基準によると，（800, 700）がもっともらしそうです。直接寄付がある場合も同様です。テノールの600シェアの入札は700シェアの入札に弱支配されていますので，（600, 700）がもっともらしそうです。

では，選択方式は食料格差をどのように変化させるのでしょうか。弱支配基準で選ばれたナッシュ均衡では，どのような場合でも初期保有が少ないFBが入札で勝利していることに注目してください。直接寄付がない場合，初期保有量はアルト0人分，テノール20人分です。このとき，アルトが高い金額800シェアをつけ，10人分の食料を手に入れます。直接寄付がある場合には，初期保有量はアルト40人分，テノール20人分であり，テノールが勝利します。このように食料が少ないFBが勝利するため，食料格差は必ず縮小することになります。これは，食料が少ないFBほど食料の価値が高く，高い金額を入札することになるからです。直接寄付がない場合，アルトは食料を持っていないので800シェアという高い金額で食料を入札しようとします。しかし，直接寄付がある場合には，40人分の食料を保有しているので価値が下がり，600シェアという低い金額で入札します。結果として，最も食料保有量の少ないFBが最も高い金額を入札し，落札することになります。つまり，価格がFBの食料保有量を反映しているのです。これが，直接寄付の有無

にかかわらず，食料格差が縮小している理由です。この議論では
FBの得に関する仮定が重要な役割を果たしていることに注意を
してください。食料保有量が少ないほど食料の価値が高いという想
定があるからこそ，必要度の高いFBが高い値段をつけることにな
ります。仮に，食料保有量にかかわらず食料の価値が変わらなけれ
ば，必要度の高いFBも低いFBも入札する金額は同じになります。

　このように，各FBが受け入れた直接寄付の量を本部が知らなか
ったとしても，オークションを利用した「選択方式」で食料格差が
縮小することになります。

▷ 3.2　食料の配分方式と食料格差

　では，最初に設定した問題に戻り，議論をまとめていきましょう。
そもそも考えたい問題は，「なぜ，順番待ち方式から選択方式に変
更すると貧困者に比例した食料配分を実現できるのか」ということ
でした。ここで重要なのは，異なる2つの状況を比較して結論を下
すということです。具体的に見てみましょう。これまでの分析結果
は表4のとおりになります。

　最初の問題は，なぜ，順番待ち方式は食料を貧困者数に比例して
配分できなかったのかです。この問題に答えるためには，対称情報
（表4の①の状況）と非対称情報（表4の②の状況）の場合を比較しな
ければいけません。対称情報の場合では順番待ち方式は食料格差を
縮小させていました（つまり，貧困者数に比例して配分できる）が，本
部が直接寄付の量を把握していない場合にはうまくいきませんでし
た。したがって，順番待ち方式によって食料格差が縮小しない理由
は，直接寄付に関する非対称情報が存在するからだと言えます。

　2つ目の問題「なぜ，選択方式は食料を貧困者数に比例して配分
できるか」についても考えてみましょう。そもそも，順番待ち方式
が有効に機能しない原因は，本部が直接寄付の量を把握できずに，

表 4　分析結果のまとめ

情　報	順番待ち方式	選択方式
対称情報	①食料格差を縮小（2.1 項）	——
非対称情報	②食料格差を拡大（2.2 項）	③食料格差を縮小（3.1 項）

必要度を正しく測定できない可能性があったためでした（表 4 の②の状況）。これに対して，選択方式では，保有量の少ない FB ほど食料に対する価値が高いため，高く入札するインセンティブがあります。その結果，より食料が必要なところに配分がされ，食料格差が縮小することが示されました（表 4 の③の状況）。

> 《**Tip 3**》**問題の答え方**　理論モデルで分析するときには，異なる状況を比較して問題に答えよう。

　ここで，結論を出すにあたって，「過度な一般化をしてはいけない」という点を忘れないでください。本モデルでは，「市場メカニズムを利用した選択方式が FB 間の食料格差を縮小する」という話をしましたが，これはこの事例においては妥当性がありますが，市場メカニズム全般の性質とは限りません。つまり，「（選択方式を含めた）市場メカニズムが（食料に限らない）経済格差を縮小させる」など過度に一般化した結論を下してはいけません。確かに，選択方式は市場メカニズムを利用しているかもしれませんが，すべての市場メカニズムの特徴を備えているわけではありません。また，本分析では FB 間の食料格差を考えていますが，本事例で FB が置かれている状況と，経済格差で苦しんでいる人々が置かれている状況はまったく違います。これまでの分析は，モデルの条件を満たす範囲内の現実に対するものであることに注意を払う必要があります。

4 議論を発展させる

　ここまで，設定した問題に対して一定の結論が出ました。では，これで分析は終わりでしょうか。もちろん，そうではありません。モデルの仮定を修正し，一度作ったモデルを広げることで，より深く，広がりのある議論が展開できます。本節ではモデルを使った議論の方法を紹介しましょう。

▷ 4.1 直接寄付の頻度

　最初に，直接寄付がある確率を 0.6 としてきたことに注目してみましょう。この数字には何かしらの根拠があるわけではなく，0.7 でも 0.3 でもよいはずです。また，この確率が変化することによる影響も，比較静学を通して分析できそうです。それ以外の数字についても考えるために，モデル 2 の「直接寄付がある確率」を r として，新しい発見がないか探してみましょう。ただし，確率なので $0 < r < 1$ とします。

　直接寄付がある確率は均衡を導出するときには使っていませんから，食料格差の期待値のみ変化します。初期保有での食料格差の期待値は，

$$(1-r) \times \overbrace{(20-0)}^{\text{直接寄付なし}} + r \times \overbrace{(40-20)}^{\text{直接寄付あり}} = 20 \text{ 人分}$$

$$\underbrace{}_{\text{アルトとテノールの食料格差}}$$

となる一方で，配分後の期待値は，同様に，

$$(1-r) \times (20-10) + r \times (50-20) = 10 + 20r \text{ 人分}$$

です。配分後に食料格差の期待値が拡大する条件は，

$$10+20r-20=10(1-2r)>0, \quad \text{すなわち} \quad r>\frac{1}{2}$$

ですので，r が 0.5 よりも大きいときに食料格差が増加するということがわかります。r が直接寄付を受ける確率だったので，直接寄付を受ける確率が高くなれば食料格差の期待値は拡大するということになります。

　直接寄付の確率をパラメータ r で置くことで，数式は若干ややこしくなりました。しかし，気づいていなかった条件を見つけられたのは嬉しい収穫です。モデル 2 の議論では，配分後に食料格差が拡大するとしか言えていませんでしたが，今回の議論では，その結論が言えるのは，「直接寄付を受ける確率が高いとき」ということがわかったわけです。このように新しい条件が見つかると，モデルが示唆するとおりに現実がなっているかどうか気になります。本部への寄付は全体の 4 分の 1 のみで，残りの 4 分の 3 は，本部を経由せず，各 FB に直接寄付されていることを思い出してください。このことを考慮すると，直接寄付の頻度が高い状況であることが推測でき，現実の状況はこの条件を満たしている可能性が十分あります。

《**Tip 4**》**比較静学**　パラメータを変化させて比較静学を試してみよう。

▷ 4.2　FB 間の非対称情報

　次に，「FB が直接寄付の有無を知っていること」という仮定を考えてみましょう。モデル 2 と第 3 節では，直接寄付を受けているアルトだけではなく，テノールも直接寄付の有無を知っていると仮定されていました。このように仮定すると均衡は導出しやすくなるのですが，現実的ではありません。隣町の FB の食料保有量は知っているかもしれませんが，遠く離れた場所の FB の状況を知るはず

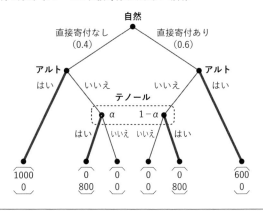

図5 順番待ち方式（テノールが直接寄付を知らない場合）

はないからです。この仮定を変えてみましょう。

　順番待ち方式の問題点を指摘したモデル2を使って実際に検証してみましょう。テノールが直接寄付の有無を知らないと仮定すると，ゲームの木は図5のようになります。

　以前のモデル（図4）と比べると，テノールの2つの意思決定点が1つの情報集合に含まれています。つまり，テノールは，直接寄付をアルトが受けているのか否かわからないわけです。ただし，アルトが食料供給の本部からの打診を断ったか否かはわかります。したがって，このような場合は，第8章で学習した逐次手番の不完備情報ゲームになります。

　直接寄付の有無がわからないことを表現するために，左の意思決定点にいる確率を α，右の点 $1-\alpha$ とします。この α を使って，テノールの期待利得を計算すると，

$$「はい」=\alpha\times800+(1-\alpha)\times800=800$$
$$>0=\alpha\times0+(1-\alpha)\times0=「いいえ」$$

となり，テノールは α の値に依存せず，「はい」が最適反応になります。直接寄付がアルトにあろうとなかろうと，テノールの食料は

足りないからです。テノールが「はい」を選ぶことを前提とすると，アルトは，

> 直接寄付がない場合　「はい」＝1000＞0＝「いいえ」
>
> 直接寄付がある場合　「はい」＝600＞0＝「いいえ」

となり，いずれの場合も「はい」を選びます。結果，均衡は太線になります。

　さて，テノールが知っている状況（図4）と均衡を比べてください。いずれの状況でも，アルトとテノールは「はい」を選んでいて，均衡はまったく変化していません。したがって，テノールが直接寄付を知らなかったとしても，食料格差の状況は変わりません。

　「あれ？　新しい発見は？」と疑問に思った人もいると思います。でも，むしろ仮定を変えて結論が変わらないことも新しい発見だと考えましょう。モデル2では，ほかの直接寄付の有無を知っているという仮定のもとで分析を進めていました。なので，実際の各FBがほかのFBへの直接寄付の状況を知らないとしたら，分析結果が使えない可能性があります。しかし，ほかのFBに関する情報の保有状況にかかわらず，順番待ち方式が食料格差を解消しないということがわかれば，ほかのFBに関する情報はあまりこだわらなくてよいということになり，結論を適用できる現実の範囲が広がります。また，モデル2を見て，「計算は簡単になっているけど，ほかのFBの状況を知っているという仮定は現実と合わないんじゃない？」という疑問に対する答えにもなっています。もし，その仮定を変えても結果が変わらなければ，計算が楽なプロセスを紹介していると理解できるわけです。このように，○○という仮定を変更しても結論が変わらないことを，○○の仮定に対して**頑健**（robust）であると言います。今回はそうではありませんでしたが，結論が変わった場合には，その仮定が結論を変化させる本質的な条件だということがわかります。

> ### 4.3　制度設計

　これまでの議論は，「なぜ，順番待ち方式が食料格差を解消できない場合があるか」など，特定の現象が生じる理由を考えてきました。このように，ある現象が生じる理由を明らかにすることを**事実解明的分析**（positive analysis）と言います。これに対して，望ましい制度や政策の在り方を模索する**規範的分析**（normative analysis）を行う場合もあります。本項では FB の事例を使って，規範的分析を紹介します。

　これまでの議論から「情報の非対称性がある場合には選択方式がよい」と結論づけました。では，順番待ち方式から選択方式に変更することが唯一の解決策なのでしょうか。よりよい方法はないのでしょうか。この問題を考えるために，表 4 をもう一度じっくり見てください。これまで議論したように，選択方式を採用して解決する方法もありますが，別の方向として，情報の非対称性をなくして対称情報にするアイデア（②から①）もありそうです。例えば，極端な解決策として，「FB への直接寄付を禁止する」というルールを考えてみましょう。情報の非対称性が生じる原因だった「FB への直接寄付」がなくなりますので，本部が把握できない食料はありません。したがって，情報の非対称性が解消し，順番待ち方式は再び食料格差を解消できようになります。

　では，このような仕組みは，選択方式に比べてよいものでしょうか。悪いものでしょうか。これまでの食料格差の観点からだけでは，2 つの仕組みを比較できません。どちらも食料格差を縮小できるような仕組みになっているからです。したがって，どちらの方式が貧

困者に多くの食料を配布できているかで評価してみましょう。最初から保有している食料を含めて考えた場合，各 FB の食料保有量は，

「直接寄付許可」で選択方式実施後の食料

    直接寄付あり　　アルト 40 人分，テノール 30 人分

    直接寄付なし　　アルト 10 人分，テノール 20 人分

「直接寄付禁止」で順番待ち方式実施後の食料

                アルト 10 人分，テノール 20 人分

となります。アルトへの直接寄付が禁止されるので，直接寄付がない場合と同じになっています。「直接寄付を許可」すると，全体で70 人分の食料を供給できる可能性がありますが，禁止というルールを導入すると，全体で 30 人分の食料供給にとどまっています。もし，「FB の食料格差を抑えながら，多く食料を届ける仕組みが望ましい」と考えるならば，直接寄付の禁止は望ましくなさそうです。実際，食料提供全体の 4 分の 3 が直接寄付によるものでした。このことを考えると，いくら食料格差を縮小できるとは言え，直接寄付の禁止は現実的な解決策とは言えないでしょう。

　ここでは「直接寄付を禁止する」ルールを取り上げましたが，これ以外にもさまざまな方法があります。選択方式として，「すべての FB が同時に金額を入札する仕組み」を考えました。しかし，サザビーズなどの有名オークション会場では，ある人が「100 円！」といったら，別の人が「150 円！」と答え，それを繰り返して，最高金額を入札した人に落札させるようなものもあります（競り上げ式）。オークションに参加できる人の範囲を限定するという仕組みもありえるでしょう。また，順番待ち方式を維持しつつ，FB に現在の食料の保有量を報告させる仕組みもありえます。このように，社会問題をモデルで表現できると，どのような制度設計が望ましいかを議論できます。どのような制度・ルールにすれば人々の行動をよりよい方向に変えられるのか。こうした問題に取り組むことがで

きるのです。

　ただし，望ましい制度や政策を提案するときには，ゲーム理論による分析だけではなく，現象を丹念に調査するとともに，多様な観点からの検討が必要です。モデルは複雑な現実の一面を切り取ったものにすぎませんし，ゲーム理論による分析はあくまでも思考実験だからです。モデル上でのみ「正しい」制度設計は避けなければなりません。例えば，本章の議論では食料を1種類だと考えて，FBの食料格差の問題に注目しました。しかし，現実の問題はもっと複雑です。あるFBはシリアルが不足しているが，別のFBはパスタが不足しているなど，量だけではなく種類についても適切に配分する必要があります。なお，事例1で参照したPrendergast（2017, 2022）は，この問題に注目した分析を行っています。こうした複雑さは丹念に現実を調査してこそ得られるものですし，こうした問題を無視したまま，新たな制度を導入したとしたら，思わぬ副作用を招きかねません。こうしたことを避けるためには，現実の複雑さをふまえて，データによる検証，現場のインタビュー調査などさまざまな情報と要因を明らかにすることが大事です。また，たくさんの人と議論することも有効でしょう。同じテーマに取り組んだとしても，分析する人によって注目したい問題は異なりますし，現実の詳細をどのぐらいモデルに取り込むかもさまざまです。議論を通して現実の切り取り方や前提の違いを浮き彫りにすることで，多様な観点から制度を検討することができます。

5　ゲーム理論を活かすこと

　ここまで「ゲーム理論を活かす」ことの具体的な姿をアドバイスとともに説明してきました。複数のモデルを使い分析を広げてきた

ので，図にまとめて整理をしてみましょう（図6）。図の左に事例の中の事実，右にモデルでの分析を書いています。序章の第5節で説明したように，モデル分析は現実を理解するものですから，現実とモデルの間の往復が必要です。事例の事実の中から「なぜ，順番待ち方式では貧困者数に比例して食料を配分できなかったのか」という問題を定義しました。この問題を表現するためにモデル1を立てましたが，これはFB間の食料格差を説明できないものでした。そのため，もう一度，現実に立ち返って，モデルを再検討する必要があったわけです。このように現実とモデルを往復しながら，「FBの食料格差を解消するために，市場メカニズムを導入する」というよくわからない現実を解きほぐすときに，ゲーム理論を活かしたわけです。

貧困が大きな社会問題だということは多くの人が同意します。しかし，多くの人は貧困を救う方法として炊き出しなどの現場での活動をイメージするでしょう。もちろん現場にボランティアとして参加することも大切ですが，FBのように優れた制度をつくり，社会をよくしていくというのも同じくらい大切なことです。現場でボランティアすることも，優れた制度を考えていくことも，貧困者を救うという大きな目的を果たすうえでは同じだからです。よりよい制度の在り方を考えていくことも，ゲーム理論を活かすことの1つだと言えます。

＊　　　＊　　　＊

これにて本書は終わりです。皆さんいかがだったでしょうか。ゲーム理論を学習すると，私たちが生きているよくわからない社会が理解できるようになってくる。そんな楽しさを皆さんに味わってほしくて，「ゲーム理論を活かす」ことを本書のテーマとしました。ここまでたどり着いた皆さんは，複雑怪奇な社会をゲーム理論の眼

図 6 本章の議論の流れ

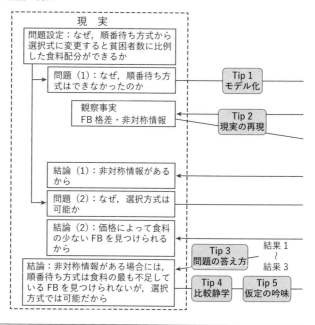

を通して理解する準備ができています。世の中を広く見渡してみてください。社会に触れて，いろいろな人の話を聞いて，ニュースを見て，世の中の情報を集めてみてください。きっとあなたも社会の複雑怪奇さと悩ましい社会問題に直面するはずです。次はあなたがゲーム理論を活かして，あなたが直面した社会の謎に挑み，解決する番です。さあ，書を携え，ゲーム理論を武器にし，新たな謎に挑みましょう！

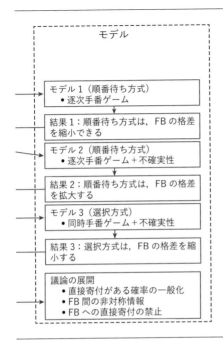

```
                    モデル

┌ ─ ─ ─ ─ ─ ─ ─ ─ ─ ─ ─ ─ ─ ─ ─ ─ ─ ─ ─ ┐

→  ┌──────────────────────────┐
   │ モデル 1（順番待ち方式）      │
   │ ● 逐次手番ゲーム            │
   └──────────────────────────┘
              ↓
→  ┌──────────────────────────┐
   │ 結果 1：順番待ち方式は，FB の格差  │
   │ を縮小できる                │
   └──────────────────────────┘
              ↓
→  ┌──────────────────────────┐
   │ モデル 2（順番待ち方式）      │
   │ ● 逐次手番ゲーム＋不確実性    │
   └──────────────────────────┘
              ↓
→  ┌──────────────────────────┐
   │ 結果 2：順番待ち方式は，FB の格差  │
   │ を拡大する                 │
   └──────────────────────────┘
              ↓
→  ┌──────────────────────────┐
   │ モデル 3（選択方式）         │
   │ ● 同時手番ゲーム＋不確実性    │
   └──────────────────────────┘
              ↓
   ┌──────────────────────────┐
   │ 結果 3：選択方式は，FB の格差を縮  │
   │ 小する                   │
   └──────────────────────────┘

→  ┌──────────────────────────┐
   │ 議論の展開                 │
   │ ● 直接寄付がある確率の一般化  │
   │ ● FB 間の非対称情報         │
   │ ● FB への直接寄付の禁止      │
   └──────────────────────────┘

└ ─ ─ ─ ─ ─ ─ ─ ─ ─ ─ ─ ─ ─ ─ ─ ─ ─ ─ ─ ┘
```

Exercise 練習問題

　最後の練習問題に挑戦していただきたい。現実の事例を 1 つ選び，それをゲーム理論で分析してほしい。あなたの考えたい問題はなんだろうか。その問題を分析するために，どのようなモデル化を行うべきだろうか。そのモデルは，あなたの選んだ事例を説明できるだろうか。説明できない場合には，どのように仮定を変えればよいだろうか。また，比較静学や仮定を変えることで気づいていなかった条件を発見できるだろうか。最終的に，あなたの事象を説明すべき最善のモデルを構築できただろうか。

ブックガイド

本書はゲーム理論の入門書ですので，次に手に取るべきゲーム理論の教科書は上級の教科書になります。代表的な上級のゲーム理論の教科書として，以下があります。

- 岡田章（2021）『ゲーム理論 第3版』有斐閣

ただし上級の教科書では，より多くの均衡概念を紹介しているとともに，均衡の存在証明などで，より高度な数学も用います。特に，同書ではオンライン・コンテンツのみで取り上げていた偏微分の知識を用いた分析も多く取り上げられるため，偏微分および確率論の基礎に関する知識は事前に得ておく必要があります。経済学以外の専攻の方でも必要な数学の知識だけを学びたい場合には，学部生向きの経済数学の教科書や講義を見てみるのもよいでしょう。

以下では，ゲーム理論の応用先や進化動学・繰り返しゲームなど，各トピックに関してより深く学びたい方向けの本（記事）を紹介していきます。次の一歩に踏み出す際の参考にしてください。

経営への応用

（戦略論）

- ジョン・マクミラン（1995）『経営戦略のゲーム理論：交渉・契約・入札の戦略分析』（伊藤秀史・林田修訳），有斐閣
- デイビッド・ベサンコ，マーク・シャンリー，デイビッド・ドラノブ（2002）『戦略の経済学』（奥村昭博・大林厚臣監訳），ダイヤモンド社
- 丸山雅祥（2017）『経営の経済学 第3版』有斐閣

（組織論）

- ポール・ミルグロム，ジョン・ロバーツ（1997）『組織の経済学』

（奥野正寛・伊藤秀史・今井晴雄・西村理・八木甫訳），NTT 出版

- 伊藤秀史・小林創・宮原泰之（2019）『組織の経済学』有斐閣

（人事の経済学）

- エドワード・P. ラジアー，マイケル・ギブス（2017）『人事と組織
  の経済学 実践編』（樋口美雄訳），日本経済新聞出版社

（会計学）

- 田村威文・中條祐介・浅野信博（2015）『会計学の手法：実証・分
  析・実験によるアプローチ』中央経済社
- 田村威文（2011）『ゲーム理論で考える企業会計：会計操作・会計
  規制・会計制度』中央経済社

政治への応用

- 浅古泰史（2018）『ゲーム理論で考える政治学：フォーマルモデル
  入門』有斐閣
- 浅古泰史（2016）『政治の数理分析入門』木鐸社
- 北村周平（2022）『民主主義の経済学：社会変革のための思考法』
  日経 BP
- 小西秀樹（2009）『公共選択の経済分析』東京大学出版会
- Scott Gehlbach（2021）*Formal Models of Domestic Politics*, 2nd
  Edition, Cambridge University Press
- Andrew H. Kydd（2015）*International Relation Theory: The
  Game-Theoretic Approach*, Cambridge University Press

法学への応用

- ハウェル・ジャクソン，ルイ・キャプロー，スティーブン・シャベ
  ル，キップ・ビスクシィ，デビッド・コープ（2014）『数理法務概
  論』（神田秀樹・草野耕一訳），有斐閣
- スティーブン・シャベル（2010）『法と経済学』（田中亘・飯田高
  訳），日本経済新聞出版社

▷ 歴史・制度分析への応用

- アブナー・グライフ（2021）『比較歴史制度分析 上・下』（岡崎哲二・神取道宏監訳），ちくま学芸文庫
- 岡崎哲二（1999）『江戸の市場経済：歴史制度分析からみた株仲間』講談社
- 中林真幸・石黒真吾編（2010）『比較制度分析・入門』有斐閣

▷ 社会学・社会哲学への応用

- 海野道郎（2021）『社会的ジレンマ：合理的選択理論による問題解決の試み』ミネルヴァ書房
- ケイリン・オコナー（2021）『不平等の進化的起源：性差と差別の進化ゲーム』（中西大輔監訳），大月書店
- 数理社会学会数理社会学事典刊行委員会編（2022）『数理社会学事典』丸善出版

▷ 生物学への応用

- 大槻久（2014）『協力と罰の生物学』（岩波科学ライブラリー 226），岩波書店
- 酒井聡樹・高田壮則・東樹宏和（2012）『生き物の進化ゲーム：進化生態学最前線：生物の不思議を解く 大改訂版』共立出版
- Martin A. Nowak（2006）*Evolutionary Dynamics: Exploring the Equations of Life*, Harvard University Press

▷ 実験・行動経済学への応用

- 小林佳世子（2021）『最後通牒ゲームの謎：進化心理学からみた行動ゲーム理論入門』日本評論社
- 川越敏司（2020）『行動ゲーム理論入門 第 2 版』NTT 出版

▷ 進化動学を深く学びたい方に

- 図斎大（2023）「経済理論家の長い夢想，Society 5.0, Evolution」，馬奈木俊介編『社会の問題を解決する AI』中央経済社，近刊

- 図斎大（2021）「追悼 Bill Sandholm 先生：進化ゲーム理論の統一と新たな発展への布石」『経済セミナー』第 722 号，53〜59 頁
- 中丸麻由子（2020）『社会の仕組みを信用から理解する：協力進化の数理』共立出版
- 松井彰彦（2002）『慣習と規範の経済学：ゲーム理論からのメッセージ』東洋経済新報社
- William H. Sandholm（2010）*Population Games and Evolutionary Dynamics*, MIT Press

---

▷ 繰り返しゲームを深く学びたい方に
- 神取道宏（2015）『人はなぜ協調するのか：くり返しゲーム理論入門』三菱経済研究所
- George J. Mailath, and Larry Samuelson（2006）*Repeated Games and Reputations: Long-Run Relationships*, Oxford University Press

---

▷ 本書では十分に議論できなかったトピックに関する文献
（オークション理論・マッチング理論・契約理論）
- ギオーム・ハーリンジャー（2020）『マーケットデザイン：オークションとマッチングの理論・実践』（栗野盛光訳），中央経済社
- 伊藤秀史（2003）『契約の経済理論』有斐閣

（協力ゲーム理論）
- 船木由喜彦（2014）『はじめて学ぶゲーム理論』新世社
- 中山幹夫・船木由喜彦・武藤滋夫（2008）『協力ゲーム理論』勁草書房

参 考 文 献

アクセルロッド，ロバート（1998）『つきあい方の科学：バクテリアから国際関係まで』（松田裕之訳）ミネルヴァ書房

SMN 株式会社（2021）「2021 年 9 月度テレビ CM 放送回数ランキング発表」『PRTimes（2021 年 10 月 14 日）』，https://prtimes.jp/main/html/rd/p/000000247.000013903.html（2022 年 10 月 26 日アクセス）

大森信（2015）「駿河湾サクラエビ漁業の今日」『Ocean Newsletter』（海洋政策研究所）第 349 号，https://www.spf.org/opri/newsletter/349_3.html（2022 年 10 月 26 日アクセス）

川合慶，中林純（2014）「日本の公共工事の入札談合の分析」，東北大学国際教育院プレスリリース（2014 年 3 月 13 日），http://www.tohoku.ac.jp/japanese/2014/03/press20140313-01.html（2022 年 10 月 26 日アクセス）

神取道宏（2015）『人はなぜ協調するのか：くり返しゲーム理論入門』三菱経済研究所

久米郁男，川出良枝，古城佳子，田中愛治，真渕勝（2011）『政治学 補訂版』有斐閣

クラウゼヴィッツ，カール・フォン（1965）『戦争論』（淡徳三郎訳）徳間書店

国土交通省社会資本整備審議会（2015）「高速道路を中心とした『道路を賢く使う取組』の基本方針について」（2015 年 1 月 27 日），https://www.mlit.go.jp/common/001067075.pdf（2022 年 10 月 26 日アクセス）

小峰隆夫編（2011）『日本経済の記録：第 2 次石油危機への対応からバブル崩壊まで（1970 年代〜1996 年）』（バブル/デフレ期の日本経済と経済政策〔歴史編 1〕）内閣府経済社会総合研究所

佐藤順子編著（2018）『フードバンク：世界と日本の困窮者支援と食品ロス対策』明石書店

図斎大（2023）「経済理論家の長い夢想，Society 5.0，Evolution」，馬奈木俊介編『社会の問題を解決する AI』中央経済社，近刊。

Zホールディングス（2022）「決算説明会 2022 年度 第1四半期プレゼンテーション資料」https://www.z-holdings.co.jp/ja/ir/presentations/earnings/main/02/teaserItems1/0/linkList/01/link/jp2022q1_presentation.pdf（2022 年9月13日アクセス）

善教将大（2022）「サーベイ実験で読み解く民意と投票行動」『経済セミナー』第 728 号, 24～28 頁

多湖淳（2020）『戦争とは何か：国際政治学の挑戦』中公新書

多根清史（2007）『プレステ 3 はなぜ失敗したのか？』晋遊舎ブラック新書

露木恵美子（2014）「『場』の理論の構築と応用に向けての試論：桜えび漁業のプール制における競争と共創に関する事例研究」『中央大学経済研究所年報』第 45 号, 239～282 頁

中丸麻由子（2020）『社会の仕組みを信用から理解する：協力進化の数理』共立出版。

房野麻子（2022）「PayPay が 2022 年度にソフトバンクの子会社に　宮川社長『もうひと暴れして大きな収穫を』」, ITmedia Mobile（2022 年5月12 日）, https://www.itmedia.co.jp/mobile/articles/2205/12/news153_2.html（2022 年10月26 日アクセス）

冨浦英一（2014）『アウトソーシングの国際経済学：グローバル貿易の変貌と日本企業のミクロ・データ分析』日本評論社

安井教浩（2017）『リガ条約：交錯するポーランド国境』群像社

矢田真理（1996）『ゲーム立国の未来像：世界をリードするコンテンツビジネスのすべて』日経 BP 社

渡辺克義（2017）『物語ポーランドの歴史：東欧の「大国」の苦難と再生』中公新書

Akerlof, G. A. (1970) "The Market for 'Lemons': Quality Uncertainty and the Market Mechanism," *Quarterly Journal of Economics* 84 (3), pp. 488-500.

Antràs, P. (2003) "Firms, Contracts, and Trade Structure," *Quarterly Journal of Economics* 118 (4), pp. 1375-1418.

Belleflamme, P., and M. Peitz (2015) *Industrial Organization: Markets and Strategies*, 2nd Edition, Cambridge University Press.

Bueno de Mesquita, E. (2016) *Political Economy of Public Policy*, Princeton University Press.

Chapkovski, P., and M. Schaub (2022) "Do Russians Tell the Truth When

They Say They Support the War in Ukraine? Evidence from a List Experiment," *EUROPP Blog*, April 6th, 2022, https://blogs.lse.ac.uk/europpblog/2022/04/06/do-russians-tell-the-truth-when-they-say-they-support-the-war-in-ukraine-evidence-from-a-list-experiment/（2022 年 10 月 26 日アクセス）.

Cho, I-K., and D. Kreps（1987）"Signaling Games and Stable Equilibria," *Quarterly Journal of Economics* 102（2）, pp. 179-222.

Copeland, D.（2015）*Economic Interdependence and War*, Princeton University Press.

Downs, G., W.and D. M. Rocke（1990）*Tacit Bargaining, Arms Races, and Arms Control*, University of Michigan Press.

Dugan, A.（2013）"U. S. Support for Action in Syria Is Low vs. Past Conflicts: History Shows though That Support Increase Should Conflict Start," *Gallup*, https://news.gallup.com/poll/164282/support-syria-action-lower-past-conflicts.aspx（2022 年 10 月 26 日アクセス）.

Fearon, J.（1995）"Rationalist Explanations for War," *International Organization* 49（3）, pp. 379-414.

Gartzke, E., and J. J. Zhang（2015）"Trade and War," in L. Martin eds., *The Oxford Handbook of the Political Economy of International Trade*, Oxford University Press.

Gehlbach, S., and K. Sonin（2014）"Government Control of the Media," *Journal of Public Economics* 118, pp. 163-171.

Guriev, S., and D. Treisman（2019）"Informational Autocrats," *Journal of Economic Perspectives* 33（4）, pp. 100-127.

Hudson, J., and N. Shachtman（2013）"Congress' Doves Rethinking U. S. Intervention After Syria's 'Chemical' Attacks," *Foreign Policy*（August 22, 2013）, https://foreignpolicy.com/2013/08/22/congress-doves-rethinking-u-s-intervention-after-syrias-chemical-attacks/（2022 年 10 月 1 日アクセス）

Jervis, R.（1978）"Cooperation under the Security Dilemma," *World Politics* 30（2）, pp. 167-214.

Kamenica, E., and M. Gentzkow（2011）"Bayesian Persuasion," *American Economic Review* 101（6）, pp. 2590-2615.

Kawai, K., and J. Nakabayashi（2022）"Detecting Large-Scale Collusion in

Procurement Auctions," *Journal of Political Economy* 130 (5), pp. 1364-1411.

Davies, N. (2011) *White Eagle, Red Star: The Polish-Soviet War 1919–1920* (English Edition), Vintage Digital.

Palacios-Huerta, I. (2014) *Beautiful Game Theory: How Soccer Can Help Economics*, Princeton University Press.

Pillar, P. R. (1983) *Negotiating Peace: War Termination as a Bargaining Process*, Princeton University Press.

Prendergast, C. (2017) "How Food Banks Use Markets to Feed the Poor", *Journal of Economic Perspectives* 31 (4), pp. 145-162.

Prendergast, C. (2022) "The Allocation of Food to Food Banks," *Journal of Political Economy* 130 (8), pp. 1993-2017.

Russell, B. (1959) *Common Sense and Nuclear Warfare*, London: George Allen & Unwin.

Sandholm, W. H. (2002) "Evolutionary Implementation and Congestion Pricing," *Review of Economic Studies* 69 (3), pp. 667– 689.

Sandholm, W. H. (2010) *Population Games and Evolutionary Dynamics*, MIT Press.

Selten, R. (1975) "Reexamination of the Perfectness Concept for Equilibrium Points in Extensive Games," *International Journal of Game Theory* 4, pp. 25-55.

Wagner, R. H. (2000) "Bargaining and War," *American Journal of Political Science* 44 (3), pp. 469-484.

Warrick, J. (2021) *Red Line: The Unraveling of Syria and America's Race to Destroy the Most Dangerous Arsenal in the World*, Doubleday.

Weisiger, A. (2016) "Learning from the Battlefield: Information, Domestic Politics, and Interstate War Duration," *International Organization* 70 (2), pp. 347-375.

Zaloga, S. J. (2020) *Warsaw 1920: The War for the Eastern Borderlands* (Campaign, 349), Osprey Publishing.

索　引

【y-knot】
活かすゲーム理論
Introduction to Game Theory for Applications

2023 年 3 月 5 日 初版第 1 刷発行

著　者	浅古泰史，図斎　大，森谷文利	
発行者	江草貞治	
発行所	株式会社有斐閣	
	〒101-0051 東京都千代田区神田神保町 2-17	
	https://www.yuhikaku.co.jp/	
装　丁	高野美緒子	
印　刷	大日本法令印刷株式会社	
製　本	大口製本印刷株式会社	
装丁印刷	株式会社亨有堂印刷所	

落丁・乱丁本はお取替えいたします。定価はカバーに表示してあります。
©2023, Yasushi Asako, Dai Zusai, Fumitoshi Moriya
Printed in Japan ISBN 978-4-641-20005-0